भारत की यादगार घटनाएँ

भारत की यादगार घटनाएँ

(1857-2015)

डॉ. मनीषा माथुर

प्रभात पेपरबैक्स
www.prabhatbooks.com

प्रकाशक

प्रभात पेपरबैक्स

4/19 आसफ अली रोड, नई दिल्ली–110002

फोन : 23289555 • 23289666 • 23289777 ❖ फैक्स : 23253233

इ–मेल : prabhatbooks@gmail.com ❖ वेब ठिकाना : www.prabhatbooks.com

संस्करण

प्रथम, 2017

मूल्य

तीन सौ रुपए

अ.मा.पु.स. 978-93-5266-097-1

मुद्रक

आर–टेक ऑफसेट प्रिंटर्स, दिल्ली

BHARAT KI YAADGAAR GHATNAYEN

by Dr. Manisha Mathur

Published by **PRABHAT PAPERBACKS**

4/19 Asaf Ali Road, New Delhi-110002

ISBN 978-93-5266-097-1

₹ 300.00

दो शब्द

इतिहास में सबकुछ सत्य नहीं होता। इतिहास में अधिकांशतः तथ्य होता है। पसंदीदा तथ्य को आधार मानकर अधिसंख्य इतिहासकार अपनी इच्छानुसार तर्क की मूरत गढ़ते हैं और सच्चाई का आभास पाने के लिए अपनी-अपनी शैली में उस पर रंग-रोगन करते हैं। इतिहास समय सापेक्ष होता है। इसलिए उसे कुरेदने की जगह आज के संदर्भ में समझने-जानने की आवश्यकता पड़ती है। उसे इस कालखंड की राजनीतिक-पारिस्थितिक कसौटी पर कसकर समग्रता में समझना-समझाना चाहिए।

एक सभ्यता के नजरिए से भले ही डेढ़ सौ वर्षों की अवधि छोटी लगती है, लेकिन जब हम पीछे मुड़कर देखते हैं तो दंग रह जाते हैं कि इन डेढ़ सौ वर्षों में हमारे देश को कितने नाटकीय परिवर्तन से होकर गुजरना पड़ा है।

इस पुस्तक में इतिहास के ऐसे ही उत्थान-पतन, विजय और त्रासदी को समेटने का प्रयास किया गया है। इस पुस्तक में डेढ़ सौ वर्षों के यादगार लम्हों को प्रस्तुत किया गया है। पाठकों का परिचय ऐसे किरदारों से होगा, जिन्होंने हमारे देश का निर्माण किया। विश्वकप क्रिकेट विजय से लेकर आर्थिक उदारीकरण तक। 1857 के प्रथम स्वतंत्रता संग्राम से लेकर महात्मा गांधी के अहिंसक आंदोलन तक तमाम मील के पत्थरों को इस पुस्तक में समेटा गया है।

अनुक्रम

प्रथम स्वतंत्रता संग्राम

भारत का प्रथम स्वतंत्रता संग्राम छावनी के सैनिकों के विद्रोह के साथ शुरू हुआ था। लेकिन बाद में यह राजाओं, नवाबों, जमींदारों के साथ किसानों, दस्तकारों आदि के जन विद्रोह में तब्दील हो गया था। निश्चित तौर पर इस संग्राम का विस्फोट ब्रिटिश कंपनी और उसकी हुकूमत द्वारा किए जाते रहे लूट-अन्याय-अत्याचार और दमन आदि के प्रति समाज के सभी धर्मों में निरंतर बढ़ते असंतोष के चलते हुआ था।

कारतूसों में गाय-सूअर के चरबी के इस्तेमाल जैसे तात्कालिक कारणों ने तो संग्राम की पहली चिनगारी भड़काने का काम किया था।

एक साल से ऊपर चले इस संघर्ष में भले ही हिंदुस्तानियों की हार हो गई, लेकिन इस संघर्ष ने न केवल उभरते हुए आधुनिक राष्ट्र के लिए ऐतिहासिक महत्त्व की उपलब्धियाँ प्रदान कीं, बल्कि राष्ट्र के जनसाधारण को वर्तमान युग के संघर्षों के लिए एक विरासत और दिशा भी प्रदान की। इसकी सबसे बड़ी ऐतिहासिक उपलब्धि तो यह है कि इसने सदियों से सोते हुए इस राष्ट्र को झकझोरकर जगा दिया। तलवार पकड़वाकर युद्ध के मैदान में उतार दिया। सैन्य दृष्टि से अत्यंत प्रशिक्षित, सुसंगठित तथा उस समय के आधुनिक हथियारों से लैस ब्रिटिश फौज से युद्ध में सामना करने की निडरता प्रदान की।

इस संग्राम ने जन-जन में विदेशी लूट व व्यापार को, विदेशी विजातीय धर्म व संस्कृति को पूरी तरह से उखाड़ फेंकते हुए साहस व पराक्रम प्रदान कर दिया। 1857 के स्वतंत्रता सेनानियों ने इस युद्ध में अपनी कुरबानी देकर एक नए जुझारू राष्ट्रवाद को अंकुरित कर दिया। फिर बाद के वर्षों में देश के समर्थित राष्ट्रवादियों एवं क्रांतिकारियों को इस महान् संघर्ष से प्रेरणा लेने का सुअवसर भी प्रदान किया।

भगत सिंह व उनके साथियों ने भी अपने क्रांतिकारी संघर्ष में 10 मई, 1857 को याद किया, जिस दिन सैनिकों का विद्रोह हुआ था।

1857 के इस महासंग्राम ने एक और खास ऐतिहासिक उपलब्धि प्रदान की है। सदियों तक इस देश के हिंदू और मुसलमानों के एक साथ रहने के बावजूद राजनीतिक, सामाजिक भिन्नताएँ ऊपर से नीचे तक बनी रहीं, लेकिन 1857 के महासंग्राम ने उनमें अभूतपूर्व राजनीतिक एकता पैदा कर दी। इसे देखकर स्वयं ब्रिटिश शासक भी आश्चर्यचकित रह गए और उन्होंने उसे तोड़ने का उपक्रम ठीक इसी युद्ध के बाद शुरू कर दिया।

1857 के संग्राम ने सैनिकों, राजाओं, नवाबों, जागीरदारों, किसानों, दस्तकारों और व्यापारियों में ब्रिटिश राज के विरुद्ध भारी एकजुटता पैदा कर दी।

1857 का विद्रोह लगभग दो वर्षों तक भारत में विभिन्न क्षेत्रों में चला। विद्रोह का अंत भारत में ईस्ट इंडिया कंपनी के शासन की समाप्ति के साथ हुआ और पूरे भारत पर ब्रितानी ताज का प्रत्यक्ष शासन आरंभ हो गया, जो अगले 90 वर्षों तक चला।

□

वर्ष : 1858

भारत सरकार अधिनियम

भारत सरकार अधिनियम (1858) को 'भारतीय प्रशासन सुधार संबंधी अधिनियम' भी कहा गया है। ईस्ट इंडिया कंपनी के भारतीय शासन के विरुद्ध इंग्लैंड में असंतोष की भावना विद्यमान थी। वर्षों से उसे समाप्त करने हेतु आंदोलन चल रहा था। उदारवादी, सुधारवादी और संसदीय शासन के समर्थक यह माँग कर रहे थे कि कंपनी जैसी व्यापारिक संस्था के हाथों में भारत जैसे विशाल देश का शासन-भार नहीं सौंपा जाना चाहिए।

ईस्ट इंडिया कंपनी की समाप्ति की पृष्ठभूमि पहले ही तैयार हो चुकी थी। इसके भ्रष्ट कुशासन के विरुद्ध इंग्लैंड में असंतोष चरम सीमा पर पहुँच चुका था। वर्ष 1857 में इंग्लैंड में आम चुनाव हुए और लॉर्ड पामर्स्टन वहाँ के प्रधानमंत्री बने। 12 फरवरी, 1858 को लॉर्ड पामर्स्टन ने हाउस ऑफ कॉमंस में एक विधेयक प्रस्तुत किया। इसमें उसने द्वैध शासन-प्रणाली के दोषों पर जोर दिया और ईस्ट इंडिया कंपनी का अंत कर भारतीय प्रदेशों का शासन-प्रबंध इंग्लैंड की सरकार के हाथों में हस्तांतरित करने का प्रस्ताव रखा।

30 अप्रैल, 1858 को कॉमंस सभा में स्टैनले ने इस बाबत बिल प्रस्तुत किया। 2 अगस्त, 1858 को इस अधिनियम को साम्राज्ञी की अनुमति प्राप्त हो गई। इस प्रकार वर्ष 1858 के अधिनियम के फलस्वरूप ईस्ट इंडिया कंपनी के शासन का अंत हो गया। भारत सरकार अधिनियम (1858) की प्रमुख विशेषताएँ—

ब्रिटिश ईस्ट इंडिया कंपनी का शासन समाप्त कर शासन की जिम्मेदारी ब्रिटिश क्राउन को सौंप दी गई।

भारत का गवर्नर जनरल अब भारत का वाइसराय कहा जाने लगा था।

बोर्ड ऑफ डाइरेक्टर्स एवं बोर्ड ऑफ कंट्रोल के समस्त अधिकार भारत

सचिव को सौंप दिए गए। भारत सचिव ब्रिटिश मंत्रिमंडल का एक सदस्य होता था, जिसकी सहायता के लिए 15 सदस्यीय भारतीय परिषद् का गठन किया गया था, जिसमें 7 सदस्यों की नियुक्ति कोर्ट ऑफ डायरेक्टर्स एवं शेष 8 की नियुक्ति ब्रिटिश सरकार करती थी। इन सदस्यों में आधे से अधिक के लिए यह शर्त थी कि वे भारत में कम-से-कम 10 वर्ष तक रह चुके हों।

भारत सचिव व उसकी कौंसिल का खर्च भारतीय राजकोष से दिया जाएगा। संभावित जनपद सेवा में नियुक्तियाँ खुली प्रतियोगिता द्वारा की जाने लगीं, जिसके लिए राज्य सचिव ने जनपद आयुक्तों की सहायता से निगम बनाए।

यह अधिनियम लागू होने के बाद वर्ष 1784 के पिट ऐक्ट द्वारा स्थापित द्वैध शासन-पद्धति पूरी तरह समाप्त हो गई। देशों व राजाओं का क्राउन से प्रत्यक्ष संबंध स्थापित हो गया और डलहौजी की राज्य हड़प नीति निष्प्रभावी हो गई।

□

वर्ष : 1861

भारतीय परिषद् अधिनियम

भारतीय परिषद् अधिनियम-1861 भारत के संवैधानिक इतिहास की एक युगांतकारी तथा महत्त्वपूर्ण घटना है। यह मुख्य रूप से दो कारणों से विशेष है—एक तो यह कि इसने गवर्नर जनरल को अपनी विस्तारित परिषद् में भारतीय जनता के प्रतिनिधियों को नामजद करके उन्हें विधायी-कार्य से संबद्ध करने का अधिकार प्रदान किया तथा दूसरा यह कि इसने गवर्नर जनरल की परिषद् की विधायी शक्तियों का विकेंद्रीकरण कर दिया।

वर्ष 1861 में ब्रिटिश संसद् ने भारतीय परिषद् अधिनियम पारित किया। यह पहला ऐसा अधिनियम था, जिसमें विभागीय प्रणाली एवं मंत्रिमंडलीय प्रणाली की नींव रखी गई। पहली बार विधि-निर्माण कार्य में भारतीयों का सहयोग लेने का प्रयास किया गया। अधिनियम की प्रमुख विशेषताएँ—

वाइसराय की परिषद् में सदस्यों की संख्या 5 रखी गई। 5वाँ सदस्य विधि-विशेषज्ञ होता था।

कानून-निर्माण के लिए वाइसराय की काउंसिल में कम-से-कम 6 एवं अधिकतम 12 अतिरिक्त सदस्यों की नियुक्ति का अधिकार वाइसराय को दिया गया। इन सदस्यों का कार्यकाल 2 वर्ष का होता था। गैर-सरकारी सदस्यों में कुछ उच्च श्रेणी के थे, पर भारतीय सदस्यों की नियुक्ति के प्रति वाइसराय बाध्य नहीं था, किंतु व्यवहार में कुछ गैर-सरकारी सदस्य उच्च श्रेणी के भारतीय थे। इस परिषद् का कार्यक्षेत्र कानून-निर्माण तक ही सीमित था।

इस अधिनियम की व्यवस्था के अनुसार बंबई एवं मद्रास प्रांतों को विधि-निर्माण एवं उनमें संशोधन का अधिकार पुनः प्रदान कर दिया गया, किंतु इनके द्वारा निर्मित कानून तभी वैध माने जाते थे, जब उन्हें वाइसराय वैध ठहराता था।

वाइसराय को प्रांतों में विधान परिषद् की स्थापना का अधिकार तथा लेफ्टीनेंट गवर्नर की नियुक्ति का अधिकार प्राप्त हो गया।

इस अधिनियम द्वारा भारतीयों के असंतोष में वृद्धि हुई, भारतीय जनता को वास्तविक प्रतिनिधित्व नहीं प्राप्त हो सका और विधान परिषद् के अधिकार अत्यंत सीमित हो गए। विधान परिषद् का कार्य केवल कानून बनाना था। गवर्नर जनरल को संकटकालीन अवस्था में विधान परिषद् की अनुमति के बिना ही अध्यादेश जारी करने की अनुमति थी। यह अध्यादेश अधिकतम छह माह तक ही लागू रह सकता था। विधान परिषदों में राजा, महाराजा या जमींदार की ही नियुक्ति की जाती थी। इस अधिनियम द्वारा विकेंद्रीकरण की नीति को प्रोत्साहन मिला। अनेक अच्छाइयों एवं बुराइयों को लिये हुए इस अधिनियम के बारे में यह कहना अतिशयोक्ति न होगी कि इसने भावी विकास एवं संवैधानिक प्रगति के मार्ग को प्रशस्त किया।

□

इलाहाबाद उच्च न्यायालय की स्थापना

वर्ष 1861 में पारित भारतीय उच्च न्यायालय अधिनियम, जिसके जरिए ब्रिटेन की महारानी को उच्चतम न्यायालयों और सदर अदालतों को खत्म करने और उनकी जगह बंबई, कलकत्ता और मद्रास की तीनों प्रेसीडेंसियों में एक-एक उच्च न्यायालय के गठन का अधिकार दिया गया, इसी अधिनियम की धारा-16 के जरिए क्राउन को ब्रिटिश भारत में किसी अन्य उच्च न्यायालय का गठन करने का अधिकार भी दिया गया था। इसी धारा से मिली शक्तियों के आधार पर क्राउन ने लेटर्स पेटेंट के जरिए फोर्ट विलियम की प्रेसीडेंसी के उत्तरी-पश्चिमी प्रदेशों के लिए एक उच्च न्यायालय का गठन वर्ष 17 मार्च, 1866 को आगरा में किया। बाद में उच्च न्यायालय की जगह बदलकर वर्ष 1869 में इसे आगरा से इलाहाबाद शिफ्ट कर दिया गया। वर्ष 1919 में 11 मार्च को जारी एक पूरक लेटर्स पेटेंट द्वारा इसका पदनाम बदलकर इलाहाबाद उच्च न्यायालय, यानी द हाईकोर्ट ऑफ जूडीकेचर ऐक्ट इलाहाबाद कर दिया। यह भारत में स्थापित सबसे पुराने उच्च न्यायालयों में से एक उत्तर प्रदेश का उच्च न्यायालय है। इलाहाबाद उच्च न्यायालय के कुछ चर्चित फैसले—

इलाहाबाद हाईकोर्ट ने कानपुर बम कांड, आगरा कॉन्सपिरेसी, चौरी-चौरा बम कांड इत्यादि फैसले चर्चित रहे। कुछ अन्य फैसले निम्नलिखित हैं—

राम मंदिर पर ऐतिहासिक फैसला : अयोध्या पर मुकदमा 60 साल से अधिक वक्त तक चला। माना जा रहा है कि यह अपने आप में पहला ऐसा संवेदनशील मुकदमा रहा, जिसको निपटाने में इतना लंबा वक्त लगा। इसमें कुल 82 गवाह पेश हुए। हिंदू पक्ष की ओर से 54 गवाह और मुसलिम पक्ष की ओर से 28 गवाह पेश किए गए। हिंदुओं की गवाही 7,128 पन्नों में लिखी गई, जबकि

मुसलमानों की गवाही 3,343 पन्नों में दर्ज हुई। पुरातात्त्विक महत्त्व के मुद्दों पर हिंदुओं की ओर से 4 गवाह और मुसलमानों की ओर से 8 गवाह पेश हुए। इस मामले में हिंदू पक्ष की गवाही 1,209 और मुसलिम पक्ष की गवाही 2,311 पन्नों में दर्ज की गई। इतनी लंबी सुनवाई के बाद इलाहाबाद हाईकोर्ट के तीन जजों की पीठ ने अपने फैसले में कहा कि जो विवादित ढाँचा था, वह एक बड़े भग्नावशेष पर खड़ा था। न्यायमूर्ति धर्मवीर शर्मा ने कहा कि वह 12वीं शताब्दी के राम मंदिर को तोड़कर बनाया गया था, न्यायमूर्ति सुधीर अग्रवाल ने कहा कि वह किसी बड़े हिंदू धर्मस्थान को तोड़कर बनाया गया और न्यायमूर्ति खान ने कहा था कि वह किसी पुराने ढाँचे पर बनाया गया था।

इंदिरा गांधी का चुनाव निरस्त : 1971 के लोकसभा चुनावों में पूर्व प्रधानमंत्री इंदिरा गांधी को शानदार जीत हासिल हुई, लेकिन उनसे चुनाव हारे समाजवादी नेता राजनारायण ने चुनाव परिणाम को इलाहाबाद हाईकोर्ट में चुनौती दे डाली। न्यायमूर्ति जगमोहन लाल सिन्हा ने जून 1971 में ऐतिहासिक फैसला सुनाते हुए इंदिरा गांधी का चुनाव परिणाम निरस्त कर दिया, साथ ही उन्हें अगले 6 साल तक चुनाव लड़ने के भी अयोग्य घोषित कर दिया।

□

वर्ष : 1861

हाईकोर्ट की स्थापना

भारतीय उपनिवेश में हाईकोर्टों की स्थापना करने के लिए ब्रिटिश संसद् में 'इंडियन हाईकोर्ट ऐक्ट, 1861' पारित किया गया था। इसी ऐक्ट के आधार पर महारानी विक्टोरिया ने 1865 में बंगाल, मद्रास और बंबई के हाईकोर्टों की स्थापना की।

इस दौर में स्थापित किए गए ये हाईकोर्ट ही भविष्य में आधुनिक भारत, पाकिस्तान और बँगलादेश में हाईकोर्टों की स्थापना की दिशा में पथ-प्रदर्शक साबित हुए।

इस कानून के प्रभावी हो जाने के बाद कलकत्ता, मद्रास और बंबई में स्थित सुप्रीम कोर्टों को खत्म कर दिया गया। इसी तरह कलकत्ता की सदर दीवानी अदालत और सदर निजामुद्दीन अदालत, मद्रास की सदर अदालत और फौजदारी अदालत, बंबई की सदर दीवानी अदालत तथा सदर फौजदारी अदालत के वजूद को खत्म कर दिया गया।

इस कानून के तहत हाईकोर्ट में एक मुख्य न्यायाधीश के अलावा अधिकतम 15 न्यायाधीशों को नियुक्त करने का प्रावधान रखा गया। न्यायाधीशों का चुनाव बैरिस्टरों (न्यूनतम 5 वर्ष का अनुभव), सरकारी नौकरशाहों (न्यूनतम 10 वर्षों का अनुभव, कम-से-कम जिला जज के पद पर 3 वर्ष का कार्य), छोटी अदालतों के न्यायाधीशों या सदर अमीनों (न्यूनतम 5 वर्षों का अनुभव) या सदर कोर्ट या हाईकोर्ट के वकीलों (न्यूनतम 10 वर्ष का अनुभव)के बीच से करना था।

इस कानून के तहत न्यायाधीशों को महारानी विक्टोरिया के प्रति वफादार माना गया था। मुख्य न्यायाधीश को न्यायाधीशों के बीच सर्वाधिक अधिकार दिया गया था, वहीं नियुक्ति के आधार पर न्यायाधीशों का वरिष्ठता क्रम निर्धारित होना था।

इस कानून की धारा 14 के तहत मामलों की सुनवाई करने के लिए मुख्य न्यायाधीशों को दो या उससे अधिक न्यायाधीशों की विचारपीठ गठित करने का अधिकार दिया गया था।

1857 की क्रांति के बाद भारत में ईस्ट इंडिया कंपनी के शासन को समाप्त कर दिया गया और ब्रिटिश सरकार का प्रत्यक्ष शासन लागू कर दिया गया। इसके साथ ही रियासतों की न्याय प्रणाली को प्रत्यक्ष कर ब्रिटिश न्याय प्रणाली को लागू किया गया।

हाईकोर्ट की स्थापना के साथ ही इंडियन पैनल कोड के प्रारूप को 'प्रथम विधि आयोग' ने तैयार किया। इसे 1862 में लागू कर दिया गया। इसी विधि आयोग ने आपराधिक मामलों की सुनवाई के लिए विभिन्न नियमों को तैयार किया।

□

वर्ष : 1868

अमृत बाजार पत्रिका

'अमृत बाजार पत्रिका' बँगला भाषा का एक प्रमुख भारतीय समाचार-पत्र है। भारत के सबसे पुराने समाचार-पत्रों में इसकी गणना होती है। इसका पहला प्रकाशन 20 फरवरी, 1868 को हुआ। इसकी स्थापना दो भाइयों शिशिर घोष और मोतीलाल घोष ने की थी।

पहले यह पत्रिका साप्ताहिक रूप में आरंभ हुई, जिसका संपादन पहले मोतीलाल घोष किया करते थे। यद्यपि मोतीलालजी के पास विश्वविद्यालय की डिग्री नहीं थी। यह पत्र अपनी ईमानदार व प्रभावी रिपोर्टिंग के लिए प्रसिद्ध था। यह 'बंगाली' नामक अंग्रेजी भाषा के पत्र का प्रतिद्वंद्वी था, जिसके कर्ता-धर्ता सुरेंद्रनाथ बनर्जी थे। 'अमृत बाजार पत्रिका' इतना तेजस्वी समूह था कि भारत के राष्ट्रीय नेता सही सूचना के लिए इस पर भरोसा करते थे और इससे प्रेरणा प्राप्त करते थे।

ब्रिटिश राज के समय 'अमृत बाजार पत्रिका' एक राष्ट्रवादी पत्र था। शिशिर कुमार घोष बाद में इस पत्रिका के संपादक बने। वे उच्च सिद्धांतों के धनी व्यक्ति थे। ब्रिटिश सरकार ने भारतीय प्रेस को दबाने के लिए सन् 1878 में जब देशी प्रेस अधिनियम लगाया तो सरकार की इस दूषित चाल को भाँपकर, इसके एक हफ्ते बाद ही, 'अमृत बाजार पत्रिका' को 21 मार्च, 1878 को पूर्णत: अंग्रेजी भाषा का पत्र बना दिया गया। पहले यह बँगला और अंग्रेजी में प्रकाशित होती थी।

19 फरवरी, 1891 को यह पत्रिका साप्ताहिक से दैनिक बन गई। सन् 1919 में दो संपादकियों के लिखने के कारण अंग्रेज सरकार ने इस पत्रिका की जमानत राशि जब्त कर ली। ये दो संपादकीय थे : टु हूम डज इंडिया बिलॉन्ग (19 अप्रैल) तथा अरेस्ट ऑफ मिस्टर गांधी : मोर आउटरेजेज (12 अप्रैल)।

सन् 1928 से लेकर 1994 तक जीवनपर्यंत तुषार कांति घोष इसके संपादक रहे। उनके कुशल नेतृत्व में पत्र ने अपना प्रसार बढ़ाया और बड़े पत्रों की श्रेणी में आ गया था। इस समूह ने वर्ष 1937 से युगांतर (जुगांतर) नामक बँगला दैनिक भी निकालना आरंभ किया। बहुत अधिक ऋण हो जाने तथा श्रमिक आंदोलन के चलते 1996 से इसका प्रकाशन बंद हो गया। बाद में इसे पुन: आरंभ किया गया।

□

प्रथम जनगणना

चाणक्य के 'अर्थशास्त्र' (ई.पू. तीसरी शताब्दी) में कर वसूली को ध्यान में रखते हुए राज्य की नीति के तौर पर जनसंख्या के आँकड़े जुटाने का सुझाव दिया गया था। वाइसराय लॉर्ड मेयो के शासनकाल में 1871 में भारत में पहली बार आधिकारिक तौर पर जनगणना की गई थी।

भारत के मद्रास, पंजाब, उत्तर प्रदेश आदि राज्यों में 19वीं सदी के पूर्वार्द्ध में ही विविध तथ्यों पर आधारित गणनाएँ प्रस्तुत की गई थीं, किंतु वस्तुतः 1865–1872 के काल में देश के अधिकांश वन्य तथा मरुक्षेत्रों में अपूर्ण ढंग से आँकड़े प्रस्तुत किए गए थे।

वस्तुतः भारत में तथ्यपरक एवं आधुनिक ढंग की जनगणना 1881 में संपन्न हुई। फिर भी इसमें कश्मीर, सिक्किम तथा कुछ अन्य छोटे भाग नहीं लिये जा सके। ईस्ट इंडिया कंपनी ने 1856 में ही भारत में दस साल के अंतराल पर जनगणना करने का निर्णय किया था, पर 1857 के स्वतंत्रता संग्राम के तूफान ने इसको उड़ा दिया।

ब्रिटिश प्रशासन में पहली जनगणना के बाद लंदन में कहा था, "हमने पहली बार भारत के प्रत्येक जन को पहचाना है। सभी पेड़ों पर निशान लगाया है, प्रत्येक पालतू जानवर को गिना है।"

यह सब करने के पीछे एक लक्ष्य था कि 'फूट डालो और राज करो'। अंग्रेजों ने जनगणना में मजहब व जाति को सामाजिक वर्गीकरण का मुख्य आधार बनाया। ब्रिटिश हुकूमत ने पहली बार 1901 में सामाजिक उच्चता का सिद्धांत भी प्रतिपादित किया। इस सिद्धांत के आधार पर उन्होंने जातियों में ऊँच-नीच की खाई पैदा की और उस खाई से जाति आधारित महासभाएँ निकलकर सामने आईं।

1891 की जनगणना में कश्मीर एवं सिक्किम भी सम्मिलित किए गए। तृतीय जनगणना 1901 में संपन्न हुई, जिसमें राजपूताने का झील क्षेत्र तथा अंडमान-निकोबार द्वीप समूह भी सम्मिलित किए गए। इस बार जनगणना की तालिका तैयार की गई थी और पहली बार परची प्रणाली का प्रयोग आरंभ हुआ।

स्वतंत्रता से पहले जनगणनाओं में अंग्रेज शासकों ने आँकड़ों को क्रमबद्ध रखने की कोशिश नहीं की और विभिन्न राजनीतिक उद्देश्यों की पूर्ति के लिए कभी संप्रदाय, कभी भाषा, कभी जाति आदि के अनुसार तालिकाएँ तथा प्रश्नावलियाँ बनाई जाती थीं। इसके अतिरिक्त कोई स्थायी विभाग या कार्यालय नहीं होने के कारण येन-केन-प्रकरेण जनगणना संपन्न कराई जाती थी।

□

वर्ष : 1874

बंबई स्टॉक एक्सचेंज की स्थापना

बंबई स्टॉक एक्सचेंज भारत और एशिया का सबसे पुराना स्टॉक एक्सचेंज है। इसकी स्थापना 1874 में हुई थी। इस एक्सचेंज की पहुँच 417 शहरों तक है। बंबई स्टॉक एक्सचेंज भारतीय शेयर बाजार के दो प्रमुख स्टॉक एक्सचेंजों में से एक है। दूसरा एक्सचेंज नेशनल स्टॉक एक्सचेंज है। भारत को अंतरराष्ट्रीय वित्तीय बाजार में अपना श्रेष्ठ स्थान दिलाने में बी.एस.ई. की अहम भूमिका है।

एशिया के सबसे प्राचीन और देश के प्रथम स्टॉक एक्सचेंज को व्यापक सिक्युरिटीज कांट्रेक्ट रेग्युलेशन ऐक्ट 1956 के तहत स्थायी मान्यता मिली है। इसका लक्ष्य है—वैश्विक कीर्ति की पताका।

भारतीय पूँजी बाजार के विकास में इस एक्सचेंज की व्यापक भूमिका रही है और इसका सूचकांक विश्वविख्यात है। मैनेजिंग डायरेक्टर के नेतृत्व में डायरेक्टर्स बोर्ड द्वारा एक्सचेंज का संचालन होता है। इस बोर्ड में प्रतिष्ठित प्रोफेशनल ट्रेडिंग सदस्यों के प्रतिनिधियों और सार्वजनिक प्रतिनिधियों का समावेश है। एक्सचेंज भारत के छोटे-बड़े शहरों में अपनी उपस्थिति के साथ राष्ट्रीय स्तर पर फैला हुआ है।

बी.एस.ई की प्रणाली और प्रक्रिया ऐसी है कि बाजार की पारदर्शिता और सुरक्षा बनी रहे। वैश्विक कीर्तिमान स्थापित कर सर्वोच्च स्टॉक एक्सचेंज के रूप में उभरनेवाले इस एक्सचेंज के पास सवा सौ से अधिक वर्षों के भव्य इतिहास की समृद्ध विरासत है।

एक्सचेंज में 'ट्रेडिंग राइट' और 'ओनरशिप राइट' एक-दूसरे से अलग हैं। ऐसी परिस्थिति में निवेशकों के हितों पर विशेष सावधानी बरती जाती है। एक्सचेंज इक्विटी, डेल्ट तथा फ्यूचर्स और ऑप्शन के व्यापार के लिए ढाँचा एवं पारदर्शक

ट्रेडिंग सिस्टम सुनिश्चित करता है। बी.एस.ई. की ऑनलाइन ट्रेडिंग प्रणाली बेहतरीन गुणवत्तावाली है।

भारतीय पूँजी बाजार की घटनाएँ बहुत ही रोचक हैं। भारत का यह स्टॉक एक्सचेंज सूचीबद्ध कंपनियों की संख्या तथा बाजार पूँजीकरण के संदर्भ में विशाल है। बी.एस.ई. ने भारतीय पूँजी बाजार में प्रणेता की भूमिका निभाई है। वास्तविक कानून बनने के पूर्व ही बी.एस.ई. ने भारतीय पूँजी बाजार के लिए अपना व्यापक नियम और नियमन ईजाद कर लिया था। भारत के स्वतंत्र होने के बाद इस एक्सचेंज ने भारतीय पूँजी बाजार के लिए श्रेष्ठ प्रथाएँ स्थापित कीं।

भारत में शायद ही ऐसी कोई कंपनी होगी, जिसने पूँजी सृजन के लिए बी.एस.ई. की सेवा नहीं ली हो। बी.एस.ई. भारत में कैपिटल मार्केट का प्रतीक माना जाता है। बी.एस.ई. सेंसेक्स देश के अर्थतंत्र और वित्त बाजार की गतिविधियों को प्रतिबिंबित करता बेंचमार्क इक्विटी इंडेक्स है।

तीव्र प्रतिस्पर्धा के युग में बी.एस.ई. ने अनेक क्षेत्रों में अग्रणी भूमिका निभाकर अपनी कीर्तिगाथा में चार चाँद लगाए हैं। यह इक्विटी डेरीवेटिव्स शुरू करनेवाला भारत का पहला एक्सचेंज है। इसी तरह यह 'फ्री प्लॉट इंडेक्स' शुरू करनेवाला भारत में पहला एक्सचेंज है।

□

भीषण अकाल

1876-78 के अकाल को 'दक्षिण भारत का अकाल' या 'मद्रास का अकाल' कहकर भी पुकारा जाता है। यह भीषण अकाल 1876 में शुरू हुआ था और इससे दक्षिण तथा दक्षिण-पश्चिम भारत के इलाके (मद्रास, मैसूर, हैदराबाद और बंबई) बुरी तरह प्रभावित हुए थे। यह अकाल दो वर्षों तक रहा।

दूसरे साल अकाल का प्रभाव उत्तर भारत के कुछ इलाकों पर भी दिखाई देने लगा, जिनमें केंद्रीय प्रांत, उत्तर-पश्चिम प्रांत और पंजाब प्रमुख थे।

2,57,000 वर्गमील का क्षेत्र इस भीषण अकाल की चपेट में आ गया था और कुल पाँच करोड़ पचासी लाख की आबादी इससे प्रभावित हुई थी। इस अकाल की वजह से तकरीबन पचपन लाख लोगों की मौत हो गई।

दक्षिण भारत में सूखा पड़ने से फसल की पैदावार नहीं हो पाई थी। वहीं सरकार की तरफ से नकदी फसल को हतोत्साहित करने का प्रयास किया जा रहा था। सन् 1873-74 में बिहार अकाल के दौरान ब्रिटिश सरकार ने बर्मा से चावल का आयात कर भूख से जूझ रहे लोगों की सहायता की थी और इस तरह वहाँ अकाल में मरनेवालों की तादाद भी घट गई थी।

बंगाल सरकार और तत्कालीन लेफ्टिनेंट गवर्नर सर रिचर्ड टेंपल को परोपकार के कार्यों के लिए तीखी आलोचना का भी सामना करना पड़ा था और कहा गया था कि जन-कल्याण के कार्यों के लिए सरकार जरूरत से ज्यादा धन खर्च कर रही थी।

वर्ष 1876 में सर रिचर्ड टेंपल अकाल आयुक्त बन गए थे। आलोचना से बचने के लिए उन्होंने अपनी नीतियों में व्यापक परिवर्तन किया था। राहत एवं अनाज वितरण को लेकर उन्होंने कठोर मापदंड निर्धारित किए थे, जिसकी वजह

से अकाल पीड़ितों को मदद के लिए तरसना पड़ा था।

ब्रिटिश सरकार के अधिकारी विलियम डिगबी ने टेंपल की कठोर नीतियों का विरोध किया था। जब 1877 में टेंपल ने अकाल को नियंत्रित कर लेने का दावा किया, तब डिगबी ने कहा था, ''जिस अकाल के चलते एक-चौथाई आबादी दम तोड़ चुकी है, उसे नियंत्रित करने का दावा करना हास्यास्पद कहलाएगा।''

□

वर्ष : 1885

इंडियन नेशनल कांग्रेस की स्थापना

इंडियन नेशनल कांग्रेस की स्थापना 72 प्रतिनिधियों की उपस्थिति के समक्ष 28 दिसंबर, 1885 को बंबई के गोकुलदास तेजपाल संस्कृत महाविद्यालय में हुई थी। उसके संस्थापक महासचिव ए. ओ. ह्यूम थे, जिन्होंने कलकत्ता के व्योमेश चंद्र बनर्जी को अध्यक्ष नियुक्त किया था।

अपने शुरुआती दिनों में कांग्रेस का दृष्टिकोण एक कुलीन वर्ग की संस्था का था। इसके शुरुआती सदस्य मुख्य रूप से बंबई और प्रेसीडेंसी से लिये गए थे। कांग्रेस में स्वराज का लक्ष्य सबसे पहले बाल गंगाधर तिलक ने अपनाया था।

ए.ओ. ह्यूम द्वारा कांग्रेस की स्थापना के उद्देश्यों को महत्ता से विश्लेषित करने से सिद्ध होता है कि ह्यूम कांग्रेस की स्थापना के जरिए एक ऐसी संस्था चाहते थे, जो अंग्रेजी पढ़े-लिखे भारतीयों की हो। कांग्रेस की सदस्यता के लिए अंग्रेजी में निपुणता और ब्रिटिश साम्राज्य के प्रति भक्ति अनिवार्य थी।

अपनी स्थापना के शुरुआती बीस बरसों तक कांग्रेस पूरी तरह निष्क्रिय होकर ब्रिटिश शासन के प्रति समर्पित उदारवादियों की नीतियों पर चलती रही। यही वजह थी कि उस कालखंड में कांग्रेस ने राष्ट्रीय आंदोलन को बढ़ाने या स्वतंत्रता को प्राप्त करने की दिशा में कोई भी ठोस कदम नहीं उठाया। हालाँकि इसी दौरान राष्ट्रवादी नेताओं के कांग्रेस में प्रवेश ने स्थितियों में काफी बदलाव किया। इसके परिणामस्वरूप वैचारिक स्तर पर कांग्रेस दो भागों में विभाजित हो गई—गरम दल एवं नरम दल।

गरम दल का नेतृत्व बाल गंगाधर तिलक, लाला लाजपत राय एवं विपिनचंद्र पाल, जिन्हें 'बाल-लाल-पाल' कहा जाता है, कर रहे थे। नरम दल का नेतृत्व गोपाल कृष्ण गोखले, फिरोजशाह मेहता एवं दादाभाई नौरोजी कर रहे थे।

गरम दल पूर्ण स्वराज की माँग कर रहा था, परंतु नरम दल ब्रिटिश राज में स्वशासन चाहता था। प्रथम विश्व युद्ध के छिड़ने के बाद वर्ष 1916 की 'लखनऊ बैठक' में दोनों दल फिर एक हो गए और 'होम रूल आंदोलन' की शुरुआत हुई, जिसके तहत ब्रिटिश राज में भारत के अधिराज्य व्यवस्था की माँग की गई।

परंतु 1916 में गांधीजी के भारत-आगमन के साथ कांग्रेस में बहुत बड़ा बदलाव आया। चंपारण एवं खेड़ा में भारतीय स्वतंत्रता संग्राम को जन समर्थन से अपनी पहली सफलता मिली।

1919 में 'जलियाँवाला बाग हत्याकांड' के पश्चात् गांधीजी कांग्रेस के महासचिव बने। उनके मार्गदर्शन में कांग्रेस कुलीन वर्गीय संस्था से बदलकर जन समुदाय की संस्था बन गई। गांधीजी के नेतृत्व में प्रदेश कांग्रेस कमेटियों का निर्माण हुआ। कांग्रेस में सभी पदों के लिए चुनाव की शुरुआत हुई। सभी भेदभाव हटाए गए एवं कार्यवाहियों के लिए भारतीय भाषाओं का प्रयोग शुरू हुआ।

□

वर्ष : 1885

इंडियन टेलीग्राफ ऐक्ट

इंडियन टेलीग्राफ ऐक्ट, 1885 एक ऐसा कानून है, जो भारत में टेलीग्राफी, फोन, संचार, रेडियो, टेलेक्स और फैक्स के प्रयोग पर लागू होता है। इस कानून के तहत भारत सरकार को टेलीग्राफ के विकास, निगरानी और संचालन के संबंध में विशिष्ट अधिकार मिले हुए हैं।

इस कानून के जरिए उचित परिस्थितियों में सरकार को किसी भी फोन लाइन को टेप करने का अधिकार भी मिला हुआ है।

इस कानून को 1 अक्तूबर, 1885 को लागू किया गया। उस समय के बाद से लेकर आज तक प्रौद्योगिकी के क्षेत्र में होनेवाले बदलाव के साथ तालमेल बनाए रखने के लिए इस कानून में अनेक बार संशोधन किए जा चुके हैं।

जब इस कानून को बनाया गया, उस समय ब्रिटिश सरकार सरकारी जमीन के साथ-साथ व्यक्तिगत स्वामित्ववाली जमीन पर भी टेलीग्राफ लाइन बिछाने का अधिकार प्राप्त करना चाहती थी।

1851 में टेलीग्राफ लाइन को पहली बार बिछाया गया था और अगले तीन सालों में, यानी 1854 तक देश भर में टेलीग्राफ लाइनों को बिछाने का काम पूरा किया गया। उसके परवर्ती तीस सालों में टेलीग्राफ प्रणाली ब्रिटिश सरकार के लिए अत्यंत उपयोगी साबित हुई थी। इसके जरिए जहाँ अंग्रजों को विद्रोह का दमन करने में मदद मिलती थी, वहीं सुदूर इलाकों तक तेजी से सूचनाओं को पहुँचाना संभव होता था। कानून बनाकर ब्रिटिश सरकार समूचे देश में टेलीग्राफ और इसके आधारभूत ढाँचे को नियंत्रित करना चाहती थी।

संचार की नई तकनीकों की खोज होने के साथ-साथ इस कानून में भी लगातार परिवर्तन किया जाता रहा है।

इंडियन टेलीग्राफ ऐक्ट के पाँच भाग हैं—

1. भाग 1 में कानून में वर्णित शब्दों को पारिभाषित किया गया है।
2. भाग 2 में टेलीग्राफ सेवा प्रदान करने के लिए प्राइवेट ऑपरेटर्स को लाइसेंस देने की बात कही गई है।
3. भाग 3 में दिशा-निर्देशों का वर्णन किया गया है।
4. भाग 4 में नियमों के उल्लंघन की स्थिति में दंड के प्रावधान का वर्णन किया गया है।
5. भाग 5 में अतिरिक्त प्रावधानों का उल्लेख किया गया है।

□

मुंडा आंदोलन

मुंडा जनजाति झारखंड की राजधानी राँची के दक्षिण में रहती थी। मुंडा लोग जमीन के एक टुकड़े पर सामूहिक रूप से खेती करके जीवन यापन करते थे। इस प्रकार की कृषि-व्यवस्था को 'खूँटकट्टी' कहा जाता था। 19वीं सदी में उत्तर के मैदान से लोग यहाँ आने लगे और मुंडा लोगों की कृषि-भूमि हड़पने लगे। इतना ही नहीं, उन्होंने मुंडा लोगों की सामाजिक व्यवस्था में भी सेंध लगानी आरंभ कर दी। इससे मुंडा लोगों की खूँटकट्टी कृषि-व्यवस्था बुरी तरह चरमरा गई। सामाजिक तंत्र ढीला पड़ने लगा।

इसी बीच ईसाई मिशनरियों ने यहाँ पदार्पण किया और लोगों को ईसाई बनाने लगीं। इस प्रकार पारंपरिक मुंडा समुदाय बिखरने लगा। शुरू में मुंडा लोगों ने अपनी जमीन को बचाने के लिए 1880 के दशक में कानूनी लड़ाई लड़ी। उनकी यह लड़ाई 'सरदारी लड़ाई' के नाम से जानी जाती है। लेकिन उनकी इस लड़ाई में उन्हें इनसाफ नहीं, धोखा मिला। अब उनके पास इसके अलावा कोई चारा नहीं था कि वे अपने में से ही किसी व्यक्ति को चुनकर उसके नेतृत्व में विद्रोह करते। ऐसे में बिरसा मुंडा उनकी आशा बनकर उभरा।

राँची जिले से लगभग 60 किलोमीटर दूर दक्षिण-पूर्व क्षेत्र में उलिहातु नामक एक छोटा सा गाँव है। इसी गाँव की एक छोटी सी झोंपड़ी में 'सुगना मुंडा' उनकी पत्नी 'करमी' के यहाँ 15 नवंबर, 1875 को बिरसा का जन्म हुआ।

सन् 1890-92 के कालखंड में छोटा नागपुर के अधिकतर वनवासी चर्च के पादरियों के बहकावे में आकर ईसाई हो गए थे। बिरसा का परिवार भी इनमें शामिल था, परंतु शीघ्र ही पादरियों की असलियत भाँपकर बिरसा न केवल ईसाई मत त्यागकर हिंदू धर्म में लौट आया, वरन् उसने उस क्षेत्र के अन्य वनवासियों का

भी हिंदू धर्म में परिवर्तन कराया। यही बिरसा मुंडा आगे चलकर एक महान् क्रांतिकारी तथा 'धरती-आबा'; जगत्-पिता के नाम से विख्यात हुआ। बिरसा मुंडा ने अपने समाज के लोगों को पवित्र जीवन की शिक्षा दी। देश को स्वतंत्र कराने के प्रयास में अत्याचारी अंग्रेजों के विरुद्ध अपने समाज के लोगों में ऐसी क्रांति-ज्वाला धधकाई कि राँची के अंग्रेज कप्तान मेयर्स ने सन् 1895 की 24 अगस्त को बिरसा मुंडा को सोते समय रात को गिरफ्तार कर लिया। उसे दो वर्ष की सजा हुई।

जेल से छूटकर बिरसा ने सशस्त्र क्रांति का रास्ता अपनाया। सैनिक संगठन शुरू किया गया। इस दल के कई क्रांति-प्रचारक नियुक्त हुए, जो गुप्त बैठकें करते थे। उनका मकसद देश को स्वतंत्र कराना तथा अपने समाज के लोगों को अंग्रेजों और जमींदारों के चंगुल से बचाना था।

बिरसा जीवन-पर्यंत संघर्षरत रहा। सरकार ने आखिर घबराकर छल-कपट का सहारा लिया। उसने बिरसा को पकड़वाने पर 500 रुपए के इनाम की घोषणा की थी। अनेक मुंडा सरदारों पर भी इनाम घोषित कर दिए गए। आखिरकार विश्वासघातियों की मुखबिरी से रातोरात सोते समय बिरसा को गिरफ्तार कर लिया गया। 9 जून, 1900 को जेल में ही बिरसा की मृत्यु हो गई।

□

वर्ष : 1892

दादाभाई नौरोजी ब्रिटिश संसद् के लिए चुने गए

वर्ष 1892 में दादाभाई नौरोजी ब्रिटिश संसद् के लिए चुने गए। यह सम्मान पानेवाले वे प्रथम भारतीय और दक्षिण एशियाई व्यक्ति थे।

उनका जन्म 1825 में हुआ था। वे एक पारसी पुरोहित के पुत्र थे। आरंभ से ही उनका कई क्षेत्रों में रुझान रहा था। बंबई के एलीफिसटन कॉलेज से शिक्षा प्राप्त करनेवाले वे भारत के प्रथम ग्रेजुएट थे। बाद में उन्हें इसी कॉलेज का प्रोफेसर नियुक्त किया गया।

ब्रिटेन में स्थापित होनेवाली पहली भारतीय कंपनी 'कामा ऐंड कंपनी' का भागीदार बनने के लिए दादाभाई नौरोजी 1855 में लंदन पहुँचे थे। तीन वर्षों के बाद नैतिक आधार पर उन्होंने कंपनी से त्याग-पत्र दे दिया और 1859 में उन्होंने अपनी कपास की कंपनी 'नौरोजी ऐंड कंपनी' की स्थापना की।

लंदन में स्थित नौरोजी का घर भारतीय समाज का केंद्र बन गया था, जहाँ भारतीय विद्यार्थियों और देशभक्त नेताओं का जमावड़ा लगा रहता था। उनकी अगुवाई में कुछ आरंभिक दक्षिण एशियाई संस्थाओं की स्थापना हुई थी, जिनमें लंदन इंडियन सोसाइटी, ईस्ट इंडिया एसोसिएशन और लंदन जोरोस्ट्रियन ऐसोसिएशन प्रमुख संस्थाएँ थीं।

भारत में उन्हें इंडियन नेशनल कांग्रेस का लगातार तीन कार्यकाल तक (1886, 1893 और 1906) नेतृत्व करने और भारत में ब्रिटिश शासन की अर्थिक नीतियों की आलोचना करने के लिए याद किया जाता है। उन्होंने भारत की संपदा की लूट के खिलाफ आवाज बुलंद की थी।

ब्रिटिश राजनीति के साथ नौरोजी का संबंध उस समय चरम बिंदु पर पहुँच

गया, जब एक बार असफल प्रयास करने के बाद उन्हें 1892 में फिंसबरी सेंट्रल के लिए लिबरल पार्टी का सांसद चुना गया।

उनकी उम्मीदवारी के विरोध में नकारात्मक प्रचार अभियान चलाया गया और कंजरवेटिव पार्टी के प्रधानमंत्री लॉर्ड सलिसबेरी ने 'नस्लवाद कार्ड' का इस्तेमाल करते हुए ब्रिटेन की संसद् में एक 'काले आदमी' के प्रवेश के औचित्य पर सवाल खड़ा किया।

नौरोजी के खिलाफ चलाए गए नकारात्मक प्रचार अभियान का कोई प्रभाव नहीं पड़ा और दादाभाई नौरोजी अपनी सीट पर विजयी हुए। जहाँ लिबरल पार्टी ने उनके पक्ष में प्रचार किया, वहीं मीडिया ने भी उनकी उम्मीदवारी का भरपूर समर्थन किया।

अत्यधिक व्यस्तता और सामाजिक-राजनीतिक दायित्वों को वहन करते हुए दादाभाई नौरोजी सफलतापूर्वक अपने व्यवसाय का संचालन करते रहे थे। भारत और इंग्लैंड में रह रहे परिवार के सदस्यों का वे पूरा ध्यान रखते थे। उन्होंने नारी की दयनीय दशा, अफीम का प्रचलन और दक्षिण अफ्रीका में भारतीय श्रमिकों के शोषण के खिलाफ संघर्ष किया। वे भारत में स्वराज लागू करने की माँग करते रहे थे। 1907 में नौरोजी भारत लौट आए, जहाँ 92 वर्ष की उम्र में सन् 1917 में उनका देहांत हो गया।

□

शिकागो में स्वामी विवेकानंद

भारतीय गौरव को जिन महापुरुषों ने देश की सीमा के बाहर ले जाकर स्थापित किया, उनमें स्वामी विवेकानंद अग्रणी माने जाते हैं। पश्चिम बंगाल में 12 जनवरी, 1863 को जनमे नरेंद्रनाथ दत्त (स्वामी विवेकानंद) ने अमरीका के शिकागो में 11 सितंबर, 1893 को आयोजित 'विश्व धर्म संसद्' में भारतीय चिंतन परंपरा का जिन जोरदार शब्दों में परचम लहराया, उसकी प्रतिध्वनि युगों-युगों तक सुनाई देगी।

अपने ऐतिहासिक भाषण में उन्होंने कहा था, "मैं एक ऐसे धर्म का अनुयायी होने में गर्व का अनुभव करता हूँ, जिसने इस पृथ्वी के समस्त धर्मों और देशों के उत्पीड़ितों और शरणार्थियों को आश्रय दिया है। मुझे आप को यह बतलाते हुए गर्व होता है कि हमने अपने दल में उन यहूदियों के विशुद्धतम अवशिष्ट को स्थान दिया था, जिन्होंने दक्षिण भारत आकर उसी वर्ष शरण ली थी, जिस वर्ष उनका पवित्र मंदिर रोमन जाति के अत्याचार से जल में मिला दिया गया था।

तीस वर्ष की आयु में स्वामी विवेकानंद ने शिकागो में विश्व धर्म सम्मेलन में हिंदू धर्म का प्रतिनिधित्व किया और सार्वभौमिक पहचान दिलवाई। गुरुदेव रवींद्रनाथ ठाकुर ने एक बार कहा था, "यदि आप भारत को जानना चाहते हैं तो विवेकानंद को पढ़िए। उनमें आप सबकुछ सकारात्मक ही पाएँगे, नकारात्मक कुछ नहीं।"

वे केवल संत ही नहीं, एक महान् देशभक्त, वक्ता, विचारक, लेखक और मानव-प्रेमी भी थे। अमरीका से लौटकर उन्होंने देशवासियों का आह्वान करते हुए कहा था, "नया भारत निकल पड़े मोची की दुकान से, भड़भूँजे के भाड़ से, कारखाने से, हाट से, बाजार से, निकल पड़े झाड़ियों, जंगलों, पहाड़ों, पर्वतों से।"

और जनता ने स्वामीजी की पुकार का उत्तर दिया। वह गर्व के साथ निकल पड़ी। गांधीजी को आजादी की लड़ाई में जो जन-समर्थन मिला, वह विवेकानंद के आह्वान का ही फल था। इस प्रकार वे भारतीय स्वतंत्रता संग्राम के भी एक प्रमुख प्रेरणास्रोत बने।

उनका विश्वास था कि पवित्र भारतवर्ष धर्म एवं दर्शन की पुण्यभूमि है। यहीं बड़े-बड़े महात्माओं व ऋषियों का जन्म हुआ। यही संन्यास तथा त्याग की भूमि है तथा यहीं अनादिकाल से लेकर आज तक मनुष्य के लिए जीवन के सर्वोच्च आदर्श एवं मुक्ति का द्वार खुला हुआ है।

उन्होंने कहा था कि मुझे बहुत से युवा संन्यासी चाहिए, जो भारत के ग्रामों में फैलकर देशवासियों की सेवा में खप जाएँ। उनका यह सपना पूरी नहीं हुआ। विवेकानंद पुरोहितवाद, धार्मिक आडंबरों, कठमुल्लापन और रूढ़ियों के सख्त खिलाफ थे। उन्होंने धर्म को मनुष्य की सेवा के केंद्र में रखकर ही आध्यात्मिक चिंतन किया था।

'शिकागो भाषण' के बाद अमरीकी मीडिया ने उन्हें 'साइक्लॉनिक हिंदू' का नाम दिया। अनेक अमरीकी विद्वानों ने उनका शिष्यत्व ग्रहण किया। भारत के गौरव को देश-देशांतरों में उज्ज्वल करने का उन्होंने सदा प्रयत्न किया।

□

भूमि अधिग्रहण कानून

भूमि अधिनियम कानून, 1894 सार्वजनिक उद्देश्य के लिए निजी स्वामित्ववाली भूमि का सरकार द्वारा अधिग्रहण करने के लिए बनाया गया था। सार्वजनिक उद्देश्य को कानून में पारिभाषित करते हुए बताया गया कि शैक्षणिक संस्थानों का निर्माण करने के लिए या आवास, स्वास्थ्य, ग्रामीण योजना के लिए भूमि का अधिग्रहण किया जा सकता है।

सबसे पहले भूमि अधिग्रहण कानून के प्रस्ताव को ब्रिटिश सरकार ने 1894 में पारित किया था और इसे समूचे बंगाल प्रांत में लागू करने की बात कही गई थी, लेकिन तत्काल इसे फोर्ट विलियम की प्रेसीडेंसी में लागू किया गया था। सड़कों, नहरों का निर्माण एवं अन्य सार्वजनिक उद्देश्यों के लिए सरकार को मुआवजा चुकाकर भूमि अधिग्रहण का अधिकार दिया गया था।

सन् 1850 में इस कानून के प्रावधानों का विस्तार कलकत्ता नगर में किया गया था और सार्वजनिक उद्देश्यों के लिए भूमि अधिग्रहण किया गया था। उसी समय रेलवे नेटवर्क का विकास किया जा रहा था और रेल की पटरी बिछाने के लिए इस तरह के कानून की जरूरत महसूस की गई थी।

सन् 1947 में स्वतंत्रता के बाद भारत सरकार ने भी भूमि अधिग्रहण कानून, 1894 को अपनाया। तब से लेकर आज तक समय-समय पर इस कानून में कई संशोधन किए जाते रहे हैं, लेकिन इसकी प्रशासनिक प्रक्रिया में किसी तरह का बदलाव नहीं किया गया है। प्रारंभिक अधिसूचना जारी करने के साथ ही अधिग्रहण की प्रक्रिया की शुरुआत की जाती है, जैसाकि भूमि अधिग्रहण कानून 1894 के अनुच्छेद 4 (1) में प्रावधान किया गया है। अधिसूचना को सरकारी गजट और दो दैनिक समाचार-पत्रों में प्रकाशित करना अनिवार्य है। इनमें से एक समाचार-

पत्र स्थानीय भाषा का होना चाहिए। अधिसूचना को इलाके के प्रमुख स्थानों पर चिपकाया भी जाना चाहिए।

अधिसूचना जारी करने का प्रमुख मकसद आपत्तियों का निष्पादन करना होता है। भूमि को लेकर उसके स्वामी या किसी अन्य की आपत्ति पर सरकार अधिग्रहण से पहले विचार करती है। आरंभिक अधिसूचना जारी होने के बाद तीस दिनों के अंदर ऐसी आपत्ति दर्ज की जा सकती है।

आरंभिक अधिसूचना जारी किए जाने के बाद एक साल के अंदर प्रशासन की तरफ से अंतिम अधिसूचना जारी करने का प्रावधान रखा गया है।

अंतिम अधिसूचना जारी किए जाने से पहले संबंधित प्रशासन आपत्तियों पर विचार करता है और उन्हें संतोषजनक नहीं पाए जाने पर दावों को खारिज करते हुए अंतिम अधिसूचना जारी कर दी जाती है।

□

वर्ष : 1900

स्वदेशी आंदोलन

बंगाल विभाजन से स्वदेशी आंदोलन की शुरुआत हुई और गांधीजी के भारतीय राजनीति में सक्रिय होने से पहले का यह एक लोकप्रिय आंदोलन था, जिसने देश की अर्थ-व्यवस्था को चमत्कारिक ढंग से प्रभावित किया। स्वदेशी आंदोलन का मूल उद्‌देश्य ब्रिटिश राज्य का उन्मूलन और देश की अर्थ-व्यवस्था को स्थानीय संसाधनों से खुशहाल बनाना था। इस प्रकार इस आंदोलन के दौरान सभी ब्रिटिश उत्पादों का बहिष्कार और घरेलू उत्पादों के इस्तेमाल को बढ़ावा दिया गया।

स्वदेशी आंदोलन के मुख्य सूत्रधारों में बाल गंगाधर तिलक, विपिन चंद्र पाल, लाला लाजपत राय, अरविंदो घोष, वीर सावरकर इत्यादि नेतागण शामिल थे। इस आंदोलन में तिलक ने अखबारों में लिखकर और भाषण देकर जनता को अपने साथ जोड़ा। तिलक ने एक और अच्छा मार्ग निकाला। लोकप्रिय उत्सवों में वे जनता के बीच जाते, उनके साथ त्योहार मनाते और अपनी बात उन तक पहुँचा देते। उन्होंने पारंपरिक गणेश उत्सव को सार्वजनिक उत्सव बनाने में महती भूमिका निभाई। इससे वे लाखों लोगों तक एक साथ, एक ही समय में अपनी बात पहुँचा देते थे। आज महाराष्ट्र में सार्वजनिक रूप से आयोजित होनेवाला गणपति उत्सव तिलक की ही देन है। उन्होंने शिवाजी के जन्मोत्सव को भी सार्वजनिक रूप प्रदान किया और उसे अपने स्वदेशी आंदोलन के प्रचार-प्रसार का माध्यम बनाया।

गली-गली में विदेशी कपड़ों की होली जलाई जाने लगी। लोगों ने विदेशी चीजों का बहिष्कार कर दिया। विदेशी वस्तुओं की बिक्री तेजी से गिर गई। स्वदेशी कपड़े की माँग को पूरा करने के लिए बंबई कपड़ा मिल के कामगार दिन-रात मिलों में काम करने लगे। देश में स्वदेशी की भावना ने देशवासियों का सिर

गर्व से ऊँचा कर दिया। मेनचेस्टर के अच्छे कपड़े को लात मारकर लोग देश में ही बने मोटे कपड़े को पहनने में शान समझने लगे। स्वयंसेवक छात्रों के जत्थे लोगों को स्वदेशी वस्तुओं के प्रयोग के लिए प्रोत्साहित करते घूमते थे। रवींद्रनाथ टैगोर व अन्य लेखकों ने अपने देशभक्तिपूर्ण गीतों से लोगों में स्वदेशी के प्रति निष्ठा का बिगुल फूँका। बंकिम चंद्र चटर्जी का 'वंदे मातरम्' राष्ट्रीय नारा और राष्ट्र-गीत बन गया।

स्वदेशी आंदोलन ने भारतीय उद्योगों को चमत्कारिक गति प्रदान की। अब नमक, चीनी, माचिस, खाद्य-तेल इत्यादि वस्तुएँ देश की धरती पर ही बनने लगीं। भारतीय उद्योगपति यहाँ कल-कारखाने स्थापित करने की योजनाएँ बनाने लगे। जमशेदजी टाटा बिहार के जमशेदपुर में अपना प्रसिद्ध स्टील कारखाना स्थापित करने की सोचने लगे। इसी दौर में बिखरे हुए मजदूर एकत्र होने लगे और संगठन की शक्ति को पहचानकर उनके कई मजदूर संघ बनने लगे, आगे कलकत्ता व बंबई में हुई कई श्रमिक हड़तालों ने जाहिर कर दिया कि अब मजदूर अपने शोषण व अधिकारों के प्रति जागरूक हो गए हैं। इस प्रकार, स्वदेशी आंदोलन ने अंग्रेजों को आर्थिक रूप से तोड़कर रख दिया।

□

काँगड़ा भूकंप

अप्रैल 1905 को आई भूकंप जैसी त्रासदी को अगर आज हिमाचल को फिर झेलना पड़े तो इससे 1,88,180 लोग मौत के मुँह में चले जाएँगे। ये आँकड़े कोई काल्पनिक नहीं हैं, बल्कि आईआईटी मुंबई के छात्रों द्वारा पिछले वर्ष इस संबंध में किए गए एक सर्वेक्षण के बाद सामने आए हैं। उल्लेखनीय है कि वर्ष 1905 में आए भयानक भूकंप में क्षेत्रीय 20 हजार लोगों को जान गँवानी पड़ी थी।

भूकंप का नाम सुनते ही आज भी काँगड़ावासी सिहर उठते हैं। 4 अप्रैल, 1905 को आए भूकंप के दो झटकों ने ही पूरी घाटी को तहस-नहस कर दिया था। सड़कें, पुल, बिजली तार-व्यवस्था आदि सबकुछ छिन्न-भिन्न हो गया था। काँगड़ा का अजेय दुर्ग और ब्रजेश्वरी देवी मंदिर भी ध्वस्त हो गया था। बचा था तो मात्र वीरभद्र मंदिर और शीतला मंदिर। जिले भर में लगभग 20 हजार लोग और 53 हजार पशु इस भूकंप में मौत का शिकार हुए थे। अकेले काँगड़ा नगर में मरनेवाले लोगों का आँकड़ा 10257 था। कुल 13 लाख, 51 हजार, 750 रुपए की राशि सहायता के रूप में पूरे देश से इकट्ठी की गई थी। शाहपुर से काँगड़ा तक एक भी घर नहीं बचा था।

भूकंप का झटका उत्तर से आया और दक्षिण की ओर बढ़ गया था। बचे हुए लोगों में पुलिस अधीक्षक मिस्टर होमन भी शामिल थे। उन्होंने विशेष वाहक के साथ एक संदेश नूरपुर भेजा और उसके बाद नगर में जाकर अपनी आँखों से यह प्रलय-दृश्य देखा। उस समय काँगड़ा जालंधर डिवीजन का भाग था, परंतु लाहौर से लाट साहब ने सीधी सहायता भी भेजी थी। काँगड़ा के भूतपूर्व जिलाधीश मिस्टर यंग हस्वैंड लाहौर में कमिश्नर पद पर थे, वे सहायता पार्टी के साथ आए। सहायता सामान व अधिकारियों की एक विशेष रेलगाड़ी पठानकोट भेजी गई।

इसी बीच बचे हुए भारतीय तथा यूरोपीय लोगों ने संगठित होकर राहत-कार्य किया। मलबे के नीचे दबे लोगों को जीवित बचाया गया।

डाक-व्यवस्था 8 अप्रैल तक सुधरी व सड़कों का सुधार प्राथमिकता के आधार पर किया गया। बताया जाता है कि काँगड़ा के आसपास की सड़कों को गंभीर क्षति पहुँची थी। काँगड़ा को पुनः पटरी पर लाने के लिए वर्षों लगे।

□

बंगाल का विभाजन

बंगाल-विभाजन के निर्णय की घोषणा 19 जुलाई, 1905 को भारत के तत्कालीन वाइसराय लॉर्ड कर्जन द्वारा की गई थी। विभाजन 16 अक्तूबर, 1905 से प्रभावी हुआ। विभाजन के कारण उत्पन्न उच्च स्तरीय राजनीतिक अशांति के कारण 1911 में दोनों तरफ की जनता के दबाव की वजह से बंगाल के पूर्वी एवं पश्चिमी हिस्से पुनः एक हो गए थे। बंगाल प्रांत का क्षेत्रफल 489,500 वर्ग किलोमीटर और जनसंख्या 8 करोड़ से ज्यादा थी। पूर्वी बंगाल भौगोलिक रूप से एवं कम संचार साधनों के कारण पश्चिमी बंगाल से लगभग अलग-थलग था।

1836 में ऊपरी प्रांतों को एक लेफ्टिनेंट गवर्नर के शासन के अंतर्गत कर दिया गया और 1854 में गवर्नर जनरल एन काउंसिल को बंगाल के प्रत्यक्ष प्रशासन से मुक्त कर दिया गया।

अलग चीफ कमीश्नरशिप बनाने के लिए 1874 में असम को सिलहट सहित बंगाल से अलग कर दिया गया और बाद में 1898 में लुशाई हिल्स को भी इसमें शामिल कर दिया गया। बंगाल जैसे बड़े और इतनी अधिक आबादीवाले प्रांत का प्रबंधन बहुत कठिन था।

सर्वप्रथम 1903 में बंगाल के विभाजन के बारे में सोचा गया। चिटगाँव, ढाका और मेमन सिंह के जिलों को बंगाल से अलग कर असम प्रांत में मिलाने के अतिरिक्त प्रयास भी रखे गए थे। इसी प्रकार छोटा नागपुर को भी केंद्रीय प्रांत से मिलाया जाना था।

सरकार ने आधिकारिक तौर पर 1904 की जनवरी में यह विचार प्रकाशित किया और फरवरी में लॉर्ड कर्जन ने बंगाल के पूर्वी जिलों में विभाजन पर जनता की राय का आकलन करने के लिए आधिकारिक दौरे किए।

उन्होंने प्रमुख हस्तियों के साथ परामर्श किया और ढाका तथा चिटगाँव में भाषण देकर विभाजन पर सरकार के रुख को समझाने का प्रयास किया। हेनरी जॉन स्टेडमैन कॉटन, जोकि 1896 से 1902 के बीच असम के मुख्य आयुक्त थे, ने इस विचार का विरोध किया।

1905 में 16 अक्तूबर को वाइसराय लॉर्ड कर्जन द्वारा बंगाल का विभाजन किया गया।

विभाजन की योजना के पीछे अन्य उद्देश्य भी छिपे थे। बंगाली हिंदू शासन में अधिक-से-अधिक भागीदारी के लिए राजनीतिक आंदोलन में अग्रणी थे। अत: अब पूर्व में मुसलिमों का वर्चस्व बढ़ने से उनकी स्थिति कमजोर हो रही थी।

हिंदू और मुसलिम दोनों ने ही विभाजन का विरोध किया। विभाजन के बाद राष्ट्रीय स्तर पर ब्रिटिश आंदोलन प्रबल हुआ। 1911 में रद्द किए जाने से पूर्व, विभाजन बमुश्किल आधे दशक तक चल पाया था।

□

वर्ष : 1906

मुसलिम लीग की स्थापना

मुसलिम लीग का मूल नाम 'अखिल भारतीय मुसलिम लीग' था। यह एक राजनीतिक समूह था, जिसने ब्रिटिश भारत के विभाजन (1947) से निर्मित एक अलग मुसलिम राष्ट्र के लिए आंदोलन चलाया। मुसलिम नेताओं, विशेषकर मुहम्मद अली जिन्ना ने इस बात का भय जताया कि स्वतंत्र होने पर भारत में सिर्फ हिंदुओं का ही वर्चस्व होगा। इसलिए उन्होंने मुसलिमों के लिए अलग से एक राष्ट्र की माँग को बार-बार दोहराया।

1 अक्तूबर, 1906 को एच.एच. आगा खाँ के नेतृत्व में एक दल वाइसराय लॉर्ड मिंटो से शिमला में मिला। अलीगढ़ कॉलेज के प्रिंसिपल आर्चबोल्ड इस प्रतिनिधिमंडल के जनक थे। इस प्रतिनिधिमंडल ने वाइसराय से अनुरोध किया कि प्रांतीय, केंद्रीय व स्थानीय निर्वाचन हेतु मुसलिमों के लिए पृथक् सांप्रदायिक निर्वाचन की व्यवस्था की जाए।

इस शिष्टमंडल को भेजने के पीछे अंग्रेज उच्च अधिकारियों का हाथ था। मिंटो ने इनकी माँगों का पूर्ण समर्थन किया। जिसके फलस्वरूप मुसलिम नेताओं ने ढाका के नवाब सलीमुल्ला खाँ के नेतृत्व में 30 दिसंबर, 1906 को ढाका में 'मुसलिम लीग' की स्थापना की।

सलीमुल्ला खाँ मुसलिम लीग के संस्थापक व अध्यक्ष थे, जबकि प्रथम अधिवेशन की अध्यक्षता मुश्ताक हुसैन ने की।

इस संस्था का प्रमुख उद्देश्य था—'भारतीय मुसलिमों में ब्रिटिश सरकार के प्रति भक्ति उत्पन्न करना व भारतीय मुसलिमों के राजनीतिक व अन्य अधिकारों की रक्षा करना।'

'मुसलिम लीग' ने अपने अमृतसर के अधिवेशन में मुसलिमों के पृथक

निर्वाचक मंडल की माँग की, जो 1909 में 'मार्ले-मिंटो सुधारों' के द्वारा प्रदान कर दिया गया। लीग ने 1916 के 'लखनऊ समझौते' के आधार पर भारतीय राष्ट्रीय कांग्रेस का समर्थन करने के अतिरिक्त कभी भी भारतीयों के राजनीतिक अधिकारों की माँग नहीं की।

मुहम्मद अली जिन्ना तथा मुसलिम लीग ने ब्रिटिश भारत को हिंदू व मुसलिम राष्ट्रों में विभाजित करने की माँगवाले आंदोलन का नेतृत्व किया और 1947 में पाकिस्तान के गठन के बाद मुसलिम लीग पाकिस्तान की प्रमुख राजनीतिक दल बन गई। इसी साल इसका नाम बदलकर 'ऑल पाकिस्तान मुसलिम लीग' कर दिया गया।

लेकिन पाकिस्तान में आधुनिक राजनीतिक दल के रूप में लीग उतने कारगर ढंग से काम नहीं कर सकी, जैसा यह ब्रिटिश भारत में जन आधारित गुट के रूप में करती थी और इस तरह से धीरे-धीरे इसकी लोकप्रियता व संगठन की क्षमता घटती चली गई।

□

वर्ष : 1907

टाटा स्टील की स्थापना

वर्ष 1907 में भारत पर ब्रितानी हुकूमत के दिनों में जमशेदपुर में एक छोटे से कारखाने के रूप में 'टाटा स्टील' की स्थापना हुई।

जमशेदजी टाटा ने देश का सबसे बड़ा औद्योगिक घराना बनने का लक्ष्य लेकर एक मॉडल कंपनी की स्थापना की। उन्होंने देश में पहली बार अपने कर्मचारियों के लिए आठ घंटे की शिफ्ट तय की।

वर्तमान समय में टाटा समूह के पोर्टफोलियो में क्या नहीं है। दूरसंचार और आई.टी. से लेकर चाय, इस्पात और होटल तक। वह भी सिर्फ भारत में नहीं, बल्कि दुनिया के कई देशों में। टाटा समूह ने यूरोप की स्टील कंपनी 'कोरस' की नीलामी में सबसे अधिक बोली लगाई थी और वह दुनिया की सबसे बड़ी पाँचवीं स्टील कंपनी बन गई।

टाटा ने कुछ साल पहले ही सिंगापुर की 'नैटस्टील' और थाईलैंड की 'मिलेनियम स्टील' का अधिग्रहण किया था।

टाटा स्टील 'टाटा समूह' की 96 कंपनियों में से एक है। टाटा समूह हर वर्ष 22 अरब डॉलर का कारोबार करता है और देश का सबसे बड़ा निजी नियोक्ता है। टाटा ने पिछले कुछ वर्षों में भारत से बाहर पैर पसारना शुरू किया है और अब तेजी से वैश्विक कंपनी बनने की राह पर अग्रसर है।

हो सकता है कि दुनिया में अधिकांश लोगों ने टाटा स्टील का नाम न सुना हो, लेकिन संभावना है कि उन्होंने कभी टाटा की 'टेटली चाय' की चुस्कियाँ ली हों या फिर फोन कॉल के लिए समुद्र के नीचे बिछे फाइबर ऑप्टिक केबल का इस्तेमाल किया हो या फिर कभी टाटा समूह के होटलों में आराम फरमाया हो।

टाटा की बसें और ट्रक तो एशिया और अफ्रीका के तमाम देशों की सड़कों

पर फर्राटे से चलते हुए नजर आ जाएँगे। टाटा ने 'निशान मोटर्स' को खरीदकर अफ्रीका में अपनी बसों और ट्रकों की बिक्री का मजबूत आधार तैयार किया।

जब भारत में तकनीकी संचार क्रांति की आहट भी नहीं हुई थी, तो टाटा ने 1960 के दशक में ही सॉफ्टवेयर बाजार में प्रवेश कर लिया था और आज दुनिया भर में अपनी कंसलटेंसी सेवा का लोहा मनवा चुका है।

समूह ने कुछ वर्ष पहले अमरीका की 'टेटली चाय' पर अपनी मुहर लगाकर सात समंदर पार अपनी व्यापारिक काबिलियत साबित की थी।

टाटा ने अमरीका के बोस्टन शहर में 17 करोड़ डॉलर में 'रिट्ज कालेटन' होटल खरीदा है।

टाटा समूह की जड़ें फिलहाल आठ देशों में हैं और लगातार फैलती जा रही हैं।

'टाटा स्टील' की स्थापना कर जमशेदजी टाटा ने भारतीय औद्योगिक विकास का मार्ग ऐसे समय में प्रशस्त किया था, जब उस दिशा में केवल अंग्रेज ही कुशल समझे जाते थे।

□

तिलक पर राजद्रोह का मुकदमा

भारतीय स्वतंत्रता संग्राम में ऐसे कई महानायक हैं, जिन्होंने अपने महान् कार्यों से देश को स्वतंत्र कराने में अहम् भूमिका निभाई है। ऐसे ही एक महान् नेता हैं, लोकमान्य बाल गंगाधर तिलक। बाल गंगाधर तिलक का जन्म 23 जुलाई, 1856 को रत्नागिरी नामक स्थान पर हुआ था। वे भारतीय स्वतंत्रता संग्राम के पहले लोकप्रिय नेता थे। उन्होंने सबसे पहले ब्रिटिश राज के दौरान 'पूर्ण स्वराज' की माँग उठाई। उनका यह कथन कि 'स्वराज मेरा जन्मसिद्ध अधिकार है और मैं इसे लेकर रहूँगा' बहुत प्रसिद्ध हुआ। इन्हें 'हिंदू राष्ट्रवाद का पिता' भी कहा जाता है।

उनका सार्वजनिक जीवन 1880 में एक शिक्षक और शिक्षण के संस्थापक के रूप में आरंभ हुआ। इसके बाद 'केसरी' और 'मराठा' समाचार-पत्र उनकी आवाज के पर्याय बन गए। इनके माध्यम से उन्होंने अंग्रेजों के अत्याचारों का विरोध तो किया ही, साथ ही भारतीयों को स्वाधीनता का पाठ भी पढ़ाया। वे एक निर्भीक संपादक थे, जिसके कारण उन्हें कई बार अंग्रेजों के कोप का भजन भी बनना पड़ा।

1908 में तिलक ने क्रांतिकारी प्रफुल्ल चाकी और खुदीराम बोस के बम हमले का समर्थन किया, जिसके बाद उनके खिलाफ ब्रिटिश सरकार ने राजद्रोह का मुकदमा चलाया। यह मुकदमा 'केसरी' में प्रकाशित उनके दो लेखों के लिए चलाया गया था। लोकमान्य की तरफ से बैरिस्टर मुहम्मद अली जिन्ना ने उनकी जमानत की अरजी पेश की। जमानत का आधार न्यायमूर्ति तैयबजी का जमानत संबंधी निर्णय था। न्यायमूर्ति दावर ने तैयबजी के आदेश को पलटते हुए जमानत नहीं दी।

इस मुकदमे में 'केसरी' में प्रकाशित मराठी लेखों का अंग्रेजी अनुवाद जूरी के सदस्यों के सामने रखा गया। लोकमान्य के अनुसार अनुवाद गलत और भ्रामक था। लोकमान्य ने अपने बचाव की जिरह में यह सिद्ध कर दिया कि अनुवाद ठीक नहीं किया गया है, लेकिन अदालत ने सरकारी अनुवाद को ठीक माना।

लोकमान्य ने अपने बचाव में पाँच दिन तक अपना पक्ष रखा। उनका वक्तव्य अनेक दृष्टियों से ऐतिहासिक है। उन्होंने अपने वक्तव्य में अनेक कानूनी मुद्दे उठाए और अभियोग पक्ष द्वारा की जा रही अनेक अनियमितताओं की ओर अदालत का ध्यान आकृष्ट किया।

मुकदमे की सुनवाई जूरी की सहायता से की गई। जूरी के सदस्यों में सात यूरोपियन और दो भारतीय थे। सभी यूरोपियन सदस्यों ने लोकमान्य को दोषी और भारतीयों ने निर्दोष पाया। उन्हें छह वर्ष के निर्वासित कारावास की सजा सुनाई गई। उन्हें बर्मा के मांडले जेल में निर्वासित किया गया। इससे कुछ वर्ष पहले बर्मा के अंतिम नरेश को महाराष्ट्र के रत्नागिरि में निर्वासित किया गया था।

लोकमान्य को सजा सुनाए जाने के विरोध में जो प्रदर्शन, हड़ताल, उपद्रव शुरू हुए, वे छह दिन तक चलते रहे। सरकार को स्थिति पर नियंत्रण करने के लिउ सेना बुलानी पड़ी। अनेक स्थानों पर सेना और पुलिस ने गोलियाँ चलाईं। इसमें पंद्रह लोग मारे गए और 38 घायल हुए।

जूरी द्वारा दोषी घोषित किए जाने पर जब अदालत ने लोकमान्य से पूछा कि क्या उन्हें कुछ कहना है, तो उन्होंने कहा, "मैं केवल इतना कहना चाहता हूँ कि जूरी के निर्णय के बावजूद मैं निर्दोष हूँ। एक सर्वोच्च शक्ति है, जो हमारी नियति का निर्धारण करती है और यह ईश्वर की इच्छा हो सकती है कि मैं जिस उद्देश्य का प्रतिनिधित्व करता हूँ, वह मेरे मुक्त रहने की अपेक्षा मेरे बंदी रहने और तकलीफ उठाने से अधिक फले-फूले।"

□

दिल्ली दरबार

किंग जॉर्ज पंचम के राज्यारोहण का उत्सव मनाने और उन्हें भारत का सम्राट् स्वीकारने के लिए 12 दिसंबर, 1911 को 'दिल्ली दरबार' का आयोजन किया गया। इस समारोह में ब्रिटिश भारत के शासक, भारतीय राजकुमार, सामंत, सैनिक और कुलीन वर्गों के लोग बड़ी संख्या में एकत्र हुए।

दरबार के अंतिम चरण में एक अचरज भरी घोषणा की गई। तत्कालीन वाइसराय लॉर्ड हॉर्डिंग ने राजा के राज्यारोहण के अवसर पर प्रदत्त उपाधियों और भेंटों की घोषणा के बाद एक दस्तावेज सौंपा। अंग्रेज राजा ने वक्तव्य पढ़ते हुए राजधानी को कलकत्ता से दिल्ली स्थानांतरित करने, पूर्व और पश्चिम बंगाल को दोबारा एक करने सहित अन्य प्रशासनिक परिवर्तनों की घोषणा की।

दिल्लीवालों के लिए यह एक हैरतअंगेज फैसला था, जबकि इस घोषणा ने एक ही झटके में एक सूबे के शहर को एक साम्राज्य की राजधानी में बदल दिया, जबकि 1772 से ब्रिटिश भारत की राजधानी कलकत्ता थी।

इस घोषणा से उपस्थित लोगों में आश्चर्यजनक रूप से गहरा मौन पसर गया और चंद सेकेंड बाद करतल ध्वनि गूँज उठी। ऐसा होने के छह महीने पहले ही ब्रिटिश भारत की राजधानी के स्थानांतरण का निर्णय उनकी भारत-यात्रा के छह महीने पहले ही ब्रिटिश भारत की राजधानी के स्थानांतरण का निर्णय हो चुका था। इंग्लैंड और भारत में दर्जन भर व्यक्ति ही इससे वाकिफ थे। राजा की घोषणा के समानांतर बाँटे गए गजट और समाचार-पत्रों को भी पूरी गोपनीयता के साथ छापा गया।

7 दिसंबर, 1911 को ब्रिटेन के राजा और रानी (जॉर्ज पंचम और क्वीन मेरी) दिल्ली पहुँचे थे। शाही दंपति को एक जुलूस की शक्ल में शहर की गलियों

से होते हुए विशेष रूप से लगाए गए शिविरों के शहर (किंग्सवे कैंप) में गाजे-बाजे के साथ पहुँचाया गया।

उत्तर-पश्चिम दिल्ली में विशेष रूप से निर्मित एक सोपान मंडप में आयोजित 'दिल्ली दरबार' में चार हजार खास मेहमानों के बैठने की व्यवस्था की गई और एक वृहद अर्ध आकार के टीले से करीब 35 हजार सैनिक और 70 हजार दर्शक दरबार के चश्मदीद गवाह बने।

दरबार के दौरान लॉर्ड हॉर्डिंग सहित कांउसिल के सदस्यों, भारतीय राजाओं, राजकुमारों सहित कइयों ने अंग्रेज राजा की कदमबोली की और हाथ को चूमा। 25 गुणा 30 मील के घेरे में फैले क्षेत्र में 223 तंबू लगाए गए, जहाँ 60 मील की नई सड़कें बनाई गईं और करीब 30 मील लंबी रेलवे लाइन के लिए 24 स्टेशन बनाए गए।

□

रवींद्रनाथ ठाकुर को नोबेल पुरस्कार

विश्वकवि रवींद्रनाथ ठाकुर को उनकी कविता 'गीतांजलि' के लिए 1913 में नोबेल पुरस्कार से सम्मानित किया गया था।

रवींद्रनाथ ठाकुर का जन्म 7 मई, 1861 को कलकत्ता में देवेंद्रनाथ ठाकुर और शारदा देवी के पुत्र के रूप में एक संपन्न बँगला परिवार में हुआ था।

रवींद्रनाथ अनेक अर्थों में अद्वितीय थे। उनके मस्तिष्क की सृजनात्मक उर्वरा शक्ति अद्‌भुत थी। नौ वर्ष की अवस्था में उन्होंने कविता लिखनी आरंभ कर दी थी। बारह-तेरह वर्ष की अवस्था में उन्होंन 'पृथ्वीराज पराजय' नामक नाटक लिखा और शेक्सपीयर के नाटक 'मैकबेथ' का बँगला में अनुवाद किया। उसके पश्चात् बँगला साहित्य का कोई भी अंग उनसे अछूता नहीं रहा। उन्होंने उसके प्रत्येक अंग को अपनी प्रतिभा से सुशोभित किया।

हालाँकि वे मुख्य रूप से एक कवि थे, बावजूद इसके उन्होंने ज्ञान के प्रत्येक क्षेत्र में लिखा और प्रत्येक विधा को अपनी प्रतिभा से समृद्ध बनाया। मिल्टन की तरह उन्हें भी यह विश्वास था कि कवि का क्षेत्र व्यापक ज्ञान का क्षेत्र है।

वे संगीतज्ञ एवं अभिनेता थे। वे दार्शनिक, धर्म व समाज-सुधारक, शिक्षा विशेषज्ञ, राष्ट्रवादी एवं देशभक्त, मानवतावादी तथा 'वसुधैव कुटुंबकम्' सिद्धांत के प्रतिपादक थे।

उन्होंने विज्ञान पर भी एक ग्रंथ लिखा। जीवन के अंतिम काल में वे चित्रकारी भी करने लगे थे। प्रत्येक क्षेत्र में उन्होंने अद्‌भुत सफलता प्राप्त की। कहा जाता है कि उनके जैसा महान् गीतकार विश्व में कभी कोई नहीं हुआ।

मुख्य रूप से वे प्रेम एवं सौंदर्य के कवि थे। उनकी दृष्टि में अंत और अनंत

के बीच सौंदर्य का आदान-प्रदान हुआ है। वे सौंदर्य को स्वर्ग एवं धरती के बीच वैवाहिक संबंध का प्रतीक मानते थे।

वे एक महान् उपदेशक, समर्पित मानवतावादी एवं न्याय के महान् अग्रदूत थे। 1925 में 'भारतीय दार्शनिक कांग्रेस' के अध्यक्ष चुने गए। इस प्रकार दार्शनिक विचारक के रूप में उन्हें मान्यता प्रदान की गई।

उन्होंने यूरोप, अमरीका तथा एशिया में दूर-दूर तक यात्राएँ कीं और वे अंतरराष्ट्रीय कवि, साहित्यिक विभूति एवं मानव धर्म के उपदेशक के रूप में पूरी दुनिया में मशहूर हो गए।

इस महान् साहित्यकार की मृत्यु 7 अगस्त, 1941 को कलकत्ता में हुई थी।

□

वर्ष : 1913

प्रथम फिल्म 'राजा हरिश्चंद्र'

पहली भारतीय फीचर फिल्म 'राजा हरिश्चंद्र' का निर्माण 1913 में किया गया था। इसका निर्माण एवं निर्देशन दादा साहेब फाल्के ने किया था। 'रामायण' और 'महाभारत' में वर्णित राजा हरिश्चंद्र की कथा के आधार पर इस फिल्म का निर्माण किया गया था। यह एक मूक फिल्म थी।

भारत के फिल्म उद्योग के इतिहास में यह फिल्म मील का पत्थर साबित हुई। फिल्म के आरंभिक दृश्य में चित्रकार राजा रवि वर्मा की एक कलाकृति को दरशाया गया। कलाकृति में राजा हरिश्चंद्र को अपनी पत्नी और पुत्र के साथ पेश किया गया था। सच्चाई पर चलनेवाले राजा हरिश्चंद्र के जीवन का चित्रण इस फिल्म में किया गया। ऋषि विश्वामित्र को दिए गए वचन के कारण राजा ने अपने साम्राज्य, अपनी पत्नी और अपने पुत्र का त्याग कर दिया। फिल्म के अंत में दिखाया गया कि राजा की सत्यनिष्ठा से प्रसन्न होकर देवताओं ने उनकी खोई हुई चीजें लौटा दीं।

दादा साहेब फाल्के का मूल नाम धुंडीराज गोविंद फाल्के था। उन्हें 'भारतीय सिनेमा का जनक' कहकर पुकारा जाता है। उन्होंने बंबई के दादर मेन रोड में एक स्टुडियो की स्थापना की। फिल्म की पटकथा लिखने के बाद उन्होंने स्वयं सेट का निर्माण किया।

यह चार रील की फिल्म थी, जो लगभग 50 मिनट की अवधि की थी। इस फिल्म का निर्माण करने में सात महीने 21 दिन का समय लगा था। कोटोनेशन सिनेमा हॉल में 1913 में इस फिल्म को सबसे पहले कुछ पत्रकारों और अतिथियों के सामने प्रदर्शित किया गया। लोगों ने इस फिल्म की भूरी-भूरी प्रशंसा की और व्यापक वाणिज्यिक सफलता हासिल हुई। इस फिल्म की सफलता से उत्साहित

होकर फाल्के ने 'सत्यवान सावित्री', 'सत्यवादी राजा हरिश्चंद्र' (1917), 'लंका दहन' (1917), 'श्रीकृष्ण जन्म' (1918) और 'कालिया मर्दन' (1919) नामक फिल्मों का निर्माण किया।

फाल्के पर चित्रकार राजा रविवर्मा का गहरा प्रभाव पड़ा था और फिल्म बनाते समय उन्होंने चित्रकारी की शैली का प्रयोग किया था। जहाँ राजा रविवर्मा ने हिंदू धर्म के मिथकों को कैनवास पर उतारने का काम किया, वहीं फाल्के ने रूपहले परदे पर उन मिथकों को उतारा।

'राजा हरिश्चंद्र' फिल्म में पुरुष कलाकार ने ही महिला किरदार की भूमिका निभाई थी। चूँकि उस जमाने में कोई भी महिला फिल्म में अभिनय करने के लिए तैयार नहीं हुई थी।

'राजा हरिश्चंद्र' का सार्वजनिक प्रदर्शन 3 मई, 1913 को किया गया। फिल्म इस कदर सफल हुई कि दादा साहेब को ग्रामीण इलाकों के लिए बाद में इसके कई प्रिंटों का निर्माण करना पड़ा।

□

वर्ष : 1916

होमरूल आंदोलन

होमरूल आंदोलन का मुख्य उद्देश्य स्वशासन प्राप्त करना था। भारत में इसकी स्थापना एनी बेसेंट ने की थी, जो स्वयं एक आइरिश महिला थीं, जो थियोसोफिकल सोसाइटी की कार्यकर्ता के रूप में भारत आई थीं और फिर यहीं की होकर रह गईं। होमरूल आंदोलन से बाल गंगाधर तिलक व अन्य अनेक बड़े नेतागण जुड़े हुए थे। वे लोगों को स्वशासन के प्रति सचेत करते थे, उन्हें इस आंदोलन से जुड़ने के लिए प्रेरित करते थे।

सन् 1916-18 के दौरान बाल गंगाधर तिलक और एनी बेसेंट ने भारत भर में होमरूल आंदोलन को फैलाने के लिए सर सुब्रह्मण्यम अय्यर, जी.एस. खापर्डे और मोहम्मद अली जिन्ना जैसे बहुचर्चित बुद्धिजीवियों को इससे जोड़ा। उनका उद्देश्य ब्रिटिश राज के तहत स्वशासन स्थापित करना था।

इस आंदोलन की शुरुआत पुणे में बाल गंगाधर तिलक ने की, मद्रास में एस. सुब्रह्मण्यम अय्यर एवं एनी बेसेंट ने और बंबई-संभाग में मोहम्मद अली जिन्ना ने।

होमरूल आंदोलन की ज्यादातर गतिविधियाँ बंबई, मद्रास और कलकत्ता में चलती थीं और दिल्ली इसका मुख्यालय था। इस आंदोलन ने गति पकड़ी तो भारतीय राष्ट्रीय कांग्रेस के कान खड़े हुए। मुसलिम लीग भी इसकी ओर आकर्षित हुई। बाल गंगाधर तिलक ने 'स्वराज' की अवधारणा को प्रोत्साहित किया। उन्होंने भाषाई आधार पर राज्य-गठन की माँग की और यह भी कहा कि शिक्षा का माध्यम स्थानीय भाषा ही होनी चाहिए।

आंदोलन से जुड़े प्रमुख नेताओं ने ब्रिटिश सरकार के समक्ष याचिका दाखिल करके स्वायत्त शासन के दरजे की माँग की। एनी बेसेंट के प्रयासों से भारतीय

राष्ट्रीय कांग्रेस और मुसलिम लीग इस प्रयोजन हेतु एकजुट हो गए। आंदोलन के बढ़ते प्रभाव को कुचलने के लिए सरकार ने एनी बेसेंट को गिरफ्तार कर लिया, लेकिन उनकी गिरफ्तारी से यह आंदोलन शहरों से निकलकर गाँवों तक जा पहुँचा और गुजरात, उड़ीसा, पंजाब, बिहार और सिंध के कई इलाकों तक इसके समर्थक तैयार हो गए।

इसी बीच महात्मा गांधी राष्ट्रीय पटल पर आविर्भूत हुए। उनके अहिंसक आंदोलनों, सत्याग्रह और नागरिक अवज्ञा आंदोलनों से जन सामान्य सहजता से जुड़ने लगा। वहीं होमरूल आंदोलन अभी तक शहरी शिक्षित वर्ग तक ही सीमित था, उसकी धार कुंद पड़ती गई।

चंपारण, खेड़ा आदि के किसानों की समस्याओं को उठाकर गांधीजी ने ग्रामीण समस्याओं की व्यापकता की ओर इशारा किया था। वे समझते थे कि शहरी शिक्षित वर्ग उनसे कम पीड़ित है। वहीं तिलक, एनी बेसेंट, विपिन चंद्र पाल, लाला लाजपत राय और जिन्ना जैसे राष्ट्रीय नेतागण अंग्रेज सरकार से वार्त्ता और मोलतोल करने को प्राथमिकता देते थे। इस प्रकार गांधीजी के साथ उनके मतभेद प्रकट होने लगे।

आखिरकार अकेले गांधीजी ने भारतीय राजनीति का परिदृश्य बदलकर रख दिया, साथ ही भारतीय राष्ट्रीय कांग्रेस का दृष्टिकोण और कार्य-प्रणाली भी बदल दी। वे अखिल भारतीय होमरूल लीग के अध्यक्ष चुने गए और इसके एक वर्ष के भीतर ही भारतीय राष्ट्रीय कांग्रेस में इसका विलय हो गया और दोनों एक मजबूत राजनीतिक संस्था बन गए।

□

खेड़ा-सत्याग्रह

गुजरात के खेड़ा जिले में सन् 1917 में अधिक वर्षा होने के कारण फसल बरबाद हो गई थी। इससे भयंकर अकाल पड़ने लगा। पशुओं के लिए चारे का भी अभाव हो गया। चारों ओर भुखमरी फैलने लगी। इससे विवश होकर खेड़ा जिले के किसानों ने माँग की कि इस वर्ष उनसे मालगुजारी वसूल नहीं की जाए। अमृतलाल ठक्कर, मोहनलाल पंड्या, शंकरलाल पारीख आदि नेतागण ने कमिश्नर को एक प्रतिवेदन देकर उनका ध्यान गरीब किसानों की बदहाली की ओर आकर्षित किया। गुजरात सभा के अध्यक्ष की हैसियत से गांधीजी ने भी संबंधित अधिकारियों को पत्र लिखकर और तार भेजकर प्रार्थना की कि मालगुजारी की वसूली को स्थगित रखा जाए, किंतु अंग्रेज नौकरशाही कुछ भी सुनने के लिए तैयार नहीं थी।

तब गांधीजी ने खेड़ा जिले के किसानों को सत्याग्रह करने की सलाह दी। इस सत्याग्रह में वल्लभभाई पटेल, उनके बड़े भाई विट्ठलभाई पटेल, जो बाद में केंद्रीय असेंबली के अध्यक्ष बने, शंकरलाल बैंकर, श्रीमती अनसूया बहन, इंदुलाल याज्ञिक, महादेव देसाई आदि नेताओं ने सक्रिय सहयोग दिया। सत्याग्रह प्रारंभ करने से पूर्व गांधीजी ने यह शपथ लेने के लिए सत्याग्रहियों से कहा, ''क्योंकि हमारे गाँवों में फसल एक-चौथाई से भी कम हुई है, इसलिए हम लोगों ने सरकार से निवेदन किया था कि मालगुजारी की वसूली अगले साल तक रोक दी जाए, पर सरकार ने हमारा निवेदन स्वीकार नहीं किया। इसलिए हम लोग प्रतिज्ञा करते हैं कि हम इस साल सरकार को पूरी या बकाया मालगुजारी नहीं देंगे। इसके लिए सरकार जो भी कदम उठाएगी, हम खुशी के साथ उस दंड को भुगतेंगे। भले ही हम लोगों की जमीन जब्त कर ली जाए, पर हम लोग सरकार को मालगुजारी देकर अपने आत्मसम्मान को चोट नहीं पहुँचाएँगे। यदि सरकार किस्त की वसूली रोकने

पर राजी हो जाए, तब हम लोगों में से वे लोग, जो मालगुजारी दे सकते हैं, पूरी मालगुजारी या बकाया मालगुजारी दे देंगे। हम लोगों में से जो मालगुजारी दे सकते हैं, वे भी इसलिए मालगुजारी रोके हुए हैं कि जो गरीब किसान मालगुजारी नहीं दे सकते हैं, वे मजबूर होकर मालगुजारी देने के लिए कहीं अपना सामान न बेच डालें अथवा कर्ज में न पड़ जाएँ। ऐसे गरीबों की दशा को ध्यान में रखकर धनी किसानों का भी कर्तव्य है कि वे सरकार को मालगुजारी नहीं दें।''

किसानों के लिए संघर्ष का यह तरीका बिल्कुल नया था। गांधीजी ने गाँव-गाँव घूमकर किसानों को हर हालत में शांति बनाए रखने का उपदेश दिया। उन्होंने किसानों को सरकारी अफसरों से नहीं डरने का सबक सिखाया। गांधीजी के व्यक्तित्व का यह असर था कि किसानों ने शांति और निर्भीकता के साथ इस संघर्ष में दृढता दिखाई। सरकारी दमन-चक्र चलता रहा। कुछ सत्याग्रही गिरफ्तार किए गए तथा बहुत से किसानों के मवेशी और चल-संपत्ति जब्त की गई। इन कठिनाइयों के उपरांत भी लोगों ने दृढता का परिचय दिया। अंत में सरकार को मजबूर होकर किसानों से समझौता करना पड़ा।

इस सत्याग्रह के दौरान गुजरात के किसानों को अपनी छुपी हुई शक्ति का प्रदर्शन करने का अवसर मिला। उन्होंने यह सीखा कि त्याग एवं बलिदान द्वारा वे अपना कल्याण कर सकते हैं। खेड़ा-सत्याग्रह ने न केवल गुजरात, बल्कि देश के अन्य क्षेत्रों में भी भविष्य के लिए सत्याग्रह का पथ प्रशस्त किया।

□

वर्ष : 1917

चंपारण सत्याग्रह

चंपारण सत्याग्रह का प्रारंभ राष्ट्रपिता महात्मा गांधी के द्वारा किया गया था। अंग्रेज मालिकों द्वारा चंपारण के किसानों से एक अनुबंध करा लिया था, जिसमें उन्हें नील की खेती करना अनिवार्य था। नील के बाजार में गिरावट आने से कारखाने बंद होने लगे। अंग्रेजों ने किसानों की मजबूरी का लाभ उठाकर लगान बढ़ा दिया।

इसी के फलस्वरूप विद्रोह प्रारंभ हो गया। महात्मा गांधी ने अंग्रेजों के इस अत्याचार से चंपारण के किसानों का उद्धार कराया। इसका परिणाम यह हुआ कि बिहारवालों के लिए वे देव-तुल्य बन गए। यहाँ उनके साथ आंदोलन में शामिल प्रमुख नेता थे—राजेंद्र प्रसाद, श्रीकृष्ण सिंह, अनुग्रह नारायण सिंह, जनकधारी प्रसाद और ब्रजकिशोर प्रसाद। यह आंदोलन 1917 में हुआ था।

चंपारण में हजारों भूमिहीन मजदूर एवं गरीब किसान खाद्यान्न की बजाय नील और अन्य नकदी फसलों की खेती करने के लिए बाध्य हो गए थे। वहाँ पर नील की खेती करनेवाले किसानों पर बहुत अत्याचार हो रहा था। अंग्रेजों की ओर से खूब शोषण हो रहा था। ऊपर से कुछ बागान मालिक भी जुल्म ढा रहे थे।

गांधीजी स्थिति का जायजा लेने वहाँ पहुँचे। उनके दर्शन के लिए हजारों लोगों की भीड़ उमड़ पड़ी। किसानों ने उन्हें अपनी सारी समस्याएँ बताईं। उधर पुलिस भी हरकत में आ गई। पुलिस सुपरिटेंडेंट ने गांधीजी को जिला छोड़ने का आदेश दिया। गांधीजी ने आदेश मानने से इनकार कर दिया। अगले दिन गांधीजी को कोर्ट में हाजिर होना था। हजारों किसानों की भीड़ कोर्ट के बाहर मौजूद थी। गांधीजी के समर्थन में नारे लगाए जा रहे थे। हालात की गंभीरता को देखते हुए मजिस्ट्रेट ने बिना जमानत के गांधीजी को छोड़ने का आदेश दिया, लेकिन गांधीजी

ने कानून के अनुसार सजा की माँग की।

फैसला स्थगित कर दिया गया। इसके बाद गांधीजी फिर अपने कार्य पर निकल पड़े। अब उनका पहला उद्‌देश्य लोगों को 'सत्याग्रह' के मूल सिद्धांतों से परिचित कराना था। उन्होंने लोगों को बताया—'स्वतंत्रता प्राप्त करने की पहली शर्त है, डर से स्वतंत्र होना।'

गांधीजी ने अपने कई स्वयंसेवकों को किसानों के बीच में भेजा। यहाँ किसानों के बच्चों को शिक्षित करने के लिए ग्रामीण विद्यालय खोले गए। लोगों को साफ-सफाई से रहने का तरीका सिखाया गया। लोगों को उनके अधिकारों का ज्ञान कराया गया।

चंपारण में गांधीजी के आंदोलन से अंग्रेज सरकार परेशान हो उठी। सारे भारत का ध्यान अब चंपारण पर था। सरकार ने मजबूर होकर एक जाँच आयोग नियुक्त किया। गांधीजी को भी इसका सदस्य बनाया गया। परिणाम सामने था—कानून बनाकर सभी गलत प्रयासों को समाप्त कर दिया गया। जमींदार के लाभ के लिए नील की खेती करनेवाले किसान अब अपने जीवन के मालिक बने।

गांधीजी ने भारत में सत्याग्रह की पहली विजय का शंख फूँका। चंपारण ही भारत में सत्याग्रह की जन्मस्थली बना।

□

वर्ष : 1919

जलियाँवाला बाग नरसंहार

पंजाब के अमृतसर में जलियाँवाला बाग स्थित है। इस स्थान पर 13 अप्रैल, 1919 को अंग्रेजों की सेना ने प्रदर्शनकारियों पर अंधाधुंध गोलियाँ चलाकर बड़ी संख्या में उनकी हत्या कर दी। इस हत्यारी सेना की टुकड़ी का नेतृत्व ब्रिटिश शासन के अत्याचारी जनरल डायर की क्रूरता की कहानी कहता नजर आता है, जब उसने सैकड़ों निर्दोष देशभक्तों को अंधाधुंध गोलीबारी कर मार डाला था। वह तारीख आज भी विश्व के बड़े नरसंहारों में से एक के रूप में दर्ज है।

13 अप्रैल, 1919 को डॉ. सत्यपाल और सैफद्दीन किचलू की गिरफ्तारी तथा 'रौलेट ऐक्ट' के विरोध में अमृतसर के जलियाँवाला बाग में लोगों ने एक सभा रखी, जिसमें उधमसिंह लोगों को पानी पिलाने का काम कर रहे थे। इस सभा से तिलमिलाए पंजाब के तत्कालीन गवर्नर माइकल ओडायर ने अपने ही उपनामवाले जनरल डायर को आदेश दिया कि वह भारतीयों को सबक सिखा दे।

इस पर जनरल डायर ने 90 सैनिकों को लेकर जलियाँवाला बाग को चारों ओर से घेर लिया और मशीनगनों से अंधाधुंध गोलीबारी कर दी, जिसमें सैंकड़ों भारतीय मारे गए। जान बचाने के लिए बहुत से लोगों ने पार्क में मौजूद कुएँ में छलाँग लगा दी।

बाग में लगी पट्टिका पर लिखा है कि '120 शव तो सिर्फ कुएँ से ही मिले।' आधिकारिक रूप से मरनेवालों की संख्या 379 बताई गई, जबकि पंडित मदनमोहन मालवीय के अनुसार कम-से-कम 1300 लोग मारे गए। स्वामी श्रद्धानंद के अनुसार मरनेवालों की संख्या 1500 से अधिक थी, जबकि अमृतसर के तत्कालीन सिविल सर्जन डॉ. स्मिथ के अनुसार मरनेवालों की संख्या 1800 से अधिक थी।

इस हत्याकांड के विरोध में रवींद्रनाथ टैगोर ने 'सर' की उपाधि लौटा दी

और ऊधम सिंह ने लंदन जाकर पिस्तौल की गोली से जनरल डायर को भून दिया और इस हत्याकांड का बदला ले लिया।

इस बर्बर हत्याकांड के बाद 15 अप्रैल को पंजाब के लाहौर, गुजराँवाला, कसूर, शेखपुरा एवं वजीराबाद में 'मार्शल लॉ' लागू कर दिया गया, जिसमें लगभग 298 व्यक्तियों को गिरफ्तार कर अनेक तरह की सजाएँ दी गईं।

भारतीय सदस्य शंकर नायर ने इस हत्याकांड के विरोध में वाइसराय की कार्यकारिणी परिषद् से इस्तीफा दे दिया।

इस कांड के बारे में थॉम्पसन एवं गैरेट ने लिखा, "अमृतसर-दुर्घटना भारत-ब्रिटेन संबंधों में युगांतकारी दुर्घटना थी, जैसा कि 1857 का विद्रोह।"

□

खिलाफत आंदोलन

खिलाफत आंदोलन भारतीय मुसलमानों द्वारा चलाया गया एक राजनीतिक आंदोलन था, जो तुर्की के खलीफा को गद्दी से हटाने के विरोध में सन् 1919 में आरंभ किया गया था। खिलाफत आंदोलन का मुख्य लक्ष्य तुर्की में खलीफा के पद की पुनः स्थापना कराने के लिए अंग्रेजों पर दबाव बनाना था।

तुर्की में बढ़ते ब्रिटिश हस्तक्षेप से मुसलमानों को अपनी इसलामी संस्कृति पर खतरा मँडराता नजर आया, जबकि भारतीय मुसलमान इस प्रभाव से अछूते थे। अपना विरोध उन्होंने ब्रिटिश सरकार के प्रति खिलाफत आंदोलन चलाकर दिया।

भारत में खिलाफत आंदोलन की बागडोर मोहम्मद अली जौहर व शौकत अली जौहर दो भाइयों और मौलाना अबुल कलाम आजाद के हाथों में थी। इसी बीच हिंदू-मुसलिम एकता को बढ़ाने के लिए महात्मा गांधी ने खिलाफत के सहयोग के लिए असहयोग आंदोलन की घोषणा कर डाली। इस दौर में 'हिंदू-मुसलमान की जय' तथा 'हिंदू-मुसलमान एक हैं' जैसे नारे खूब उछले। नवंबर 1919 में महात्मा गांधी खिलाफत आंदोलन के राष्ट्रीय अध्यक्ष निर्वाचित हुए।

अबुल कलाम आजाद, जफर अली खाँ तथा मोहम्मद अली ने अपने 'अल-हिलाल', 'जमींदार' तथा 'कामरेड' अखबारों के माध्यम से खिलाफत आंदोलन का प्रचार-प्रसार किया और आम जन में ब्रिटिश सरकार के विरुद्ध आधार तैयार किया।

आरंभ में खिलाफत आंदोलन एक हिंसक-आंदोलन था, इसके बावजूद महात्मा गांधी ने इसका समर्थन किया। यह भी स्मरण रहे कि तुर्की की जनता ने

स्वयं ही कमाल अतातुर्क के नेतृत्व में तुर्की के खलीफा को अपदस्थ कर देश से निकाल दिया था। 3 मार्च, 1924 को राष्ट्रीयतावादी मुस्तफा कमाल पाशा ने खलीफा का पद समाप्त कर खिलाफत का अंत कर दिया। इस प्रकार भारत का खिलाफत-आंदोलन भी स्वतः ही समाप्त हो गया।

□

चौरा-चौरी कांड

सन् 1920 में अंग्रेजी हुकूमत के दमन के विरोध में महात्मा गांधी ने असहयोग आंदोलन आरंभ किया। यह एक अहिंसक आंदोलन था, जिसे सत्याग्रह भी कहा जाता था। इस आंदोलन में देश भर के लोग गांधीजी के साथ थे और इसे अहिंसक तरीके से ही आगे बढ़ा रहे थे, लेकिन कुछ लोग ऐसे भी थे, जो हिंसा के भी समर्थक थे। चौरा-चौरी में यही हुआ।

चौरा-चौरी गोरखपुर, उत्तर प्रदेश का एक छोटा सा गाँव है। 1 फरवरी, 1922 को कुछ प्रदर्शनकारी चौरा-चौरी के एक स्थानीय बाजार में असहयोग आंदोलन के तहत एक प्रदर्शन कर रहे थे। तभी स्थानीय पुलिस ने कुछ प्रदर्शनकारियों की पिटाई कर दी। इस पिटाई के विरोध में 4 फरवरी, 1922 को चौरा-चौरी में पुलिस के खिलाफ एक जुलूस निकालने का फैसला किया गया।

निश्चित दिन लगभग 2,000 प्रदर्शनकारी जुलूस की शक्ल में बाजार से होकर आगे बढ़ने लगे। इस दौरान सशस्त्र पुलिस ने मोरचा सँभाल लिया। उत्तेजित भीड़ सरकार के विरुद्ध नारेबाजी करने लगी। बढ़ती उत्तेजना को हतोत्साहित करने के लिए पुलिस ने हवाई फायरिंग की। इससे और ज्यादा उग्र होकर भीड़ ने पुलिस बल पर पत्थरबाजी आरंभ कर दी।

स्थिति हाथ से निकलते देख, सबइंस्पेक्टर ने भीड़ की अगली पंक्ति पर फायरिंग का आदेश दे दिया। इससे तीन प्रदर्शनकारी मारे गए और कई जख्मी हुए। पुलिस की इस काररवाई ने भीड़ के गुस्से में घी का काम किया। भीड़ तेजी से पुलिस की ओर लपकी। कुछ पुलिसकर्मी जान बचाने के लिए निकटस्थ पुलिस चौकी में जाकर छिप गए। उग्र प्रदर्शनकारियों ने अपने साथियों की मौत का बदला लेने के लिए पुलिस चौकी में आग लगा दी, जिससे 21 पुलिसकर्मी जिंदा जल मरे।

इस घटना के विरोधस्वरूप महात्मा गांधी ने अपना असहयोग आंदोलन वापस ले लिया। चौरा-चौरी की घटना के लिए उन्होंने स्वयं को जिम्मेदार माना और 5 दिन के लिए उपवास पर चले गए। 10 मार्च, 1922 को उन्हें गिरफ्तार कर लिया गया और उन्हें छह साल के कारावास की सजा मिली।

चौरा-चौरी की घटना के बाद वहाँ ब्रिटिश सरकार ने मार्शल लॉ लागू कर दिया। घर-घर छापे मारे गए और सैकड़ों लोगों को गिरफ्तार किया गया। 228 लोगों पर दंगा और आगजनी का मुकदमा चला। इनमें से छह लोग पुलिस हिरासत में ही मारे गए, जबकि 172 लोगों को फाँसी की सजा मिली। इस सजा के विरुद्ध देश भर में भारी विरोध हुआ, हड़ताल और प्रदर्शन हुए।

20 अप्रैल, 1923 को इलाहाबाद उच्च न्यायालय ने इस फैसले को बदलते हुए 19 लोगों को फाँसी, 110 को आजीवन कारावास और बाकियों को कई-कई सालों की सजा सुनाई।

□

वर्ष : 1920

खुदाई खिदमतगार

खान अब्दुल गफ्फार खाँ का जन्म सन् 1890 में पेशावर (अब पाकिस्तान में) के नजदीक उत्तमंजई गाँव में हुआ। उनका परिवार अपने क्षेत्र का एक धनी जमींदार परिवार था। उन्होंने मैट्रिक तक की शिक्षा प्राप्त की। उनका प्रारंभिक सार्वजनिक जीवन शिक्षा के प्रचार-प्रसार से प्रारंभ हुआ। उन्होंने शिक्षा के माध्यम से सामाजिक सेवा का कार्य प्रारंभ किया। अपनी नि:स्वार्थ सेवा के कारण पठानों; पख्तूनों ने उन्हें 'बादशाह खाँ' कहना शुरू कर दिया।

बादशाह का राजनीतिक जीवन तब शुरू हुआ, तब 'रौलेट ऐक्ट' के विरोध में 6 अप्रैल, 1919 को उत्तमंजई में एक आम सभा उनके द्वारा आयोजित की गई। वे स्वयं उसके प्रमुख वक्ता थे। उन्हें अपने भाषण के कारण गिरफ्तार कर लिया गया और 6 महीने कारावास की सजा दी गई। दिसंबर 1920 में राष्ट्रीय कांग्रेस का वार्षिक सम्मेलन नागपुर में आयोजित किया गया था। उस सम्मेलन में खान अब्दुल गफ्फार खाँ भी शामिल हुए। वहाँ वे पंडित मदन मोहन मालवीय, चित्तरंजन दास, मुहम्मद अली जिन्ना, लाला लाजपत राय, पंडित मोतीलाल नेहरू, मौलाना मुहम्मद अली, मौलाना शौकत अली तथा मौलाना अबुल कलाम आजाद के संपर्क में आए। उस सम्मेलन में वे विशेष रूप से गांधीजी की ओर आकर्षित हुए।

सन् 1921 में अपने गाँव उत्तमंजई में 'आजाद हाई स्कूल' की स्थापना के कारण दिसंबर 1921 में उन्हें गिरफ्तार कर 3 वर्ष के लिए जेल भेज दिया गया। सन् 1924 में जब खान अब्दुल गफ्फार खाँ को जेल से छोड़ा गया, तब उनका शरीर टूट चुका था और वे दुर्बल हो चुके थे, परंतु उनकी आत्मा अपराजित थी।

सन् 1928 में खान अब्दुल गफ्फार खाँ ने पख्तून भाषा में एक मासिक पत्रिका 'पख्तून' का प्रकाशन प्रारंभ किया। वे इस पत्रिका द्वारा पठानों में राजनीतिक

और सामाजिक विषयों की चर्चा कर उनमें चेतना पैदा करते थे। उनकी लगभग 12 साल की समाज-सेवा और राजनीतिक सरगरमियों के कारण इन क्षेत्रों के निवासी उनके चारों ओर एकत्र होने लगे। अपने कार्यक्रम को व्यापक आधार देने के लिए उन्होंने 'खुदाई खिदमतगार' स्वयंसेवकों का संगठन स्थापित किया।

देश के विभाजन के परिणामस्वरूप सीमा प्रांत के कांग्रेसी मंत्रिमंडल ने त्यागपत्र दे दिया और उसके स्थान पर मुसलिम लीग की सरकार बनी, जो खान अब्दुल गफ्फार खाँ और उनके साथियों के सर्वथा विरोध में थी। सीमा प्रांत में मुसलिम लीग की सरकार ने खान अब्दुल गफ्फार खाँ और उनके साथियों पर भयंकर अत्याचार करने प्रारंभ किए। बेबुनियाद इल्जाम लगाकर उन्हें अनेक बार गिरफ्तार किया गया।

खान अब्दुल गफ्फार खाँ अपने जीवन में 30 वर्षों तक जेलों में रहे। प्रारंभिक 15 वर्ष तो हिंदुस्तान को आजाद कराने के लिए हुए संघर्ष में गिरफ्तार किए गए और आखिरी 15 वर्षों में पाकिस्तान की सरकार ने उन्हें अनेक बार गिरफ्तार कर जेलों में रखा तथा शारीरिक व मानसिक रूप से भयंकर यातनाएँ दीं।

सन् 1985 में भारत आए, किंतु तब वे बहुत अस्वस्थ रहने लगे थे। इस कारण शताब्दी-समारोह, जो मुंबई में हुआ था, में भाग लेकर वे दिल्ली लौट आए और इलाज के लिए 'ऑल इंडिया इंस्टीट्यूट ऑफ मेडिकल साइंसेंज' में दाखिल हुए, जहाँ विशेषज्ञों द्वारा इनका इलाज प्रारंभ हुआ। कुछ स्वास्थ्य-लाभ प्राप्त करने के उपरांत वे अफगानिस्तान गए। अफगानिस्तान से वे पेशावर गए, जहाँ 20 जनवरी, 1988 की सुबह उनका देहांत हो गया।

□

वर्ष : 1920

असहयोग आंदोलन

असहयोग आंदोलन का संचालन स्वराज की माँग को लेकर किया गया। इसका उद्‍देश्य सरकार के साथ सहयोग न करके कार्यवाही में बाधा उपस्थित करना था। 'असहयोग आंदोलन' गांधीजी ने 1 अगस्त, 1920 को आरंभ किया।

सिंतबर 1920 में 'असहयोग आंदोलन' के कार्यक्रम पर विचार करने के लिए कलकत्ता में कांग्रेस महासमिति के अधिवेशन का आयोजन किया गया। इस अधिवेशन की अध्यक्षता लाला लाजपत राय ने की। इसी अधिवेशन में कांग्रेस ने पहली बार भारत में विदेशी शासन के विरुद्ध सीधी कार्यवाही करने, विधान परिषदों का बहिष्कार करने तथा 'असहयोग व सविनय अवज्ञा आंदोलन' को प्रारंभ करने का निर्णय लिया।

कलकत्ता अधिवेशन में गांधीजी ने प्रस्ताव पेश करते हुए कहा, ''अंग्रेजी सरकार शैतान है, जिसके साथ सहयोग संभव नहीं। अंग्रेज सरकार को अपनी भूलों पर कोई दु:ख नहीं है। अत: हम कैसे स्वीकार कर सकते हैं कि नवीन व्यवस्थापिकाएँ हमारे स्वराज्य का मार्ग प्रशस्त करेंगी? स्वराज्य की प्राप्ति के लिए हमारे द्वारा प्रगतिशील अहिंसात्मक असहयोग की नीति अपनाई जानी चाहिए।''

गांधीजी के इस प्रस्ताव का विरोध करते हुए एनी बेसेंट ने कहा, ''यह प्रस्ताव भारतीय स्वतंत्रता को सबसे बड़ा धक्का है।'' गांधीजी के इस विरोध तथा अंग्रेज सरकार के विरुद्ध संघर्ष की घोषणा का सुरेंद्रनाथ बनर्जी, मदनमोहन मालवीय, देशबंधु चितरंजनदास, विपिनचंद्र पाल, मुहम्मद अली जिन्ना, शंकर नायर, सर नारायण चंद्रावरकर ने प्रारंभ में विरोध किया। फिर भी अली बंधुओं एवं मोतीलाल नेहरू के समर्थन से यह प्रस्ताव कांग्रेस ने स्वीकार कर लिया। यही वह क्षण था, जहाँ से गांधी-युग की शुरुआत हुई।

सरकार ने पहले की तरह आंदोलन को दबाने के लिए दमन और समझौते के दोनों रास्ते अख्तियार किए और 1935 का 'गवर्नमेंट ऑफ इंडिया ऐक्ट' पास किया। इस ऐक्ट के द्वारा ब्रिटिश भारत तथा देशी रियासतों के लिए सम्मिलित रूप से एक संघीय शासन का प्रस्ताव किया।

'असहयोग आंदोलन' की सफलता के लिए गांधीजी द्वारा अपनाए गए रचनात्मक कार्यों में शराब का बहिष्कार, हिंदू-मुसलिम एकता एवं अहिंसा पर बल, छुआछूत से परहेज, स्वदेशी वस्तुओं का प्रयोग, हाथ से कते या बुने खादी के कपड़ों का प्रयोग, कांग्रेस के झंडे के नीचे समस्त राष्ट्र को एकत्र करना, कड़े कानूनों की सविनय अवज्ञा करना, कर न देना आदि शामिल थे। गांधीजी ने आश्वासन दिया कि असहयोग के तरीकों को अपनाते हुए यदि इन कार्यक्रमों पर पूरी तरह अमल हुआ तो एक वर्ष के भीतर ही आजादी मिल जाएगी।

1921 में 'असहयोग आंदोलन' अपने चरमोत्कर्ष पर था। सरकार ने 'असहयोग आंदोलन' को कुचलने का हर संभव प्रयास किया।

5 फरवरी, 1922 को देवरिया जिले के 'चौरा-चौरी' नामक स्थान पर पुलिस ने जबरन एक जुलूस को रोकना चाहा। इसके फलस्वरूप जनता ने क्रोध में आकर थाने में आग लगा दी, जिसमें एक थानेदार एवं 21 सिपाहियों की मौत हो गई। इस घटना से दुःखी होकर गांधीजी ने 'असहयोग आंदोलन' समाप्त करने का निर्णय लिया।

□

मोपला किसान संघर्ष

मोपला संघर्ष का केंद्र केरल का मालाबार इलाका था। इस इलाके में 66 प्रतिशत हिंदू और 32 प्रतिशत मुसलमान रहते थे। ये मुसलमान ही मोपला कहलाते थे। ये मुसलमान 8 या 9वीं शताब्दी में अरब से यहाँ आकर बसे थे और यहीं उन्होंने शादी-ब्याह कर लिये थे। इस इलाके में अंग्रेजों का शासन था। कृषि-भूमि ज्यादातर हिंदुओं के कब्जे में थी। ये लोग 'जिम्मी' कहलाते थे। मोपला वर्ग जिम्मियों की जमीन पर खेती करता था। इस प्रकार सामंत वर्ग और किसानों का वर्ग अपने-अपने अंतरविरोधों के साथ जी रहा था। इलाके में जिम्मी वर्ग द्वारा मोपलाओं का शोषण किया जा रहा था। सरकारी नीतियाँ भी जिम्मियों की पक्षधर थीं।

दरअसल, मोपला किसानों के संघर्ष का एक लंबा इतिहास रहा है। ये संघर्ष सन् 1836 से आरंभ हुए और सन् 1919 तक 29 महत्त्वपूर्ण संघर्ष हुए। लेकिन 1921-22 का मोपला संघर्ष सही अर्थों में व्यापक जन संघर्ष था। मोपला लोग वैसे ही जमीदारों के रहमो-करम पर जिंदा थे। इसी दौरान फरवरी 1921 में उनके समर्थक कुछ नेताओं को पुलिस ने गिरफ्तार कर लिया। इससे जनता उत्तेजित हो गई तथा उसका नेतृत्व उग्रवादी तत्त्वों के हाथों में चला गया। वे जनता को और उत्तेजित, उत्प्रेरित करने लगे। इसी बीच एक और घटना घटी। 20 अगस्त, 1921 को पुलिस ने हथियार बरामद करने के लिए तिरुरंगडी मसजिद में छापा मारा तो उत्तेजित मोपलाओं ने सशस्त्र संघर्ष आरंभ कर दिया। उन्होंने जिम्मी जमींदारों के घरों पर हमले आरंभ कर दिए। आगजनी, बलात धर्म-परिवर्तन, कत्लेआम, पुलिस थानों पर हमले जैसी घटनाएँ आम हो गईं। सरकार को मानना पड़ा कि युद्ध जैसे हालात हैं। खिलाफत आंदोलनकारी भी इससे जुड़ गए। इसी बीच अफवाह

उड़ी कि ब्रिटिश राज्य समाप्त होने जा रहा है, इसलामी राज्य बनेगा। इससे भी मोपला और उत्साहित हुए। इस दौरान लगभग 10,000 छापामार मोपलाओं ने अंग्रेज सरकार को 3 महीनों तक खूब छकाया। आखिर सारी मानवीयता को ताक पर रखकर ब्रिटिश सरकार ने नृशंसता से मोपला संघर्ष का दमन आरंभ किया और नवंबर के आरंभ में इस पर सफलता पा ली।

मोपला संघर्ष में 2,337 संघर्षकर्ता मारे गए, 1,652 जख्मी हुए और लगभग 46,000 बंदी बनाए गए। कुछ लोग इस संघर्ष को सांप्रदायिक संघर्ष कहते हैं, क्योंकि संजोग से इसमें हिंदू और मुसलिम वर्ग आ जुड़े थे। कुछ लोग कहते हैं कि मोपला संघर्ष मूलतः साम्राज्यवाद के खिलाफ सशस्त्र और बड़ा विद्रोह था।

हिटलर के गैस चैंबरों के बारे में ज्यादातर लोगों ने सुना होगा, लेकिन अंग्रेजों की वैसी ही बर्बरता के बारे में कम ही लोग जानते होंगे। 20 नवंबर, 1921 को पोडुनूर में रेल के एक बंद डिब्बे में 66 मोपलों के शव मिले, जिनकी मौत दम घुटने के कारण हुई थी। स्वतंत्र भारत में बहुत कम लोगों ने पोडुनूर की इस 'दमघोंटू' घटना के बारे में सुना होगा। एक और तथ्य उल्लेखनीय है, इस संघर्ष में केवल मोपले ही नहीं, कई जाति-वर्ग के लोगों ने भाग लिया था। यह तथ्य इस बात से स्पष्ट होता है कि इस संघर्ष में सबसे पहले गिरफ्तार होनेवाले व्यक्तियों में एक नंबूदरी तथा चार नायर थे।

□

वर्ष : 1925

आर.एस.एस. की स्थापना

राष्ट्रीय स्वयंसेवक संघ एक हिंदू राष्ट्रवादी संगठन है, जिसके सिद्धांत हिंदुत्व में निहित एवं आधारित हैं। यह राष्ट्रीय स्वयंसेवक संघ की अपेक्षा संघ या आर.एस.एस. के नाम से अधिक प्रसिद्ध है। इसकी स्थापना 1925 में विजयादशमी के दिन डॉ. केशव हेडगवार ने की थी।

बी.बी.सी. के अनुसार, संघ विश्व का सबसे बड़ा स्वयंसेवी संगठन है। संघ में संगठनात्मक रूप से सबसे ऊपर सरसंघचालक का स्थान होता है, जो पूरे संघ का दिशा-निर्देशन करते हैं। सरसंघचालक की नियुक्ति मनोनयन द्वारा होती है। प्रत्येक सरसंघ चालक अपने उत्तराधिकारी की घोषणा करता है।

संघ के ज्यादातर कार्यों का निष्पादन शाखा के माध्यम से ही होता है, जिसमें सार्वजनिक स्थानों पर सुबह या शाम के समय एक घंटे के लिए स्वयंसेवकों का परस्पर मिलन होता है।

वर्तमान में पूरे भारत में संघ की लगभग पचास हजार से ज्यादा शाखा लगती है। वस्तुत: शाखा ही संघ की बुनियाद है, जिसके ऊपर आज यह इतना विशाल संगठन खड़ा हुआ है। शाखा की सामान्य गतिविधियों में खेल, योग, वंदना और भारत एवं विश्व के सांस्कृतिक पहलुओं पर बौद्धिक चर्चा-परिचर्चा शामिल है।

संघ की उपस्थिति भारतीय समाज के हर क्षेत्र में महसूस की जा सकती है। वर्तमान समय में संघ के दर्शन का पालन करनेवाले कतिपय लोग देश के सर्वोच्च पदों तक पहुँचने में सफल रहे हैं। ऐसे प्रमुख व्यक्तियों में उपराष्ट्रपति पद पर भैरों सिंह शेखावत, प्रधानमंत्री पद पर अटल बिहारी वाजपेयी एवं उपप्रधानमंत्री व गृहमंत्री के पद पर पहुँचनेवाले लालकृष्ण आडवाणी जैसे नेता शामिल हैं।

राहत और पुनर्वास संघ की पुरानी परंपरा रही है। संघ ने 1971 के उड़ीसा

चक्रवात और 1977 के आंध्र प्रदेश चक्रवात में राहत कार्यों में महती भूमिका निभाई है। संघ से जुड़ी 'सेवा भारती' ने जम्मू-कश्मीर से आतंकवाद से प्रभावित 57 अनाथ बच्चों को गोद लिया।

महात्मा गांधी की मुसलिम तुष्टीकरण नीति से क्षुब्ध होकर 1948 में नाथूराम गोडसे ने उनकी हत्या कर दी थी, जिसके बाद संघ पर प्रतिबंध लगा दिया गया। गोडसे संघ और भारतीय राष्ट्रीय कांग्रेस के एक भूतपूर्व स्वयंसेवक थे। बाद में एक जाँच समिति की रिपोर्ट आ जाने के बाद संघ को इस आरोप से बरी कर दिया गया और प्रतिबंध समाप्त कर दिया गया।

1975 में जब आपातकाल की घोषणा हुई तो तत्कालीन जनसंघ पर भी संघ के साथ प्रतिबंध लगा दिया गया। आपातकाल हटने के बाद जनसंघ का विलय जनता पार्टी में हुआ और केंद्र में मोरारजी देसाई के प्रधानमंत्रित्व में मिली-जुली सरकार बनी।

1975 के बाद से धीरे-धीरे इस संगठन का राजनीतिक महत्त्व बढ़ता गया और इसकी परिणति भाजपा जैसे राजनीतिक दल के रूप में हुई, जिसे आमतौर पर संघ की राजनीतिक शाखा के रूप में देखा जाता है।

संघ की स्थापना के 75 वर्ष बाद वर्ष 2000 में प्रधानमंत्री अटल बिहारी वाजपेयी के नेतृत्व में एन.डी.ए. की मिली-जुली सरकार सत्ता पर आसीन हुई।

□

वर्ष : 1928

भारत पहली बार ओलंपिक स्वर्ण पदक जीता

1886, 1900 पेरिस, 1904 सेंट लुईस तथा 1906 एथेंस में हॉकी को शामिल नहीं किया गया था। 29 अक्तूबर, से 31 अक्तूबर 1908 तक लंदन में पहली बार हॉकी के खेल को शामिल किया गया। सन् 1912 एवं 1916 में इसे शामिल नहीं किया गया।

हॉकी को 1920 से बेल्जियम ओलंपिक में नियमित रूप से शामिल कर लिया गया। तब से लेकर आज तक हॉकी ओलंपिक का प्रमुख खेल है। जहाँ तक भारत का प्रश्न है, भारतीय टीम ने पहली बार नियमित रूप से 1928 से इस प्रतियोगिता में भाग लेना प्रारंभ किया।

एम्स्टरडम (नीरदरलैंड) में 1928 में हुए ओलंपिक में भारतीय टीम ने जयपाल सिंह की कप्तानी में भाग लिया। टीम के अन्य प्रमुख खिलाड़ी युसूफ और नवाब ऑफ पटौदी सीनियर लंदन से सीधे एम्स्टरडम पहुँचे। सबसे महत्त्वपूर्ण खिलाड़ी थे, मेजर ध्यानचंद।

भारतीय टीम ने ऑस्ट्रिया को 6–0, बेल्जियम को 9–0, डेनमार्क को 5–0, स्विट्जरलैंड को 6–0 तथा फाइनल में नीदरलैंड को 3–0 से पराजित कर पहली बार ओलंपिक स्वर्ण पदक जीता।

1932 में भारतीय टीम ने लॉस एंजेल्स में जापान को 11–0 से तथा फाइनल में अमरीका को 24–1 से हराकर पुनः स्वर्ण पदक प्राप्त किया। इस बार भारतीय टीम के कप्तान लाल शाह बोखारी थे।

1936 में बर्लिन ओलंपिक में भारतीय टीम के कप्तान चमत्कारिक खिलाड़ी मेजर ध्यानचंद थे। उनके साथ उनके भाई कैप्टन रूप सिंह भी टीम के प्रमुख

सदस्य थे। अपने प्रैक्टिस मैच में मेजबान जर्मनी की टीम ने भारतीय टीम को पराजित किया, जिससे भारतीय खेमे में चिंता व्याप्त थी। टीम को मजबूती देने के उद्देश्य से भारत से कर्नल दारा को तलब किया गया। उनके जर्मनी पहुँचने से टीम में जोश और हिम्मत आ गई।

भारतीय टीम ने हंगरी को 4-0 से, अमरीका को 7-0 से, जापान को 9-0 से, फ्रांस को 10-0 से तथा फाइनल में जर्मनी को 8-1 से पराजित कर लगातार तीसरी बार स्वर्ण पदक जीता।

फाइनल मैच को देखने के लिए स्वयं हिटलर मौजूद था। मैच की समाप्ति के बाद हिटलर ने मेजर ध्यानचंद को तलब किया और उन्हें जर्मनी की सेना में उच्च पद देने की पेशकश की, जिसे उन्होंने विनम्रता से ठुकरा दिया।

1940 तथा 1944 के ओलंपिक खेल विश्व युद्ध के कारण आयोजित नहीं हो सके। 1948 में भारतीय टीम ने बिशनलाल की कप्तानी में भाग लिया। मेजर ध्यानचंद ने उस समय तक हॉकी को अलविदा कह दिया था। तब भारतीय टीम ने चौथी बार स्वर्ण पदक जीता।

1952 में भारतीय टीम ने पुनः स्वर्ण पदक जीता। 1956 में भारतीय टीम ने फाइनल में पाकिस्तान को 1-0 से हराकर लगातार छठी बार स्वर्ण पदक जीता।

□

वर्ष : 1928

बारदोली सत्याग्रह आंदोलन

सन् 1928 में जब साइमन कमीशन भारत में आया, तब उसका राष्ट्रव्यापी बहिष्कार किया गया था। इस बहिष्कार के कारण भारत के लोगों में आजादी के प्रति अदम्य उत्साह पैदा हो रहा था। ठीक इसी समय, जब कमीशन भारत में ही था, तब बारदोली का सत्याग्रह भी प्रारंभ हो गया था। बारदोली गुजरात प्रदेश के सूरत जिले का एक प्रमुख तालुका है। सत्याग्रह प्रारंभ करने का कारण यह था कि इस जिले के किसान, जो वार्षिक लगान दे रहे थे, उसमें अचानक 30 प्रतिशत की वृद्धि कर दी गई थी और बढ़ा हुआ लगान 30 जून, 1927 से ही लागू होना था। इस बढ़े हुए लगान के प्रति किसानों में आक्रोश होना स्वाभाविक था। मुंबई राज्य की विधानसभा ने भी इस लगान-वृद्धि का विरोध किया था। किसानों का एक शिष्टमंडल उच्चाधिकारियों से मिला, मगर उसका कोई असर नहीं हुआ। अनेक जनसभाओं द्वारा भी लगान बढ़ाने का विरोध कर प्रस्ताव पारित किए गए, लेकिन इन सभी प्रयासों का कोई असर सरकार पर नहीं हुआ। तत्कालीन सेंट्रल असेंबली के अध्यक्ष विट्ठलभाई पटेल ने भी वाइसराय को एक पत्र लिखकर अनुरोध किया कि इस बढ़े हुए लगान को वापस लिया जाना चाहिए।

इन सब प्रयासों का जब कोई असर मुंबई सरकार पर नहीं हुआ, तो विवश होकर इस वृद्धि-लगान के विरोध में सत्याग्रह करने का निर्णय लिया गया। किसानों की एक विशाल सभा 4 फरवरी, 1928 को बारदोली में आयोजित की गई, जिसमें सर्वसम्मति से निर्णय लिया गया कि बढ़ा हुआ लगान किसी भी अवस्था में नहीं दिया जाएगा। जो सरकारी कर्मचारी लगान लेने के लिए आएँगे, उनके साथ असहयोग किया जाएगा। इन कर्मचारियों के लिए गाँववालों की ओर से जो बैलगाड़ी, भोजन इत्यादि की व्यवस्था की जाती थी, वह भी नहीं की

जाएगी। इस सत्याग्रह के आयोजन की जिम्मेदारी वल्लभभाई पटेल को सौंपी गई, जिसे उन्होंने गांधीजी से परामर्श के पश्चात् स्वीकार कर लिया। इस क्षेत्र के ग्रामवासियों ने जो निर्णय लिया, उसमें वे अटल रहे। लगान वसूल करने के लिए जब सरकारी कर्मचारी आते थे तो वे लगान नहीं मिलने पर किसानों के जानवरों को उठाकर ले जाते थे। किसानों की चल-अचल संपत्ति भी कुर्क की जाने लगी। इस अत्याचार के विरोध में विट्ठलभाई पटेल ने वाइसराय को पुनः पत्र लिखकर चेतावनी दी कि अगर सरकार ने यह अत्याचार बंद नहीं किया तो वे केंद्रीय असेंबली के अध्यक्ष पद से इस्तीफा दे देंगे।

बारदोली-सत्याग्रह के समर्थन में महात्मा गांधी की अपील पर 12 जून, 1928 को पूरे देश में 'बारदोली दिवस' मनाया गया। उस दिन देश के कोने-कोने में सार्वजनिक सभाएँ आयोजित की गईं। बारदोली की घटनाओं के समाचार पूरे देश में तेजी से फैले। समाचार-पत्रों व मजदूर संगठनों के नेताओं ने भी सरकार से अनुरोध किया कि किसानों पर बढ़े हुए लगान का बोझ कम किया जाए।

इस सत्याग्रह में बहुत से लोगों को गिरफ्तार किया गया। इस पूरे दमन के उपरांत भी किसान अपनी माँगों पर डटे रहे। वे किसी प्रकार भी पीछे हटने के लिए तैयार नहीं थे। अन्य प्रदेशों की किसान सभाओं ने भी बारदोली सत्याग्रह का समर्थन किया। उन्होंने केंद्र सरकार को चेतावनी दी कि यदि बढ़ा हुआ लगान तुरंत वापस नहीं किया गया तो वे भी अपने-अपने प्रदेशों में लगानबंदी अभियान चलाएँगे। वल्लभभाई पटेल ने बड़ी सूझ-बूझ और दृढता से इस सत्याग्रह का संचालन किया।

अंत में वाइसराय की सलाह को स्वीकार करते हुए मुंबई की सरकार ने बढ़े हुए लगान के आदेश को रद्द करने की घोषणा की तथा किसानों की जमीन-जायदाद, मवेशी इत्यादि, जो कुर्क किए गए थे, उनको वापस लौटाने के आदेश दिए। गिरफ्तार किए गए लोगों को रिहा करने के भी आदेश जारी किए गए।

किसानों की इस सफलता पर पूरे देश में खुशी की लहर दौड़ गई। 11 व 12 अगस्त 'विजय दिवस' के रूप में मनाया गया। उस दिन सरदार विट्ठलभाई पटेल के नेतृत्व की भूरि-भूरि प्रशंसा की गई। एक बड़ी सभा, जिसमें गांधीजी भी उपस्थित थे, में पटेल का सम्मान करते हुए उनको 'सरदार' की पदवी से विभूषित

किया गया। वल्लभभाई पटेल उसके बाद 'सरदार पटेल' के नाम से प्रसिद्ध हुए।

आजादी के उपरांत सरदार पटेल को भारत का 'लौहपुरुष' कहा जाने लगा। राष्ट्र के प्रति उनकी सेवाओं के लिए उन्हें मरणोपरांत 'भारत रत्न' की उपाधि से विभूषित किया गया।

□

वर्ष : 1929

पूर्ण स्वराज की माँग

दिसंबर 1929 में हुए कांग्रेस अधिवेशन में पूर्ण स्वराज की माँग की गई। 26 जनवरी, 1930 को 'स्वतंत्रता दिवस' के रूप में मनाया गया। हालाँकि यह एक बड़ा आंदोलन था, लेकिन इसी दौरान आजादी माँगने के सवाल पर कांग्रेस में तेजी से दल उभरे। एक वह, जो आजादी के लिए अहिंसा को ही एकमात्र सही तरीका मानता था, दूसरा वह, जो इसे पाने के लिए हिंसात्मक विरोध का सहारा लेने को भी तैयार था।

'पूर्ण स्वराज' की घोषणा करते हुए कहा गया था—

"हमारी मान्यता है कि अन्य व्यक्तियों के समान यह भारतीय जनों का भी अधिकार है कि ये अपनी मिट्टी के फलों का आनंद लेने और जीवन की अनिवार्यताएँ पाने के लिए स्वतंत्रता का आनंद उठाएँ, ताकि उन्हें वृद्धि के पूरे अवसर मिल सकें। हमारी यह भी मान्यता है कि यदि सरकार किसी व्यक्ति को इनसे वंचित रखती है और दमन करती है तो लोगों को इसे परिवर्तित करने या हटाने का अधिकार है। भारत में ब्रिटिश सरकार ने भारतीय जनों को न केवल स्वतंत्रता से वंचित कर रखा है, बल्कि जन समूहों का शोषण किया है तथा दमन के साथ भारत पर शासन किया है, और इसे ब्रिटिश संयोजन को समाप्त करने के साथ पूर्ण स्वराज प्राप्त करना चाहिए।

1928 के कलकत्ता अधिवेशन में जवाहरलाल नेहरू और सुभाषचंद्र बोस ने 'डोमिनियन स्टेट्स' की माँग का विरोध किया। इस प्रस्ताव पर काफी मतभेद था। इसे लेकर बड़ी गरम बहस हुई। नेहरू और सुभाष 'पूर्ण स्वराज' का प्रस्ताव पास कराना चाहते थे। तब गांधीजी के हस्तक्षेप से इस बात पर समझौता हो गया कि सरकार ने भररत को 'डोमिनियन स्टेट्स' का दरजा न दिया तो फिर कांग्रेस

'पूर्ण स्वराज' की माँग से कम पर कोई बात नहीं करेगी और आंदोलन छेड़ने के लिए मजबूर हो जाएगी। लेकिन ब्रिटिश सरकार ने 'डोमिनियन स्टेट्स' की माँग को ठुकरा दिया।

31 दिसंबर, 1929 को ठीक आधी रात के समय, जब नया वर्ष शुरू हो रहा था, रावी के तट पर कांग्रेस अधिवेशन में जवाहरलाल नेहरू के सभापतित्व में 'पूर्ण स्वराज' का ऐतिहासिक प्रस्ताव पारित किया गया।

प्रस्ताव में कहा गया था कि हमारा ध्येय 'पूर्ण स्वराज' है, यह भी कि भावी चुनावों में भाग न लिया जाए तथा विधानमंडलों में जो कांग्रेस सदस्य हैं, वे इस्तीफा दे दें, और अंत में यह कहा गया कि कांग्रेस कार्यसमिति यह निर्णय करे कि 'सविनय अवज्ञा आंदोलन' कब शुरू किया जाए।

अधिवेशन में यह भी तय किया गया कि 26 जनवरी को हर वर्ष 'स्वतंत्रता दिवस' मनाया जाए। इस अधिवेशन में तिरंगा फहराते हुए नेहरू ने कहा था, "अंग्रेजी हुकूमत के सामने अब अधिक झुकना मानव और ईश्वर दोनों के प्रति अपराध है।"

□

वर्ष : 1930

सी.वी. रमन को नोबेल पुरस्कार

चंद्रशेखर वेंकट रमन का जन्म दक्षिण भारत के तिरुचिरापल्ली में 7 नवंबर, 1888 को हुआ था। उनके पिता गणित एवं भौतिक के अध्यापक थे। रमन को बचपन में ही अनुकूल शैक्षिक वातावरण मिला था।

उन्होंने 1902 में मद्रास के प्रेसीडेंसी कॉलेज में दाखिला लिया और 1904 में स्नातक की शिक्षा पूरी की। भौतिक शास्त्र में उन्होंने प्रथम स्थान के साथ ही स्वर्ण पदक प्राप्त किया था। 1907 में उन्होंने सर्वोच्च अंकों के साथ स्नातकोत्तर की डिग्री हासिल की।

उस जमाने में विज्ञान के क्षेत्र में कॅरियर की संभावनाएँ नहीं के बराबर थीं, इसलिए रमन 1907 में वित्त विभाग की नौकरी करने लगे। हालाँकि उनका समय नौकरी करते हुए व्यतीत हो जाता था, इसके बावजूद वे कलकत्ता में स्थित 'इंडियन एसोसिएशन फॉर द कल्टीवेशन ऑफ साइंस' की प्रयोगशाला में अपना प्रयोग जारी रखने के लिए समय निकाल लेते थे। वे इस संस्था के मानद सचिव भी बनाए गए।

1917 में उन्होंने विश्वविद्यालय में भौतिक शास्त्र के अध्यापक के रूप में काम करना शुरू किया। इस पद पर 15 वर्षों तक कार्य करने के बाद रमन ने बंगलौर में स्थित 'इंडियन इंस्टीट्यूट ऑफ फिजिक्स' नामक शोध पत्रिका का प्रकाशन शुरू किया। रमन ने 'इंडियन एकेडमी ऑफ साइंसेज' की स्थापना में महत्त्वपूर्ण भूमिका निभाई।

रमन के आरंभिक प्रयोगों से संबंधित लेख 'इंडियन एसोसिएशन फॉर कल्टीवेशन ऑफ साइंस' की बुलेटिन में प्रकाशित होते रहे। 'होंडबुक डेट फिजिक' 1928 में वाद्य यंत्रों से संबंधित सिद्धांत पर उनका लेख प्रकाशित हुआ। 1922 में

उन्होंने 'मोलेकुलर डिफ्रेक्शन ऑफ लाइट' से संबंधित अपने प्रयोग पर आधारित लेखों को सबसे पहले प्रकाशित किया। इसी तरह के प्रयोग को जारी रखते हुए 28 फरवरी, 1928 को उन्होंने 'विकिरण प्रभाव' की खोज की, जो बाद में उनके नाम से जाना गया। 1930 में रमन को इस महत्त्वपूर्ण खोज के लिए भौतिक शास्त्र का नोबेल पुरस्कार प्रदान किया गया।

28 फरवरी, 1928 को रमन ने 'रमन प्रभाव' की खोज की थी, जिसकी याद में भारत में इस दिन को प्रत्येक वर्ष 'राष्ट्रीय विज्ञान दिवस' के रूप में मनाया जाता है।

रमन का देहांत 21 नवंबर, 1970 को हो गया।

□

वर्ष : 1931

पहली बोलती फिल्म 'आलम आरा'

'आलम आरा' भारत की पहली बोलती फिल्म है, जिसका निर्देशन अर्देशिर ईरानी ने किया था। 'आलम आरा' का प्रदर्शन वर्ष 1931 में हुआ था।

फिल्म में नायक की भूमिका निभाई मास्टर विट्ठल ने और नायिका थी, जुबैदा। फिल्म में पृथ्वीराज कपूर की भी एक महत्त्वपूर्ण भूमिका थी। राजकुमार और बंजारिन की प्रेम कहानी पर आधारित यह फिल्म एक पारसी नाटक से प्रेरित थी।

'आलम आरा' में काम करने के लिए मास्टर विट्ठल ने शारदा स्टूडियो के साथ अपना करार भी तोड़ दिया था। स्टूडियो ने बाद में अभिनेता को अदालत में घसीटा और जिस शख्स ने मास्टर विट्ठल की पैरोकारी की, वह कोई और नहीं, खुद मुहम्मद अली जिन्ना थे।

वजीर मोहम्मद खान ने इस फिल्म में फकीर की भूमिका निभाई थी। फिल्म में एक राजा और उसकी दो झगड़ालू पत्नियाँ दिलबहार और नवबहार हैं। दोनों के बीच झगड़ा तब और बढ़ जाता है, जब एक फकीर भविष्यवाणी करता है कि राजा के उत्तराधिकारी को नवबहार जन्म देगी। गुस्साई दिलबहार बदला लेने के लिए राज्य के प्रमुख मंत्री आदिल से प्यार की गुहार करती है, पर आदिल उसके इस प्रस्ताव को ठुकरा देता है। गुस्से में आकर दिलबहार आदिल को कारागार में डलवा देती है। युवा होने पर आलम आरा महल में वापस लौटती है और राजकुमार से प्यार करने लगती है। अंत में दिलबहार को उसके किए की सजा मिलती है। राजकुमार और आलम आरा की शादी होती है और आदिल की रिहाई।

पहली सवाक् फिल्म होने के कारण सामने आनेवाली तमाम समस्याओं के बावजूद अर्देशिर ईरानी ने साढ़े दस हजार फीट लंबी इस फिल्म का निर्माण चार

महीने में ही पूरा कर लिया। इस पर कुल मिलाकर चालीस हजार रुपए की लागत आई थी। आखिरकार 14 मार्च, 1931 को इसे मैजेस्टिक सिनेमा में प्रदर्शित किया गया, तो वह दिन सिने इतिहास का एक सुनहरा पन्ना बन गया।

यह भारत की पहली बोलती फिल्म थी, जिसने मूक फिल्मों के दौर की समाप्ति का ऐलान किया था। दादा साहेब फाल्के की फिल्म 'राजा हरिश्चंद्र' के 18 वर्ष बाद आनेवाली फिल्म 'आलम आरा' ने हिट फिल्मों के लिए एक मापदंड स्थापित किया, क्योंकि यह भारतीय सिनेमा में इस संदर्भ में पहला कदम था।

इसका संगीत फिरोजाबाद मिस्त्री ने दिया था। इसमें आवाज देने के लिए उस समय तरंग ध्वनि तकनीक का इस्तेमाल किया गया था। प्रसिद्ध अभिनेता ए.के. हंगल ने कहा था, "आज की तुलना में उस फिल्म की आवाज और एडिटिंग बहुत खराब थी, लेकिन फिर भी उस जमाने में हम लोग इस फिल्म को देखकर दंग रह गए थे।"

□

वर्ष : 1931

भगत सिंह को फाँसी

अमर शहीद भगत सिंह का नाम विश्व में 20वीं शताब्दी के अमर शहीदों में बहुत ऊँचा है। भगत सिंह ने आजादी के लिए जिस साहस के साथ शक्तिशाली ब्रिटिश सरकार का मुकाबला किया, वह आज के युवकों के लिए बहुत बड़ा आदर्श है। भगत सिंह अपने देश के लिए ही जिए और उसी के लिए शहीद भी हो गए।

भगत सिंह का जन्म 27 सितंबर, 1907 को पंजाब के जिला लायलपुर में बँगा गाँव में हुआ था। भगत सिंह के पिता किशन सिंह एवं उनके दो चाचा अजीत सिंह तथा स्वर्ण सिंह अंग्रेजों के खिलाफ होने के कारण जेल में बंद थे। जिस दिन भगत सिंह पैदा हुए, उनके पिता एवं चाचा को जेल से रिहा किया गया। इस शुभ घड़ी के अवसर पर भगत सिंह के घर में खुशी और भी बढ़ गई थी। भगत सिंह की दादी ने बच्चे का नाम 'भागाँवाला' (अच्छे भाग्यवाला) रखा। बाद में उन्हें 'भगत सिंह' कहा जाने लगा।

14 वर्ष की आयु से ही वे पंजाब की क्रांतिकारी संस्थाओं में कार्य करने लगे थे। डी.ए.वी. स्कूल से उन्होंने नवीं की परीक्षा उत्तीर्ण की। 1923 में में इंटरमीडिएट की परीक्षा उत्तीर्ण करने के बाद उन्हें विवाह बंधन में बाँधने की तैयारियाँ होने लगीं, तो वे लाहौर से भागकर कानुपर आ गए। भगत सिंह ने कानपुर में अखबार 'प्रताप' में बलवंत सिंह के नाम से तथा दिल्ली में 'वीर अर्जुन' के संपादकीय विभाग में अर्जुन सिंह के नाम से कुछ समय काम किया और अपने को 'नौजवान भारत सभा' से भी संबद्ध किया।

वर्ष 1907 में दशहरे वाले दिन भगत सिंह को गिरफ्तार कर लिया गया। झूठा मुकदमा चला, किंतु अंग्रेज भगत सिंह पर आरोप सिद्ध नहीं कर पाए,

मजबूरन भगत सिंह को छोड़ना पड़ा।

30 अक्तूबर, 1928 को 'साइमन कमीशन' के लाहौर पहुँचने पर लाला लाजपत राय के नेतृत्व में कमीशन के विरोध में शांतिपूर्ण प्रदर्शन हुआ, जिसमें लाला लाजपत राय पर लाठी बरसाई गई। 17 नवंबर, 1928 को लालाजी का देहांत हो गया। क्रांतिकारियों ने सांडर्स को मारकर लालाजी की मौत का बदला ले लिया।

8 अप्रैल, 1929 को भगत सिंह और बटुकेश्वर दत्त ने निश्चित समय पर असेंबली में बम फेंका। दोनों ने 'इंकलाब जिंदाबाद' के नारे लगाए। बम फेंककर उन्होंने स्वयं को गिरफ्तार करवाया। अपनी आवाज जनता तक पहुँचाने के लिए अपने मुकदमे की पैरवी उन्होंने खुद की।

23 मार्च, 1931 की रात भगत सिंह, सुखदेव और राजगुरु फाँसी पर लटका दिए गए। 'लाहौर षड्यंत्र' के मुकदमे में भगत सिंह को फाँसी की सजा मिली तथा 23 वर्ष 5 माह और 23 दिन की आयु में ही 23 मार्च, 1931 की रात में उन्होंने हँसते-हँसते संसार से विदा ले ली।

भगत सिंह तथा उनके साथियों की शहादत की खबर से सारा देश शोक के सागर में डूब चुका था।

□

वर्ष : 1931

गांधी-इरविन समझौता

गांधी-इरविन समझौता 5 मार्च, 1931 को हुआ। महात्मा गांधी और लॉर्ड इरविन के मध्य हुए इस समझौते को 'दिल्ली पैक्ट' के नाम से भी जाना जाता है। गांधीजी ने इस समझौते को बहुत महत्त्व दिया, जबकि पंडित जवाहर लाल नेहरू और नेताजी सुभाषचंद्र बोस ने इसकी कड़ी आलोचना की। कांग्रेसी भी इस समझौते से पूरी तरह असंतुष्ट थे, क्योंकि गांधीजी भारत के युवा क्रांतिकारियों—भगत सिंह, राजगुरु और सुखदेव को फाँसी के फंदे से बचा नहीं पाए थे।

लॉर्ड इरविन ने भारत सचिव के सहयोग से इंग्लैंड में 12 सितंबर, 1930 को प्रथम गोलमेज सम्मेलन का आयोजन करने का फैसला किया। कांग्रेस ने स्वयं को इस सम्मेलन से अलग रखने का निर्णय किया। इरविन ने 26 जनवरी, 1931 को गांधीजी को जेल से रिहा करके देश में शांति व सौहार्द का वातावरण उत्पन्न करने की कोशिश की। तेजबहादुर सप्रू एवं पुपुल जयकर के प्रयासों से गांधीजी एवं इरविन के मध्य 17 फरवरी से दिल्ली में वार्त्ता प्रारंभ हुई। 5 मार्च, 1931 को अंततः एक समझौते पर हस्ताक्षर हुए। इस समझौते को गांधी-इरविन समझौता कहा गया। समझौते की मुख्य बातें—

कांग्रेस व उसके कार्यकर्ताओं की जब्त की गई संपत्ति वापस की जाए।

सरकार द्वारा सभी अध्यादेशों एवं अपूर्ण अभियोगों के मामलों को वापस लिया जाए।

हिंसात्मक कार्यों में लिप्त अभियुक्तों के अतिरिक्त सभी राजनीतिक कैदियों को मुक्त किया जाए।

अफीम, शराब एवं विदेशी वस्त्र की दुकानों पर शांतिपूर्ण ढंग से धरने की अनुमति दी जाए।

समुद्र के किनारे बसनेवाले लोगों को नमक बनाने व उसे एकत्रित करने की छूट दी जाए।

महात्मा गांधी ने कांग्रेस की ओर से निम्न शर्तें स्वीकार कीं—

- सविनय-अवज्ञा आंदोलन स्थगति कर दिया जाएगा।
- द्वितीय गोलमेज-सम्मेलन में कांग्रेस के प्रतिनिधि भी भाग लेंगे।
- पुलिस की ज्यादतियों के खिलाफ निष्पक्ष न्यायिक जाँच की माँग वापस ले ली जाएगी।
- नमक कानून उन्मूलन की माँग एवं बहिष्कार की माँग को वापस ले लिया जाएगा।

□

वर्ष : 1932

एयर इंडिया की स्थापना

एयर इंडिया वर्ष 1932 में टाटा एयरलाइंस के नाम से स्थापित वायुसेवा है, जो अब भारत सरकार के स्वामित्व में अंतरराष्ट्रीय हवाई यातायात सेवा है। सन् 1932 में जे.आर.डी .टाटा ने भारत की पहली वाणिज्यिक एयरलाइन, टाटा एयरलाइंस की स्थापना की, जो बाद में वर्ष 1946 में भारत की राष्ट्रीय एयरलाइन, एयर इंडिया बनी। इसकी पहली नियमित सेवा का उद्घाटन वर्ष 1932 में जे.आर.डी. टाटा द्वारा किया गया, जो डाक व यात्रियों को कराची, अहमदाबाद, बंबई (वर्तमान मुंबई), बेल्लारी और मद्रास (वर्तमान चेन्नई) के बीच लाती-ले जाती थी। वर्ष 1939 तक यह त्रिवेंद्रम (वर्तमान तिरुवनंतपुरम), दिल्ली, कोलंबो, लाहौर तथा मध्यवर्ती स्थानों तक बढ़ा दी गई।

टाटा एयरलाइंस से एयर इंडिया तक द्वितीय-विश्वयुद्ध के बाद वर्ष 1946 में टाटा एयरलाइंस को सार्वजनिक कंपनी के रूप में एयर इंडिया लिमिटेड के नाम से परिवर्तित कर दिया गया। दो वर्ष बाद बंबई और काहिरा, जिनेवा तथा लंदन के बीच अंतरराष्ट्रीय सेवाएँ प्रदान करने हेतु इसे एयर इंडिया इंटरनेशनल लिमिटेड नाम दिया गया। वर्ष 1953 में इंडियन एयरलाइंस का राष्ट्रीयकरण कर दिया गया तथा दो निगम बनाए गए। एक घरेलू सेवाओं के लिए इंडियन एयरलाइंस कॉरपोरेशन के नाम से (जिसमें एयर इंडिया लिमिटेड तथा छह छोटी कंपनियों का सम्मिश्रण हुआ) तथा दूसरी अंतरराष्ट्रीय सेवाओं के लिए एयर इंडिया के रूप में छोटा कर दिया गया, परंतु 1994 में इसे पुनः एयर इंडिया लिमिटेड कर दिया गया।

वर्ष 1930 के दशक के मध्य की तुलना में, जब दो-तीन गंतव्यों तक ही सेवा प्रदान की जाती थी, एयर इंडिया आज संसार भर में 44 गंतव्यों के लिए अपनी सेवाएँ प्रस्तुत करती है। उसका वायुयान बेड़ा डकोटा और विकर्स वाइकिंग्स से

बढ़कर सुपर कौंस्टेलेशन और बोइंग 707 तथा इससे और आगे बोइंग 747-200, बोइंग 747-300, एयरबस 300-बी 4 और एयरबस 310 तक बढ़ गया है।

वर्ष 1962 में एयर इंडिया ने संसार की पहली ऑल जेट वायुसेवा होने का गौरव अर्जित किया। वर्ष 1990 में एयर इंडिया ने 59 दिन चले अभियान में 488 उड़ानों (इंडियन एयरलाइंस के साथ मिलकर) द्वारा खाड़ी देशों में फँसे 1,11,711 यात्रियों को ससम्मान मुंबई पहुँचाया। यह किसी भी वायुसेवा द्वारा नागरिकों को स्थानांतरित करने का उस समय तक का सबसे बड़ा साहसिक कार्य था।

□

वर्ष : 1932

विश्व क्रिकेट में भारत का पहला कदम

क्रिकेट के खेल का इतिहास 16वीं शताब्दी से आज तक अत्यंत विस्तृत रूप में विद्यमान है। पहला अंतरराष्ट्रीय क्रिकेट मैच 1844 के बाद खेला गया, यद्यपि आधिकारिक रूप से अंतरराष्ट्रीय टेस्ट क्रिकेट 1877 से प्रारंभ हुआ।

इस समय से यह खेल मूल रूप से इंग्लैंड में विकसित हुआ, जोकि अब पेशेवर रूप से अधिकांश राष्ट्रमंडल देशों में खेला जाता है। क्रिकेट दुनिया भर में खेला जाता है। विशेषकर इंग्लैंड, दक्षिण अफ्रीका और अन्य राष्ट्रमंडल देशों में सप्ताहांत की दोपहरी में गाँवों के हरे मैदानों में खेले जानेवाले मुकाबलों से लेकर प्रमुख व्यावसायिक खिलाड़ियों के बीच विशाल स्टेडियमों में खले जानेवाले पाँच दिवसीय अंतरराष्ट्रीय मुकाबले तक होते हैं।

भारत ने टेस्ट क्रिकेट में पहला कदम वर्ष 1932 में रखा था। इस वर्ष इंग्लैंड के विरुद्ध लॉर्ड्स में भारत ने पहला टेस्ट खेला था। इस टेस्ट में भारतीय टीम के कप्तान सी.के. नायडू थे।

एक टेस्ट की शृंखला में भारत यह टेस्ट 158 रन से हारा। इंग्लैंड की प्रथम पारी में 259 रन तथा द्वितीय पारी में 8 विकेट पर 275 रन थे। भारत की प्रथम तथा दूसरी पारी में क्रमशः 189 व 187 रन थे।

प्रथम पारी में कप्तान सी.के. नायडू के 40 रन सर्वोच्च स्कोर था तथा दूसरी पारी में तेज गेंदबाज अमर सिंह के 51 रन सर्वोच्च स्कोर था।

अमर सिंह भारत के पहले खिलाड़ी थे, जिन्होंने पहला अर्धशतक लगाया था।

इंग्लैंड के विरुद्ध पहला टेस्ट शतक लाला अमरनाथ ने 1933-34 की शृंखला में बंबई टेस्ट में लगाया। यह लाला अमरनाथ का पहला टेस्ट शतक था

और भारतीय भूमि पर यह पहला टेस्ट मैच था।

भारत ने इंग्लैंड के विरुद्ध पहली टेस्ट विजय 1951–52 की शृंखला में विजय हरारे के नेतृत्व में मद्रास टेस्ट में एक पारी तथा 4 रन से पाई। यह भारत की पहली टेस्ट पारी विजय थी।

भारत ने अपनी एकमात्र पारी में 9 विकेट पर 457 रन बनाए, जिसमें पंकज राय ने 111 रन व पाली उमरीगर के अविजित 130 रन थे। वह अब तक का भारत का सर्वोच्च स्कोर था तथा पाली उमरीगर का पहला टेस्ट शतक।

1961–62 की शृंखला में भारत ने इंग्लैंड को एक भी टेस्ट नहीं जीतने दिया। नारी कांट्रेक्टर के नेतृत्व में भारत ने दो मैच जीते तथा तीन मैच बराबर छूटे। भारत ने इंग्लैंड की भूमि पर पहली टेस्ट विजय 1971 में पाई।

□

वर्ष : 1932

पूना समझौता

24 सितंबर, 1932 को पूना के यरवदा सेंट्रल जेल में डॉ. बाबा साहब आंबेडकर और महात्मा गांधी ने जिस समझौते पर हस्ताक्षर किए थे, वह 'पूना समझौता' के नाम से बाद में मशहूर हो गया।

1930-32 की अवधि में ब्रिटिश सरकार ने भारत के निवासियों को स्वशासन देने संबंधी नए प्रारूप तैयार करने के लिए विभिन्न समुदायों के नेताओं को गोलमेज वार्त्ताओं में आमंत्रित किया था। महात्मा गांधी पहली और आखिरी वार्त्ता में शामिल नहीं हुए थे, लेकिन उन्होंने दूसरी वार्त्ता में भाग लिया।

'पूना समझौता' महात्मा गांधी की रोगशय्या पर हुआ था। ब्रिटिश प्रधानमंत्री रैम्जे मैकडोनल्ड के सांप्रदायिक निर्णय के द्वारा न केवल मुसलमानों को, बल्कि दलित जाति के हिंदुओं को भी सवर्ण हिंदुओं से अलग करने के लिए भी पृथक् प्रतिनिधित्व प्रदान कर दिया गया था।

सांप्रदायिक निर्णय के समय गांधीजी यरवदा जेल में थे। इस निर्णय के खिलाफ 20 सितंबर, 1932 को उन्होंने जेल में ही आमरण अनशन प्रारंभ कर दिया।

मदनमोहन मालवीय के प्रयासों से गांधीजी और बाबा साहब के मध्य यह समझौता हुआ। आंबेडकर ने समझौते के अंतर्गत हरिजनों के लिए पृथक् प्रतिनिधित्व की माँग को वापस ले लिया तथा संयुक्त निर्वाचन के सिद्धांत को स्वीकार कर लिया।

इस समझौते के अंतर्गत हरिजनों के लिए विधानमंडलों में सुरक्षित स्थान को 71 से बढ़ाकर 148 कर दिया गया।

'पूना समझौते' के बाद ही भारत में आरक्षण की नीति लागू हो पाई, जिसे

आधार बनाकर दलितों के सबलीकरण की बात की जाती है। मगर बहुत से दलित समर्थक 'पूना समझौते' को गांधीजी की दगाबाजी बताते हैं।

स्वयं काशीराम ने 'पूना समझौते' का विश्लेषण करते हुए एक पुस्तक लिखी, जिसका मूल निष्कर्ष यह है कि 'पूना समझौते' के तहत लाभान्वित लाखों दलित कांग्रेस या शासक दल के हितैषी हैं। इसलिए उन्होंने खाँटी दलित सत्ता का नारा दिया।

'पूना समझौते' के बाद आंबेडकर को अहसास हो गया था कि बिना राजनीति सशक्तीकरण के दलितों को समाज में उनका अधिकार नहीं प्राप्त हो सकता।

□

वर्ष : 1940

मुसलिम लीग ने बँटवारे की माँग की

मार्च 1940 में लाहौर में आयोजित मुसलिम लीग की आम सभा को डेढ़ घंटे तक संबोधित करते हुए मुहम्मद अली जिन्ना ने मुसलमानों के लिए एक स्वतंत्र राष्ट्र की माँग की।

उन्होंने कहा, ''यह महज सपने की बात हो सकती है कि हिंदू-मुसलमान की राष्ट्रीयता साझी हो सकती है। हिंदू और मुसलमान दो अलग-अलग सभ्यता का प्रतिनिधित्व करते हैं और इनके विचारों तथा मान्यताओं में परस्पर विरोधाभास है। अगर बहुसंख्यक और अल्पसंख्यक को एक राष्ट्र के तहत रखने की कोशिश की जाएगी, तो तबाही की नौबत आ जाएगी।''

भारत के विभाजन की माँग वर्ष-दर-वर्ष तेज होती गई। भारत से अलग मुसलिम राष्ट्र के विभाजन की माँग 1920 में पहली बार उठाई गई। 1920 से 1932 के बीच भारत-पाकिस्तान विभाजन की नींव रखी गई।

प्रथम बार मुसलिम राष्ट्र की माँग अलामा इकबाल ने 1930 के मुसलिम लीग के अध्यक्षीय भाषण में की थी। 1930 में ही मुहम्मद अली जिन्ना ने सारे अखंड भारत के अल्पसंख्यक समुदाय को भरोसे में ले लिया और कहा कि भारत की मुख्यधारा की पार्टी कांग्रेस मुसलिम हितों की अनदेखी कर रही है।

'हिंदू महासभा' जैसे हिंदू संगठन भारत के बँटवारे के प्रबल विरोधी थे, लेकिन मानते थे कि हिंदुओं और मुसलमानों में मतभेद है। 1937 में इलाहाबाद में 'हिंदू महासभा' के सम्मेलन में एक भाषण में वीर सावरकर ने कहा था, ''आज के दिन भारत एक राष्ट्र नहीं है, यहाँ पर दो राष्ट्र हैं—हिंदू और मुसलमान।''

कांग्रेस के अधिकतर नेता पंथ-निरपेक्ष थे और संप्रदाय के आधार पर भारत का विभाजन करने के विरुद्ध थे।

महात्मा गांधी का विश्वास था कि हिंदू और मुसलमान साथ रह सकते हैं और उन्हें साथ रहना चाहिए। उन्होंने विभाजन का घोर विरोध किया, ''मेरी पूरी आत्मा इस विचार के विरुद्ध विद्रोह करती है कि हिंदू और मुसलमान दो विरोधी मत और संस्कृतियाँ हैं, ऐसे सिद्धांत का अनुमोदन करना मेरे लिए ईश्वर को नकारने के समान है।''

मुसलिम लीग ने अगस्त 1946 में 'सीधी कार्यवाही दिवस' मनाया और कलकत्ता में भीषण दंगे किए, जिसमें करीब पाँच हजार लोग मारे गए और बहुत से घायल हुए।

□

वर्ष : 1942

भारत छोड़ो आंदोलन

'भारत छोड़ो आंदोलन' 9 अगस्त, 1942 को संपूर्ण भारत में राष्ट्रपिता महात्मा गांधी के आह्वान पर प्रारंभ हुआ था। भारत की आजादी से संबंधित इतिहास में दो पड़ाव सबसे ज्यादा महत्त्वपूर्ण नजर आते हैं—प्रथम 1857 का स्वतंत्रता संग्राम और द्वितीय 1942 का 'भारत छोड़ो आंदोलन'।

भारत को जल्द ही आजादी दिलाने के लिए महात्मा गांधी द्वारा अंग्रेज शासन के विरुद्ध यह एक बड़ा 'नागरिक अवज्ञा आंदोलन' था। 'क्रिप्स मिशन' की असफलता के बाद गांधीजी ने एक और बड़ा आंदोलन प्रारंभ करने का निश्चय किया। इस आंदोलन को 'भारत छोड़ो आंदोलन' नाम दिया गया।

भारत छोड़ो आंदोलन या 'अगस्त क्रांति' भारतीय स्वतंत्रता आंदोलन की अंतिम महान् लड़ाई थी। उसने ब्रिटिश शासन की नींव हिलाकर रख दिया। 'क्रिप्स मिशन' के खाली हाथ भारत से वापस जाने पर भारतीयों को अपने छले जाने का अहसास हुआ। दूसरी ओर द्वितीय विश्व युद्ध के कारण परिस्थितियाँ अत्यधिक गंभीर होती जा रही थीं। जापान सफलतापूर्वक सिंगापुर, मलाया और बर्मा पर कब्जा कर भारत की ओर बढ़ने लगा। दूसरी ओर युद्ध के कारण तमाम वस्तुओं के दाम बेतहाशा बढ़ रहे थे, जिससे अंग्रेज सत्ता के खिलाफ भारतीय जनमानस में बेतहाशा असंतोष व्याप्त होने लगा था।

जापान के बढ़ते हुए प्रभुत्व को देखकर 5 जुलाई, 1942 को गांधीजी ने 'हरिजन' में लिखा, "अंग्रेजो! भारत को जापान के लिए मत छोड़ो, बल्कि भारत को भारतीयों के लिए व्यवस्थित रूप से छोड़ जाओ।"

युद्ध में ब्रिटिश फौजों की दक्षिण-पूर्व एशिया में हार होने लगी थी। एक समय यह भी निश्चित माना जाने लगा कि जापान भारत पर हमला कर ही देगा।

मित्र देश अमरीका, रूस व चीन ब्रिटेन पर लगातार दबाव डाल रहे थे कि इस संकट की घड़ी में वे भारतीयों का समर्थन प्राप्त करने के लिए पहल करें।

अपने इसी उद्देश्य को पूर्ण करने के लिए ब्रिटिश सरकार ने स्टेफोर्ड क्रिप्स को मार्च 1942 में भारत भेजा। ब्रिटेन सरकार भारत को पूर्ण स्वतंत्रता नहीं देना चाहती थी। वह भारत की सुरक्षा अपने हाथों में ही रखना चाहती थी और साथ ही गवर्नर जनरल के वीटो अधिकारों को भी पहले जैसा ही रखने के पक्ष में थी। भारतीय प्रतिनिधियों ने 'क्रिप्स मिशन' के सारे प्रस्तावों को एक सिरे से खारिज कर दिया।

'भारत छोड़ो आंदोलन' भारत को स्वतंत्र भले न करवा पाया हो, लेकिन इसका दूरगामी परिणाम सुखदायी रहा। इसलिए इसे भारत की स्वाधीनता के लिए किया जानेवाला अंतिम महान् प्रयास कहा गया।

1942 के आंदोलन की विशालता को देखते हुए अंग्रेजों को विश्वास हो गया था कि उन्होंने शासन का वैध अधिकार खो दिया है।

□

वर्ष : 1943

आजाद हिंद फौज का संग्राम

'आजाद हिंद फौज' या 'इंडियन नेशनल आर्मी' का गठन 1942 में किया गया था। 28-30 मार्च, 1942 को टोक्यो (जापान) में रह रहे भारतीय रास बिहारी बोस ने आजाद हिंद फौज के गठन पर विचार के लिए एक सम्मेलन बुलाया। कैप्टन मोहन सिंह, रास बिहारी बोस एवं निरंजन सिंह गिल के सहयोग से आजाद हिंद फौज का गठन किया गया।

आजाद हिंद फौज की प्रथम डिवीजन का गठन 1 दिसंबर, 1942 को मोहन सिंह के अधीन हुआ। इसमें लगभग 16,300 सैनिक थे। कालांतर में जापान ने 60 हजार युद्धबंदियों को आजाद हिंद फौज में शामिल होने के लिए छोड़ दिया। जापानी सरकार और मोहन सिंह के अधीन भारतीय सैनिकों के बीच आजाद हिंद फौज की भूमिका के संबंध में विवाद उत्पन्न हो जाने के कारण मोहन सिंह एवं निरंजन सिंह गिल को गिरफ्तार कर लिया गया।

आजाद हिंद फौज का दूसरा चरण तब प्रारंभ हुआ, जब सुभाषचंद्र बोस सिंगापुर पहुँचे। 1941 में बर्लिन में 'इंडियन लीग' की स्थापना की, किंतु जब जर्मनी ने उन्हें रूस के विरुद्ध प्रयुक्त करने का प्रयास किया, तब कठिनाई उत्पन्न हो गई और नेताजी ने दक्षिण-पूर्व एशिया जाने का निश्चय किया।

जुलाई 1943 में सुभाषचंद्र बोस पनडुब्बी द्वारा जर्मनी से जापानी नियंत्रणवाले सिंगापुर पहुँचे। वहाँ उन्होंने 'दिल्ली चलो' का प्रसिद्ध नारा दिया। 4 जुलाई, 1943 को सुभाषचंद्र बोस ने 'आजाद हिंद फौज' एवं 'इंडियन लीग' की कमान को सँभाला।

नेताजी ने 21 अक्तूबर, 1943 को सिंगापुर में अस्थायी भारत सरकार 'आजाद हिंद सरकार' की स्थापना की। सुभाषचंद्र बोस इस सरकार के राष्ट्रपति, प्रधानमंत्री

तथा सेनाध्यक्ष तीनों थे। वित्त विभाग एस.सी. चटर्जी को, प्रचार विभाग एस.ए. अय्यर को तथा महिला संगठन लक्ष्मी स्वामीनाथन को सौंपा गया।

जापानी सैनिकों के साथ 'आजाद हिंद फौज' रंगून से होती हुई थलमार्ग से भारत की ओर बढ़ती हुई 18 मार्च, 1944 को कोहिमा और इंफाल के भारतीय मैदानी क्षेत्रों में पहुँच गई।

जर्मनी, जापान तथा उनके समर्थक देशों द्वारा 'आजाद हिंद फौज' को मान्यता प्रदान की गई। नेताजी ने सिंगापुर एवं रंगून में आजाद हिंद फौज के मुख्यालय बनाए।

फरवरी से जून 1944 के मध्य 'आजाद हिंद फौज' की तीन ब्रिगेडों ने जापानियों के साथ मिलकर भारत की पूर्वी सीमा एवं बर्मा से युद्ध लड़ा, परंतु दुर्भाग्यवश द्वितीय विश्व युद्ध में जापान की सेनाओं से मात खाने के साथ ही 'आजाद हिंद फौज' को भी पराजय का सामना करना पड़ा।

'आजाद हिंद फौज' के सैनिकों एवं अधिकारियों को अंग्रेजों ने 1945 में गिरफ्तार कर लिया। साथ ही एक हवाई दुर्घटना में सुभाषचंद्र बोस की भी 18 अगस्त, 1945 को मृत्यु हो गई। हालाँकि हवाई दुर्घटना में उनकी मृत्यु अभी तक संदेह के घेरे में है। नेताजी की मृत्यु का किसी को विश्वास ही नहीं हुआ। लोगों को लगा कि किसी दिन वे फिर सामने आ खड़े होंगे!

□

वर्ष : 1943

बंगाल का अकाल

वर्ष 1943 में अकाल पड़ा, जिससे तकरीबन 1.5 मिलियन से लेकर 4 मिलियन लोगों की मौत भूख, कुपोषण और बीमारियों की वजह से हो गई। दिसंबर 1943 में खाद्य पदार्थ उपलब्ध होने के बाद भी लाखों लोग बीमारियों की वजह से मर गए।

इस अकाल की वजह से बंगाल में आर्थिक एवं सामाजिक संकट उत्पन्न हो गया और लाखों परिवार तबाह हो गए।

अकाल को भीषण बनाने में केवल औपनिवेशिक भारत में लोकतंत्र का अभाव सहभागी नहीं था। भारतीय समाचार-पत्रों पर अकाल के समाचार छापने और सरकार की आलोचना करने पर कड़ा प्रतिबंध था, तो कहीं जापानी फौजों को सहायता न मिल जाए, इस डर से ब्रिटिश स्वामित्व के समाचार-पत्र 'युद्ध कार्य में सहयोग' के बहाने इस विषय पर चुप्पी साधे हुए थे।

इस प्रकार थोपी गई और ओढ़ी गई चुप्पी के फलस्वरूप उस अकाल पर न तो ब्रिटेन में सार्वजनिक चर्चाएँ हुईं और न ही वहाँ की संसद् में इसके लिए किसी नीति के निर्माण की बात उठी। किंतु अक्तूबर 1943 में 'द स्टेट्समैन' ने इस चुप्पी को तोड़कर सरकार को कारगर कदम उठाने के लिए विवश कर दिया।

वास्तव में सरकार की नीतियों ने अकाल पर नियंत्रण करने की बजाय उसे और भीषण बना दिया था। कई महीने तक हजारों लोग भूख से मरते रहे, मगर सरकार की ओर से कोई अकाल सहायता नहीं आई।

इस अकाल की विभीषिका कुछ और गहरी सरकार की उस नीति ने कर दी थी, जिसके अधीन भारत के विभिन्न राज्यों के बीच चावल और अन्य खाद्य पदार्थों के व्यापार पर रोक लगा दी गई थी।

परिणामस्वरूप बंगाल में कीमतें अधिक होने के बाद भी निजी व्यापार जैसे वैध माध्यमों से अनाज बंगाल प्रांत में नहीं पहुँच पाया।

दूसरे, बाहरी देशों से बंगाल में अधिक अनाज लाने के स्थान पर सरकार ने उसी समय अनाज के निर्यात का फैसला कर लिया था।

दिसंबर 1943 में अकाल का अंत हो गया। इसमें कुछ योगदान नई फसल का भी रहा, किंतु मुख्य योगदान तो अकाल सहायता कार्यक्रम का ही था।

□

वर्ष : 1946

नौसेना विद्रोह

'नौसेना विद्रोह' ब्रिटिश जहाज पर कार्य करनेवाले कर्मचारियों द्वारा किया गया था। 18 फरवरी, 1946 को 'एन.एस. तलवार' नामक जहाज के कर्मचारियों ने ब्रिटिश सरकार के समक्ष खराब खाना मिलने की शिकायत की। इस पर ब्रिटिश अधिकारियों का जवाब था कि 'भिखमंगों को चुनने की छूट नहीं दी जा सकती।' नौसेना कर्मचारियों ने सरकार की इस विभेदात्मक नीति के खिलाफ विद्रोह कर दिया।

विद्रोह करनेवाले कर्मचारियों ने जहाज पर से यूनियन जैक के झंडों को हटाकर वहाँ पर कांग्रेस और मुसलिम लीग के झंडे लगा दिए। उनकी एक माँग यह भी थी कि नाविक बी.सी. दत्त, जिसे जहाज की दीवारों पर 'भारत छोड़ो' लिखने के कारण गिरफ्तार कर लिया गया था, को रिहा किया जाए।

विद्रोहियों ने एम.एस. खान के नेतृत्व में 'नौसेना केंद्रीय हड़ताल समिति' का गठन किया। बंबई में शुरू हुआ यह विप्लव देश भर में मद्रास एवं कराची तक फैल गया।

इस विद्रोह में 'इंकलाब जिंदाबाद', 'जय हिंद', 'हिंदू-मुसलिम एक हो' और 'आजाद हिंद फौज के सिपाहियों को मुक्त करो' आदि नारे लगाए गए।

इस विद्रोह के समर्थन में 22 फरवरी को बंबई में एक अभूतपूर्व हड़ताल का आयोजन किया गया, जिसमें 20 लाख मजदूरों ने हिस्सा लिया। सरदार वल्लभ भाई पटेल और मुहम्मद अली जिन्ना के दबाव में आकर सैनिकों ने आत्मसमर्पण कर दिया। ब्रिटेन के नवनियुक्त प्रधानमंत्री क्लीमेंट एटली ब्रिटिश संसद् के निम्न सदन 'हाउस ऑफ कॉमन्स' से 'कैबिनेट मिशन' को भारत भेजने की घोषणा की।

22 फरवरी हड़ताल का चरम बिंदु था, जब 78 जहाज, 20 तटीय प्रतिष्ठान और 20,000 नौसैनिक इसमें शामिल हो चुके थे। इसी दिन कम्युनिस्ट पार्टी के आह्वान पर बंबई में आम हड़ताल हुई। नौसैनिक के समर्थन में शांतिपूर्ण प्रदर्शन कर रहे मजदूर प्रदार्शनकारियों पर सेना और पुलिस की टुकड़ियों ने बर्बर हमला किया, जिसमें करीब तीन सौ लोग मारे गए और 1,700 घायल हुए।

इसी दिन सुबह कराची में भारी लड़ाई के बाद ही 'हिंदुस्तान' जहाज से आत्म-समर्पण कराया जा सका। अंग्रेजों के लिए हालात संगीन थे, क्योंकि ठीक इसी समय बंबई के वायु सेना के पायलट और हवाई अड्डे के कर्मचारी भी नस्ली- भेदभाव के विरुद्ध हड़ताल पर थे तथा कलकत्ता और दूसरे कई हवाई अड्डों के पायलटों ने भी उनके समर्थन में हड़ताल की थी।

ऐसे नाजुक समय में अंग्रेजों के तारणहार की भूमिका में कांग्रेस और मुसलिम लीग के नेता आगे आए। जिन्ना और पटेल ने काफी कोशिशों के बाद 23 फरवरी को नौसैनिकों को समर्पण के लिए तैयार कर लिया।

□

वर्ष : 1946

भारतीय संविधान सभा

भारतीय संविधान सभा का निर्माण भारतीय संविधान की रचना के लिए किया गया था। संविधान सभा की कार्यवाही 13 दिसंबर, 1946 को जवाहरलाल नेहरू द्वारा पेश किए गए एक उद्देश्य प्रस्ताव के साथ प्रारंभ हुई थी।

ब्रिटेन से आजाद होने के बाद संविधान सभा के सदस्य ही प्रथम संसद् के सदस्य बने थे। जुलाई 1945 में द्वितीय विश्व युद्ध की समाप्ति के बाद ब्रिटेन में एक नई सरकार का गठन हुआ। इस नई सरकार ने भारत के संबंध में अपनी नीति की घोषणा की तथा एक संविधान निर्माण करनेवाली समिति बनाने का निर्णय लिया।

भारत की आजादी के प्रश्न का हल निकालने के लिए ब्रिटिश कैबिनेट के तीन मंत्री तत्कालीन समय में भारत भेजे गए। भारतीय इतिहास में मंत्रियों के इस दल को 'कैबिनेट मिशन' के नाम से जाना जाता है।

15 अगस्त, 1947 को भारत के आजाद हो जाने के बाद संविधान सभा पूर्णतः प्रभुता संपन्न हो गई।

संविधान सभा के सदस्य भारत के राज्यों की सभाओं के निर्वाचित सदस्यों द्वारा चुने गए थे। जवाहरलाल नेहरू, डॉ. राजेंद्र प्रसाद, सरदार वल्लभभाई पटेल, श्यामाप्रसाद मुकर्जी, अब्दुल कलाम आजाद आदि इस सभा के प्रमुख सदस्य थे।

अनुसूचित वर्गों से तीस से अधिक सदस्य इस सभा में शामिल थे। सच्चिदानंद सिन्हा इस सभा के प्रथम सभापति चुने गए थे। किंतु उनकी मृत्यु हो जाने के बाद डॉ. राजेंद्र प्रसाद को सभापति निर्वाचित किया गया।

डॉ. भीमराव आंबेडकर को संविधान निर्माण करनेवाली समिति का अध्यक्ष चुना गया था।

संविधान सभा ने 2 वर्ष 11 माह 18 दिन में कुल 166 दिन बैठक कीं। सभा

की बैठकों में प्रेस और जनता को भी स्वतंत्रता से भाग लेने की छूट प्राप्त की।

8 नवंबर, 1949 को संविधान का प्रारूप अंतिम रूप में पेश किया गया। इसी दिन संविधान पहली बार पढ़ा गया। 15 नवंबर, 1949 को संविधान पर दूसरी बार विचार किया गया और 26 नवंबर, 1949 को संविधान अंगीकृत किया गया।

□

वर्ष : 1947

स्वतंत्रता

सन् 1857 के प्रथम स्वतंत्रता संग्राम के यज्ञ का आरंभ किया महर्षि दयानंद सरस्वती ने और इस यज्ञ की पहली आहुति दी मंगल पांडे ने। देखते-ही-देखते यह यज्ञ चारों ओर फैल गया।

झाँसी की रानी लक्ष्मीबाई, तात्याँ टोपे और नानाजी राव जैसे योद्धाओं ने इस स्वतंत्रता के यज्ञ में अपने रक्त की आहुति दी।

दूसरे चरण में 'सरफरोशी की तमन्ना' लिये रामप्रसाद बिस्मिल, अशफाक उल्ला खान, चंद्रशेखर आजाद, भगत सिंह, राजगुरु, सुखदेव आदि देश के लिए शहीद हो गए।

तिलक ने 'स्वराज हमारा जन्मसिद्ध अधिकार है' का उद्‌घोष किया व सुभाषचंद्र बोस ने 'तुम मुझे खून दो, मैं तुम्हें आजादी दूँगा' का मंत्र दिया।

अहिंसा और असहयोग का अस्त्र लेकर महात्मा गांधी और गुलामी की बेड़ियाँ तोड़ने को तत्पर लौहपुरुष सरदार पटेल ने अपने प्रयास तेज कर दिए। 90 वर्ष की लंबी संघर्ष की यात्रा के बाद 15 अगस्त, 1947 को भारत को स्वतंत्रता देवी का वरदान मिल सका।

भारत की आजादी का संग्राम बल से नहीं वरन् सत्य और अहिंसा के सिद्धांत के आधार पर विजित किया गया। इतिहास में स्वतंत्रता के संघर्ष का एक अनोखा और अनूठा अभियान था, जिसे विश्व भर में प्रशंसा मिली।

बीसवीं शताब्दी में भारतीय राष्ट्रीय कांग्रेस और अन्य राजनीतिक संगठनों ने महात्मा गांधी के नेतृत्व में एक देशव्यापी आंदोलन चलाया। महात्मा गांधी ने हिंसापूर्ण संघर्ष के विपरीत अहिंसक आंदोलन को सशक्त समर्थन दिया।

उनके द्वारा विरोध प्रदर्शन के लिए मार्च, प्रार्थना सभाएँ, विदेशी वस्तुओं का

बहिष्कार और भारतीय वस्तुओं को प्रोत्साहन देना आदि अचूक हथियार थे। इन रास्तों को भारतीय जनता ने समर्थन दिया और स्थानीय अभियान राष्ट्रीय आंदोलन में बदल गए।

इनमें से कुछ मुख्य आयोजन 'असहयोग आंदोलन', 'दांडी मार्च', सविनय अवज्ञा आंदोलन' और 'भारत छोड़ो आंदोलन' थे।

शीघ्र ही यह स्पष्ट हो गया कि भारत अब उपनिवेशवादी शक्तियों के नियंत्रण में नहीं रहेगा और ब्रिटिश शासकों ने भारतीय नेताओं की माँग को मान लिया।

14 अगस्त, 1947 की आधी रात के वक्त जवाहरलाल नेहरू ने देश को संबोधित करते हुए कहा, "एक ऐसा पल है, जो इतिहास में दुर्लभ है, जब पुराने युग से नए युग की ओर जाते हैं, क्या हम इस अवसर का लाभ उठाने के लिए पर्याप्त बहादुर और बुद्धिमान हैं, और क्या हम भविष्य की चुनौती स्वीकार करने के लिए तैयार हैं?"

□

वर्ष : 1947

भारत विभाजन

भारत का विभाजन 'माउंटबेटन योजना' के आधार पर तैयार भारतीय स्वतंत्रता अधिनियम, 1947 के आधार पर किया गया। इस अधिनियिम में कहा गया कि 15 अगस्त, 1947 को भारत एवं पाकिस्तान नामक दो अधिराज्य बना दिए जाएँगे और उनको ब्रिटिश सरकार सत्ता सौंप देगी।

स्वतंत्रता के साथ ही 14 अगस्त को पाकिस्तानी डोमिनियन (बाद में इसलामी जम्हूरिया-ए-पाकिस्तान) और 15 अगस्त यूनियन (बाद में भारत गणराज्य) की संस्थापना की गई। इस घटनाक्रम में मुख्यत: ब्रिटिश भारत के बंगाल प्रांत को पूर्वी पाकिस्तान और भारत के पश्चिम बंगाल राज्य में बाँट दिया गया और इसी तरह ब्रिटिश भारत के पंजाब प्रांत को पश्चिम पाकिस्तान के पंजाब प्रांत और भारत के पंजाब राज्य में बाँट दिया गया।

इसी दौरान ब्रिटिश भारत में से सीलोन (अब श्रीलंका) और बर्मा (अब म्यांमार) को भी अलग किया गया, लेकिन इसे भारत के विभाजन में नहीं शामिल किया जाता है। इसी तरह 1971 में पाकिस्तान के विभाजन और बँगलादेश की स्थापना को भी इस घटनाक्रम में नहीं गिना जाता है। (नेपाल और भूटान इस दौरान भी स्वतंत्र राज्य थे और इस बँटवारे से प्रभावित नहीं हुए)

15 अगस्त, 1947 की आधी रात को भारत और पाकिस्तान कानूनी तौर पर दो स्वतंत्र राष्ट्र बने, लेकिन पाकिस्तान की सत्ता परिवर्तन की रस्में 14 अगस्त को कराची में की गईं, ताकि आखिरी ब्रिटिश वाइसराय माउंटबेटन कराची और नई दिल्ली दोनों जगहों की रस्मों में हिस्सा ले सकें।

भारत के विभाजन से करोड़ों लोग प्रभावित हुए। विभाजन के दौरान हुई हिंसा में करीब 5 लाख लोग मारे गए और करीब 1.45 करोड़ शरणार्थियों ने

अपना घर-बार छोड़कर बहुमत संप्रदाय वाले देश में शरण ली।

भारत के विभाजन के ढाँचे को '3 जून प्लान' या 'माउंटबेटन योजना' का नाम दिया गया। भारत और पाकिस्तान के बीच की सीमारेखा लंदन के वकील सर सिटिल टैडक्लिफ ने तय की। हिंदू बहुमत वाले इलाके भारत में और मुसलिम बहुमत वाले इलाके पाकिस्तान में शामिल किए गए।

18 जुलाई, 1947 को ब्रिटिश संसद् ने 'भारतीय स्वतंत्रता कानून' पारित किया, जिसमें विभाजन की प्रक्रिया को अंतिम रूप दिया गया।

इस समय ब्रिटिश भारत में बहुत से राज्य थे, जिनके राजाओं के साथ ब्रिटिश सरकार ने तरह-तरह के समझौते कर रखे थे। इन 565 राज्यों को आजादी दी गई कि वे चुनें कि वे भारत या पाकिस्तान किस में शामिल होना चाहेंगे!

अधिकतर राज्यों ने बहुमत धर्म के आधार पर देश चुना। जिन राज्यों के शासकों ने बहुमत धर्म के अनुकूल देश चुना, उनके एकीकरण में काफी विवाद हुआ।

□

वर्ष : 1947-48

कश्मीर को लेकर युद्ध

14 अगस्त, 1947 को लाखों लोगों के रक्त से पाकिस्तान ने अपने इतिहास का पहला पन्ना लिखा था। अभी यह रक्तिम स्याही सूखी भी नहीं थी कि दो महीने बाद ही 22 अक्तूबर, 1947 को पाकिस्तान ने भारत पर आक्रमण कर दिया।

आक्रमणकारी वरदीधारी पाकिस्तानी सैनिक नहीं थे, बल्कि कबाइली थे और कबाइलियों के साथ उन्हीं के वेश में पाकिस्तानी सेना के अधिकारी थे।

पहले हमला सीमांत स्थित नगरों दोमल और मुजफ्फराबाद पर हुआ। इसके बाद गिलगित, स्कार्दू, हाजीपीर दर्रा, पुंछ, राजौरी, झांगर, छंब और पीर पंजाल की पहाड़ियों पर कबाइली हमला हुआ।

हमलावरों का इरादा इन रास्तों से होते हुए श्रीनगर पर कब्जा करने का था। इसी उद्देश्य से उन्होंने कश्मीर घाटी, गुरेज सेक्टर और टिटवाल पर भी हमला किया।

कश्मीर के महाराजा हरी सिंह ने 24 अक्तूबर को भारत से सैनिक सहायता की अपील की। उस समय माउंटबेटन के नेतृत्व में सुरक्षा समिति ने इस अपील पर विचार किया। भारत के राजनेताओं ने कहा कि कश्मीर के भारत में आधिकारिक विलय के बिना वहाँ सेना नहीं भेजी जा सकती।

महाराजा ने 26 अक्तूबर को भारत में विलय के दस्तावेज पर हस्ताक्षर कर दिए। उसके तुरंत बाद भारतीय सेना जम्मू-कश्मीर में कबाइलियों का सामना करने के लिए विमान और सड़क मार्ग से पहुँच गई।

वर्ष 1947 में नवंबर महीना आते-आते भारतीय सेना ने कबाइलियों को घाटी से लगभग खदेड़ दिया, लेकिन इसी दौरान पाकिस्तानी सेना प्रत्यक्ष रूप से उड़ी, टिटवाल और कश्मीर के अन्य सेक्टरों में युद्ध के लिए पहुँच गई।

इधर भारतीय सेना दुश्मनों से जूझ रही थी, उधर 30 दिसंबर, 1947 को भारत के प्रधानमंत्री जवाहरलाल नेहरू संयुक्त राष्ट्र में इस मामले को ले गए।

13 अगस्त, 1948 को संयुक्त राष्ट्र ने प्रस्ताव पारित किया और 1 जनवरी, 1949 को युद्ध-विराम की घोषणा की गई। 14 महीने चले इस युद्ध में 1,500 भारतीय सैनिक शहीद हुए, 3,500 घायल हुए और 1,000 लापता हुए। अधिकांश लापता युद्धबंदी के रूप में पाकिस्तान ले जाए गए। पाकिस्तान की ओर से लगभग 20 हजार लोग इससे प्रभावित हुए और 6 हजार मारे गए।

□

वर्ष : 1948

महात्मा गांधी की हत्या

महात्मा गांधी की हत्या 30 जनवरी, 1948 की शाम को नई दिल्ली स्थित 'बिड़ला भवन' में गोली मारकर की गई थी। वे रोज शाम को प्रार्थना किया करते थे। 'बिड़ला भवन' में शाम पाँच बजे प्रार्थना होती थी, लेकिन गांधीजी उस दिन सरदार पटेल के साथ बैठक करने में व्यस्त थे।

तभी सवा पाँच बजे उन्हें याद आया कि प्रार्थना के लिए देर हो रही है। जब बापू आभा और मनु के कंधों पर हाथ रखकर मंच की तरफ बढ़े, तभी उनके सामने नाथूराम गोडसे आ गया। उसने हाथ जोड़कर कहा, ''नमस्ते बापू!'' गांधीजी के साथ चल रही मनु ने कहा, ''भैया, सामने से हट जाओ, बापू को जाने दो। बापू को पहले ही देर हो चुकी है।'' लेकिन गोडसे ने मनु को धक्का दे दिया और अपने हाथों में छुपा रखी बैरटा पिस्तौल से गांधीजी के सीने पर एक के बाद एक तीन गोलियाँ चला दीं।

दो गोलियाँ बापू के शरीर से होती हुई निकल गईं, जबकि एक गोली उनके शरीर में ही फँस गई। 78 साल के महात्मा गांधी की हत्या हो चुकी थी।

'बिड़ला हाउस' में गांधीजी के शव को ढँककर रखा गया था। लेकिन जब उनके सबसे छोटे बेटे देवदास गांधी वहाँ पहुँचे तो उन्होंने बापू के शरीर से कपड़ा हटा दिया, ताकि दुनिया शांति और अहिंसा के पुजारी के साथ हुई हिंसा को देख सके।

नाथूराम गोडसे सहित आठ लोगों को महात्मा गांधी की हत्या की साजिश में आरोपी बनाया गया। इन आठ लोगों में से तीन आरोपियों शंकर किस्तैया, दिगंबर बड़गे, वीर सावरकर में से दिगंबर बड़गे को सरकारी गवाह बनने के कारण बरी कर दिया गया। शंकर किस्तैया को उच्च न्यायालय में अपील करने पर माफ कर

दिया गया। वीर सावरकर के खिलाफ कोई सबूत नहीं मिलने की वजह से जुर्म से मुक्त कर दिया गया।

और अंत में बचे पाँच अभियुक्तों में से तीन गोपाल गोडसे, मदनलाल पाहवा और विष्णु रामकृष्ण करकरे को आजीवन कारावास हुआ तथा दो नाथूराम गोडसे व नारायण आप्टे को फाँसी दे दी गई।

न्यायालय में नाथूराम गोडसे द्वारा दिए गए बयान के अनुसार जिस पिस्तौल से गांधीजी को निशाना बनाया गया, वह उसने दिल्ली में एक शरणार्थी से खरीदी थी।

हत्या के बाद 'बिड़ला हाउस' पहुँचे जवाहरलाल नेहरू बाउंड्री वॉल पर चढ़ गए और कहने लगे कि 'हमारी जिंदगी की रोशनी चली गई है।'

□

वर्ष : 1949

हिंदी बनी राजभाषा

भारत की विविधता का स्वरूप न केवल भौगोलिक है, बल्कि भाषायी तथा सांस्कृतिक भी है। यहाँ लगभग 1652 मातृभाषाएँ प्रचलित हैं, जबकि संविधान द्वारा 22 भाषाओं को राजभाषा की मान्यता प्रदान की गई है। भारत में इन 22 भाषाओं को बोलनेवाले लोगों की कुल संख्या लगभग 90 प्रतिशत है। इन 22 भाषाओं के अतिरिक्त अंग्रेजी भी सहायक राजभाषा है और यह मिजोरम, नागालैंड तथा मेघालय की राजभाषा भी है। कुल मिलाकर भारत की 58 भाषाओं में स्कूलों में पढ़ाई की जाती है।

संविधान के अनुच्छेद 343 के अनुसार संघ की भाषा हिंदी और लिपि देवनागरी होगी, लेकिन संविधान के बाद 15 वर्षों तक अर्थात् 1965 तक संघ की भाषा के रूप में अंग्रेजी का प्रयोग किया जाना था और संसद् को यह अधिकार दिया गया कि वह चाहे तो संघ की भाषा के रूप में अंग्रेजी के प्रयोग की अवधि को बढ़ा सकती थी। इसलिए संसद् ने 1963 में राजभाषा अधिनियम, 1963 पारित करके यह व्यवस्था कर दी कि संघ भाषा के रूप में अंग्रेजी का प्रयोग वर्ष 1971 तक करता रहेगा, लेकिन इस नियम में संशोधन करके यह व्यवस्था कर दी गई कि संघ की भाषा के रूप में अंग्रेजी का प्रयोग अनिश्चितकाल तक रहेगा।

अनुच्छेद 344 (1), 351, आठवीं अनुसूची के अनुसार 22 भाषाएँ हैं, जिनके नाम इस प्रकार हैं—

असमिया, बांग्ला, गुजराती, हिंदी, कन्नड़, कश्मीरी, कोंकणी, मलयालम, मणिपुरी, मराठी, नेपाली, उड़िया, पंजाबी, संस्कृत, सिंधी, तमिल, उर्दू, तेलुगु, बोडो, डोगरी, मैथिली तथा संथाली।

संविधान के अनुच्छेद 344 में राष्ट्रपति को राजभाषा आयोग को गठित करने

का अधिकार दिया गया है। राष्ट्रपति अपने इस अधिकार का प्रयोग प्रत्येक दस वर्ष की अवधि के पश्चात् करेंगे। राजभाषा आयोग में उन भाषाओं के प्रतिनिधियों को शामिल किया जाएगा, जो संविधान की आठवीं अनुसूची में विनिर्दिष्ट हैं। इस प्रकार राजभाषा में 18 सदस्य होते हैं।

संविधान के अनुच्छेद 345 के अधीन प्रत्येक राज्य के विधानमंडल को यह अधिकार दिया गया है कि वह संविधान की आठवीं अनुसूची में अंतर्विष्ट भाषाओं में से किसी एक या अधिक को सरकारी कार्यों के लिए राज्यभाषा के रूप में अंगीकार कर सकता है, किंतु राज्य के परस्पर संबंधों में तथा संघ और राज्यों के परस्पर संबंधों में संघ की राजभाषा को ही प्राधिकृत भाषा माना जाएगा।

संविधान में प्रावधान किया गया है कि जब तक संसद् द्वारा कानून बनाकर अन्यथा प्रावधान न किया जाए, तब तक उच्चतम न्यायालय और उच्च न्यायालयों की भाषा अंग्रेजी होगी और संसद् तथा राज्य विधानमंडलों द्वारा पारित कानून अंग्रेजी में होंगे। किसी राज्य का राज्यपाल राष्ट्रपति की अनुमति से उच्च न्यायालय की काररवाई को राजभाषा में होने की अनुमति दे सकता है।

□

वर्ष : 1950

भारत लोकतांत्रिक गणतंत्र बना

26 जनवरी, 1950 को देश का संविधान लागू हुआ और इस प्रकार यह सरकार के संसदीय रूप के साथ एक संप्रभुताशाली समाजवादी लोकतांत्रिक गणतंत्र के रूप में भारत देश सामने आया।

तब से 26 जनवरी को भारत के 'गणतंत्र दिवस' के रूप में भारी उत्साह के साथ मनाया जाता है और इसे राष्ट्रीय अवकाश घोषित किया जाता है।

भारत के संविधान को लागू किए जाने से पहले भी 26 जनवरी का बहुत महत्त्व था। 26 जनवरी को विशेष दिन के रूप में चिह्नित किया गया था। 31 दिसंबर, 1929 की मध्यरात्रि में राष्ट्र को स्वतंत्र बनाने की पहल करते हुए लाहौर में भारतीय राष्ट्रीय कांग्रेस का अधिवेशन पं. जवाहरलाल नेहरू की अध्यक्षता में हुआ, जिसमें प्रस्ताव पारित कर इस बात की घोषणा की गई कि यदि अंग्रेज सरकार 26 जनवरी, 1930 तक भारत को डोमिनियन स्टेट्स नहीं प्रदान करेगी तो भारत अपने को 'पूर्ण स्वतंत्र' घोषित कर देगा।

26 जनवरी, 1930 तक जब अंग्रेज सरकार ने कुछ नहीं किया, तब कांग्रेस ने उस दिन भारत की पूर्ण स्वतंत्रता के निश्चय की घोषणा की और अपना सक्रिय आंदोलन आरंभ किया। भारतीय राष्ट्रीय कांग्रेस के इस लाहौर अधिवेशन में पहली बार तिरंगे झंडे को फहराया गया था, परंतु साथ ही इस दिन सर्वसम्मति से एक और महत्त्वपूर्ण फैसला लिया गया कि प्रतिवर्ष 26 जनवरी का दिन 'पूर्ण स्वराज दिवस' के रूप में मनाया जाएगा। इस दिन सभी स्वतंत्रता सेनानी पूर्ण स्वराज का प्रचार करेंगे।

इस तरह 26 जनवरी अघोषित रूप से भारत का स्वतंत्रता दिवस बन गया था। उस दिन से स्वतंत्रता प्राप्त होने तक 1947 में 26 जनवरी 'स्वतंत्रता दिवस'

के रूप में मनाया जाता रहा।

भारतीय संविधान सभा की पहली बैठक 9 दिसंबर, 1946 को हुई, जिसमें भारतीय नेताओं और अंग्रेज 'कैबिनेट मिशन' ने भाग लिया। कई बार संशोधन करने के बाद भारतीय संविधान को अंतिम रूप दिया गया, जो तीन वर्ष बाद, यानी 26 जनवरी, 1949 को आधिकारिक रूप से अपनाया गया।

24 जनवरी, 1950 को सभी सांसदों और विधायकों ने संविधान पर हस्ताक्षर किए और इसके दो दिन बाद, यानी 26 जनवरी, 1950 को संविधान लागू कर दिया गया।

इस अवसर पर डॉ. राजेंद्र प्रसाद ने भारत के प्रथम राष्ट्रपति के रूप में शपथ ली तथा 21 तोपों की सलामी के बाद इर्विन स्टेडियम में भारतीय राष्ट्रीय ध्वज 'तिरंगा' को फहराकर भारतीय गणतंत्र के ऐतिहासिक जन्म की घोषणा की।

□

वर्ष : 1950

भारत का राजनीतिक एकीकरण

स्वतंत्रता के समय भारत के अंतर्गत तीन तरह के क्षेत्र थे—1. ब्रिटिश भारत के क्षेत्र—ये लंदन के इंडिया ऑफिस तथा भारत के गवर्नर जनरल के सीधे नियंत्रण में थे। 2. देसी राज्य 3. फ्रांस और पुर्तगाल के औपनिवेशिक क्षेत्र (चंदन नगर, पांडिचेरी, गोवा आदि)।

आजादी प्राप्ति के दौरान भारत में करीब 662 देसी रियासतें थीं। सरदार पटेल तब अंतरिम सरकार में उपप्रधानमंत्री के साथ देश के गृहमंत्री थे। जूनागढ़, हैदराबाद और कश्मीर को छोड़कर 552 रियासतों ने स्वेच्छा से भारतीय परिसंघ में शामिल होने की स्वीकृति दे दी थी।

दरअसल माउंटबेटन ने जो प्रस्ताव भारत की आजादी को लेकर जवाहरलाल नेहरू के सामने रखा था, उसमें यह प्रावधान था कि भारत के 565 रजवाड़े भारत या पाकिस्तान में किसी एक में विलय को चुनेंगे और वे चाहें तो दोनों के साथ न जाकर अपने को स्वतंत्र भी रख सकेंगे।

इन 565 रजवाड़ों, जिनमें अधिकांश प्रिंसली स्टेट (ब्रिटिश भारतीय साम्राज्य का हिस्सा) थे, में से भारत के हिस्से में आए रजवाड़ों ने एक-एक करके विलय- पत्र पर हस्ताक्षर कर दिए, या यूँ कह सकते हैं कि सरदार वल्लभभाई पटेल ने हस्ताक्षर करवा लिये।

बचे रह गए थे हैदराबाद, जूनागढ़, कश्मीर और भोपाल। इनमें से भोपाल का विलय सबसे अंत में भारत में हुआ। भारत संघ में शामिल होनेवाली अंतिम रियासत भोपाल इसलिए भी, क्योंकि पटेल को पता था कि भोपाल को अंततः मिलना ही होगा।

जूनागढ़ पाकिस्तान में मिलने की घोषणा कर चुका था तो कश्मीर स्वतंत्र

बने रहने की। जूनागढ़, कश्मीर तथा हैदराबाद तीनों राज्यों को सेना की मदद से विलय करवाया गया, किंतु भोपाल में इसकी आवश्यकता नहीं पड़ी।

भारत के राजनीतिक एकीकरण की एक शुरुआत अंग्रेजों, बल्कि कंपनी राज के जमाने से ही हो गई थी। सन् 1834 का 'डॉक्ट्रिन ऑफ लैप्स' बेवारिस और नालायक राजाओं के राज्य को ब्रिटिश शासन के अधीन करने का विस्तारवादी फैसला था।

इसी नीति के तहत लॉर्ड डलहौजी ने तत्कालीन लगभग डेढ़ सौ रियासतों में से झाँसी, उदयपुर, अवध आदि 21 रियासतों को ब्रिटिश राज के अधीन कर लिया था। 1857 के विद्रोह के अनेक कारणों में से एक कारण यह भी था।

ब्रिटेन में 18 जुलाई, 1947 के दिन भारत की आजादी का कानून पारित हुआ। इसमें भारत के विभाजन के साथ ही रियासती राज्यों की आजादी की बात भी कही गई थी।

एक देश की सीमा में इतने स्वतंत्र देशों के अस्तित्व को असंभव समझकर ही उसके पहले से माउंटबेटन ने रियासतों के मामलों के लिए एक 'कोर कमेटी' का गठन किया था।

□

वर्ष : 1951

श्यामाप्रसाद मुकर्जी ने की जनसंघ की स्थापना

'भारतीय जनसंघ' भारत के एक राजनीतिक दल भारतीय जनता पार्टी का पुराना नाम है। इसकी स्थापना डॉ. श्यामाप्रसाद मुकर्जी द्वारा 21 अक्तूबर, 1951 को दिल्ली में की गई थी। इस पार्टी का चुनाव चिह्न 'दीपक' था और इसने 1952 के संसदीय चुनाव में 2 सीटें हासिल की थीं, जिसमें डॉ. मुकर्जी स्वयं भी शामिल थे।

भारत-विभाजन की योजना को जब स्वीकार कर लिया गया, तब डॉ. मुकर्जी ने बंगाल और पंजाब के विभाजन की माँग उठाकर प्रस्तावित पाकिस्तान का विभाजन कराया और आधा बंगाल और आधा पंजाब खंडित भारत के लिए बचा लिया।

महात्मा गांधी और सरदार पटेल के अनुरोध पर वे खंडित भारत के पहले मंत्रिमंडल में शामिल हुए और उन्हें उद्योग जैसे महत्त्वपूर्ण विभाग की जिम्मेदारी सौंपी गई।

संविधान सभा और प्रांतीय संसद् के सदस्य और केंद्रीय मंत्री के नाते श्यामाप्रसाद मुकर्जी ने शीघ्र ही अपना विशिष्ट स्थान बना लिया। किंतु उनके हिंदू राष्ट्रवादी चिंतन के साथ-साथ अन्य नेताओं से मतभेद बने रहे। फलतः श्यामाप्रसाद मुकर्जी ने इस्तीफा दे दिया।

उन्होंने प्रतिपक्ष के सदस्य के रूप में अपनी भूमिका को चुनौती के रूप में स्वीकार किया और शीघ्र ही अन्य हिंदू राष्ट्रवादी दलों और तत्त्वों को मिलाकर जनसंघ बनाया, जोकि विरोधी पक्ष में सबसे बड़ा दल था।

संसद् में उन्होंने सदैव राष्ट्रीय एकता की स्थापना को प्रथम लक्ष्य रखा।

संसद् में दिए अपने भाषण में उन्होंने पुरजोर शब्दों में कहा था कि राष्ट्रीय एकता की शिला पर ही भविष्य की नींव रखी जा सकती है।

डॉ. मुकर्जी जम्मू-कश्मीर को भारत का पूर्ण और अभिन्न अंग बनाना चाहते थे। उस समय जम्मू-कश्मीर का अलग झंडा था, अलग संविधान था। वहाँ का मुख्यमंत्री प्रधानमंत्री कहलाता था। डॉ. मुकर्जी ने जोरदार नारा बुलंद किया कि—'एक देश में दो निशान, एक देश में दो प्रधान, एक देश में दो विधान नहीं चलेंगे, नहीं चलेंगे।'

संसद् में अपने ऐतिहासिक भाषण में डॉ. मुकर्जी ने धारा 370 को भी समाप्त करने की जोरदार वकालत की थी। अगस्त 1952 में जम्मू में एक विशाल रैली में उन्होंने अपना संकल्प व्यक्त किया था कि 'या तो मैं आपको भारतीय संविधान प्राप्त कराऊँगा या फिर इस उद्देश्य की पूर्ति के लिए अपना जीवन बलिदान कर दूँगा।'

अपने संकल्प को पूरा करने के लिए वे 1953 में बिना परमिट लिये जम्मू-कश्मीर की यात्रा पर निकल पड़े, जहाँ उन्हें गिरफ्तार कर लिया गया। 23 जून, 1953 को रहस्यमय परिस्थितियों में उनकी मृत्यु हो गई।

□

वर्ष : 1951-52

भारत में प्रथम चुनाव

भारत में पहली बार 1952 में लोकसभा का गठन हुआ। आम चुनावों के सफलतापूर्वक संपन्न होने के बाद भारतीय राष्ट्रीय कांग्रेस 364 सीटों के साथ सत्ता में आई।

लोकसभा जनता के प्रतिनिधियों से मिलकर बनी होती है, जिन्हें वयस्क मताधिकार के आधार पर प्रत्यक्ष निर्वाचन के द्वारा चुना जाता है। संविधान में उल्लिखित सदन की अधिकतम क्षमता 552 सदस्यों की है, जिनमें 530 सदस्य राज्यों का व 21 सदस्य केंद्रशासित प्रदेशों का प्रतिनिधित्व करते हैं और दो सदस्यों को एंग्लो-भारतीय समुदायों के प्रतिनिधित्व के लिए राष्ट्रपति द्वारा नामांकित किया जाता है। ऐसा तब किया जाता है, जब राष्ट्रपति को लगता है कि उस समुदास का सदन में पर्याप्त रूप से प्रतिनिधित्व नहीं हो रहा है।

पहले आम चुनावों के सफलतापूर्वक संपन्न होने के बाद देश में पहली बार 1952 में लोकसभा का गठन हुआ। कांग्रेस ने कुल पड़े वोटों का 45 प्रतिशत प्राप्त किया था। पूरे भारत में 44.87 प्रतिशत की चुनावी भागीदारी दर्ज की गई। पं. जवाहरलाल नेहरू देश के पहले निर्वाचित प्रधानमंत्री बने।

17 अप्रैल, 1952 को गठित हुई लोकसभा ने 4 अप्रैल, 1957 तक का अपना कार्यकाल पूरा किया।

इससे पहले कि स्वतंत्र भारत में चुनाव होते, नेहरू के दो पूर्व कैबिनेट सहयोगियों ने कांग्रेस के वर्चस्व को चुनौती देने के लिए अलग राजनीतिक दलों की स्थापना कर ली थी। जहाँ एक ओर श्यामाप्रसाद मुकर्जी ने अक्तूबर 1951 में जनसंघ की स्थापना की, वहीं दूसरी ओर दलित नेता बाबा साहेब अंबेडकर ने 'अनुसूचित जाति महासंघ' (जिसे बाद में 'रिपब्लिकन पार्टी' को नाम दिया

गया) को पुनर्जीवित किया।

जो अन्य दल उस समय आगे आए, उनमें आचार्य कृपलानी की किसान मजदूर प्रजा परिषद्, राममनोहर लोहिया और जयप्रकाश नारायण के नेतृत्ववाली 'समाजवादी पार्टी' और 'भारतीय कम्युनिस्ट पार्टी' शामिल थी। हालाँकि इन छोटे दलों को पता था कि वे वास्तव में कांग्रेस के खिलाफ कहीं खड़े नहीं होते हैं।

489 निर्वाचक क्षेत्रों में आयोजित किए गए पहले आम चुनावों में 26 भारतीय राज्यों का प्रतिनिधित्व किया गया। उस समय कुछ दो सीट और यहाँ तक तीन सीटवाले निर्वाचन क्षेत्र भी थे।

एकाधिक सीटों वाले निर्वाचन क्षेत्रों को 1960 के दशक में समाप्त कर दिया गया।

पहली लोकसभा के अध्यक्ष जी.बी. मावलंकर थे। पहली लोकसभा में 677 (3,784 घंटे) बैठकें हुईं। यह अब तक हुई बैठकों की उच्चतम संख्या है।

□

वर्ष : 1952

पहला व्यक्तिगत ओलंपिक पदक

1952 में हेलसिंकी ओलंपिक में खसाबा दादा साहेब जाधव ने फ्रीस्टाइल कुश्ती वर्ग में कांस्य पदक जीता था। इस तरह वे भारत के लिए व्यक्तिगत ओलंपिक पदक प्राप्त करनेवाले पहले खिलाड़ी बन गए थे।

वर्ष 1900 में भारत की तरफ से अंग्रेज एथलीट नोरमन प्रिटचार्ड ने दो रजत पदक प्राप्त किए थे और उसके बाद भारतीय हॉकी टीम स्वर्ण पदक जीतती रही थी।

जाधव ओलंपिक विजेताओं में एकमात्र ऐसे खिलाड़ी थे, जिन्हें कोई पद्म पुरस्कार नहीं दिया गया।

लगभग आधी शताब्दी तक व्यक्तिगत ओलंपिक पदक जीतनेवाले जाधव एकमात्र खिलाड़ी थे। जाधव के बाद 1996 में लिएंडर पेस ने कांस्य पदक जीता था।

जाधव का जन्म 15 जनवरी, 1926 को हुआ था। उनके पिता स्वयं पहलवान थे और पिता ने उन्हें कुश्ती सिखाई थी। जाधव को बचपन से ही कुश्ती का माहौल देखने को मिला था। उन्हें कुश्ती, कबड्डी, दौड़, तैराकी आदि क्रीड़ाओं में रुचि थी।

युवावस्था में जाधव अपने इलाके के लोकप्रिय पहलवान बन गए थे और ज्यादातर मुकाबलों में उनकी जीत होती थी।

जाधव की प्रतिभा की पहचान करते हुए ब्रिटिश कोच रीस गार्डनर ने उन्हें 1948 के ओलंपिक खेलों से पहले प्रशिक्षण दिया था।

1948 के लंदन ओलंपिक में जाधव ने फ्लाइवेट श्रेणी में भाग लिया था और छठे स्थान पर रहे थे।

चार साल बाद हेलसिंकी ओलंपिक के लिए खिलाड़ियों के लिए चयन करते वक्त भाई-भतीजेवाद का सहारा लिया गया और योग्य होने के बावजूद जाधव का चयन नहीं किया गया।

जाधव ने क्षुब्ध होकर पटियाला के महाराजा से न्याय की गुहार लगाई थी। तब महाराजा के हस्तक्षेप से जाधव को ओलंपिक के लिए चुन लिया गया था।

जाधव का देहांत 14 अगस्त, 1984 को हो गया।

□

वर्ष : 1953

एवरेस्ट विजय

माउंट एवरेस्ट नेपाल और चीन (तिब्बत) की सीमा पर स्थित वृहद् हिमालय पर्वत श्रृंखला का सर्वोच्च शिखर है। यह पृथ्वी का सर्वोच्च स्थल है।

एवरेस्ट शिखर पर विजय के प्रयास 1920 में तिब्बत की तरफ से रास्ते के खुलने के बाद शुरू हुए। पूर्वोत्तर कगार की तरफ से शिखर पर पहुँचने के लगातार सात प्रयास (1921-38) और दक्षिण-पूर्वी कगार की तरफ से तीन प्रयास (1951-52) ठंडी खुराक, तेज हवाओं, बीहड़ क्षेत्र तथा अत्यधिक ऊँचाई के कारण विफल रहे।

अंततः 1953 में 'रॉयल जियोग्राफिक सोसाइटी' तथा 'अल्पाइन क्लब' की संयुक्त हिमालयन कमेटी के प्रयासों से एवरेस्ट पर विजय प्राप्त कर ली गई।

इस जीत में पर्वतारोहियों ने खुली तथा बंद सर्किट ऑक्सीजन प्रणाली, बाहरी वातावरण से अप्रभावित रहनेवाले विशेष प्रकार के जूते व पोशाक और छोटे रेडियो उपकरणों का प्रयोग किया था।

पर्वतारोहियों के द्वारा इस अभियान मार्ग में आठ शिविर स्थापित किए गए तथा यह मार्ग खूब हिमप्रपात व हिमनद, वेस्ट सी.डब्ल्यू.एम. और ल्होत्से होते हुए 800 मीटर की ऊँचाई पर चट्टानी शिखर साउथ होल तक पहुँचता था।

यहाँ से 29 मई, 1953 का दो पर्वतारोहियों—न्यूजीलैंड के एडमंड हिलेरी और नेपाल के शेरपा तेनजिंग नेर्गे दक्षिण-पूर्वी कगार से बढ़ते हुए दक्षिणी शिखर और फिर चोटी तक पहुँचे। इसके बाद से अब तक लगभग पौने चार हजार पर्वतारोहियों ने यह प्रयास किया है, जिनमें 2,438 सफल रहे, 210 की रास्ते में ही मौत हो गई और शेष पर्वतारोहण अधूरा छोड़कर लौट आए।

माउंट एवरेस्ट लोगों के लिए पूजनीय है। इसके तिब्बती व नेपाली नामों का

अर्थ 'विश्व की मातृदेवी' है। 1852 में भारत सरकार द्वारा कराए गए सर्वेक्षण से इस तथ्य को स्थापित किए जाने तक इसे पृथ्वी की सतह पर सर्वोच्च शिखर के रूप में मान्यता नहीं मिली थी।

पहले यह शिखर 'पीक XV' के नाम से जाना जाता था। 1830 से 1843 तक भारत के सर्वेयर जनरल अंग्रेज कर्नल सर जॉर्ज एवरेस्ट थे। आधुनिक भूगणितीय सर्वेक्षण की नींव भारत में उन्होंने ही रखी थी। उनके बहुमूल्य योगदान को देखते हुए 1865 में हिमालय के सर्वोच्च शिखर का नाम उनके नाम पर 'एवरेस्ट' रखा गया।

माउंट एवरेस्ट को संस्कृत में 'देवगिरि', तिब्बती में 'चोमोलुंग्मा', चीनी भाषा में 'चु-मु लांग-मा-फ्रेम' और नेपाली में 'सागरमाथा' कहते हैं।

□

वर्ष : 1954

विशेष विवाह अधिनियम

वर्ष 1872 में विशेष विवाह अधिनियम के द्वारा विवाह के धार्मिक प्रतिबंधों को दूर करके उन सब लोगों को आपस में विवाह करने का अधिकार दे दिया गया, जो किसी धर्म को नहीं मानते हैं।

वर्ष 1923 में यह अधिनियम संशोधित हुआ। इसके अनुसार अंतरजातीय विवाह की वैधानिक अड़चनें समाप्त हो गईं। इसमें तलाक की भी व्यवस्था है।

वर्ष 1954 के विशेष अधिनियम के द्वारा वर्ष 1872 का कानून रद्दकर दिया गया।

इस कानून का उद्देश्य हिंदू, मुसलमान, ईसाई इत्यादि विभिन्न समुदायों के बीच विवाह को मान्यता देना है।

इस अधिनियम के अनुसार कोई भी व्यक्ति, किसी भी धर्म या जाति में विवाह कर सकेगा और विवाह करते समय पूर्व की भाँति अब यह भी घोषणा नहीं करनी होगी कि विवाह करनेवाले स्त्री-पुरुष किसी धर्म को नहीं मानते हैं।

इस अधिनियम के अनुसार पति-पत्नी दोनों को विवाह-विच्छेद का अधिकार है। यह विवाह-विच्छेद कानूनी या पारस्परिक सहमति, दोनों आधारों पर किया जा सकता है।

अब केंद्र सरकार ने तलाक को सरल बनाने एवं स्त्रियों को पतियों की जायदाद में हक दिलाने के लिए हिंदू विवाह अधिनियम 1955 तथा विशेष विवाह अधिनियम 1954 में संशोधन करने का निर्णय किया है।

संशोधन में एक प्रमुख प्रावधान यह है कि पति या पत्नी कोई भी इसी आधार पर तलाक की अरजी दे सकता है कि उसकी शादी अंतिम रूप से टूट गई है। इसके लिए दोनों को याचिका दायर करने से पहले कम-से-कम तीन वर्षों

तक अलग-अलग रहना पड़ेगा।

पत्नी को अधिकार दिया गया है कि वह इस आधार पर तलाक का विरोध कर सकती है कि शादी खत्म होने से उसे आर्थिक संकट हो सकता है।

अदालत को देखना होगा कि बच्चों के लिए पर्याप्त वित्तीय प्रबंध किया गया है। विधेयक में एक नया प्रावधान जोड़ा गया है कि पत्नी को पति की पैतृक संपत्ति में भी हिस्सा दिया जाएगा और यदि उसका विभाजन संभव हो तो उसमें पति के हिस्से का मूल्यांकन कर उसे भरपूर मुआवजा दिया जाएगा।

□

वर्ष : 1954

भारत रत्न सम्मान की स्थापना

भारत रत्न देश का उच्चतम नागरिक सम्मान है। इसकी शुरुआत 2 जनवरी, 1954 से हुई। यह प्रतिवर्ष दिया जानेवाला अलंकरण नहीं है। यह किसी व्यक्ति के संपूर्ण व्यक्तित्व और देश के प्रति उसकी अत्यंत समर्पण-भावना के लिए यदा-कदा दिया जानेवाला अलंकरण है। यह सम्मान कला, साहित्य, विज्ञान, राजनीतिज्ञ, विचारक, वैज्ञानिक, उद्योगपति, लेखक, खिलाड़ी और समाजसेवी को असाधारण सेवा के लिए तथा उच्च लोक सेवा को मान्यता देने के लिए भारत सरकार की ओर से दिया जाता है।

यह पुरस्कार भारत के प्रथम राष्ट्रपति डॉ. राजेंद्र प्रसाद द्वारा घोषित किया गया। दूसरे अलंकरणों की भाँति इस सम्मान को भी नाम के साथ पदवी के रूप में प्रयोग नहीं किया जा सकता। शुरू में इस सम्मान को मरणोपरांत नहीं दिया जाता था, किंतु 1955 के बाद यह निर्णय लिया गया और यह मरणोपरांत भी दिया जाने लगा।

इस पुरस्कार के रूप में दिए जानेवाले सम्मान की मूल रूप-रेखा 35 मिलीमीटर व्यासवाला गोलाकार स्वर्ण पदक है, जिस पर सूर्य और ऊपर हिंदी भाषा में भारत रत्न और नीचे एक फूलों का गुलदस्ता बना होता है। पीछे की ओर शासकीय संकेत और आदर्श-वाक्य लिखा होता है। इसे सफेद फीते में डालकर गले में पहनाया जाता है। एक वर्ष बाद इस डिजाइन को बदल दिया गया। ताँबे के बने पीपल के पत्ते पर प्लेटिनम का चमकता सूर्य बना दिया गया। जिसके नीचे चाँदी में लिखा रहता है, भारत रत्न और यह सफेद फीते के साथ गले में पहना जाता है।

सर्वप्रथम सर्वपल्ली राधाकृष्णन, चंद्रशेखर वेंकट रामन और सी. राजगोपालाचारी को सम्मानित किया गया। नेताजी सुभाषचंद्र बोस को वर्ष 1992

में भारत रत्न से मरणोपरांत सम्मानित किया गया, किंतु उनकी मृत्यु विवादित होने के कारण अनेक प्रश्नों को उठाया गया। अत: भारत सरकार ने यह पुरस्कार वापस ले लिया था। पुरस्कार वापस लेने का यह एकमात्र उदाहरण है। कोई लिखित प्रावधान नहीं है कि भारत रत्न केवल भारतीय नागरिकों को ही दिया जाएगा।

'भारत-रत्न' उन महान् व्यक्तियों की जीवन-गाथा तो है ही, साथ में उन महापुरुषों के जीवनकाल का इतिहास भी है। डॉ. विश्वेश्वरैया ने जल की आपूर्ति, बाँध आदि की जो योजनाएँ बनाईं और उन्हें साकार किया, उनकी उस समय कल्पना तक कठिन थी। महान् उद्योगपति जे.आर.डी. टाटा ने विमान-सेवा उस समय आरंभ की, जब ठीक ढंग से हवाई अड्डे भी नहीं थे। 'भारत-रत्न' ऐसी विभूतियों का चरित्र-चित्रण है, जिसके बिना देश का इतिहास अधूरा है।

□

वर्ष : 1955

हिंदू विवाह अधिनियम

हिंदू विवाह अधिनियम भारत की संसद् द्वारा 1955 में पारित एक कानून है। इसी कालावधि में तीन अन्य महत्त्वपूर्ण कानून पारित हुए—हिंदू उत्तराधिकार (1956), हिंदू अल्पसंख्यक तथा अभिभावक अधिनियम (1956) और हिंदू एडॉप्शन और भरण-पोषण अधिनियम (1956)।

ये सर्भा नियम हिंदुओं की वैदिक परंपराओं को आधुनिक बनाने के ध्येय से लागू किए गए थे।

स्मृतिकाल से ही हिंदुओं में विवाह को एक पवित्र संस्कार माना गया है और हिंदू विवाह अधिनियम 1955 में भी इसको इसी रूप में बनाए रखने की चेष्टा की गई है। किंतु विवाह, जो पहले एक पवित्र एवं अटूट बंधन था, अधिनियम के अंतर्गत ऐसा नहीं रह गया। कुछ विधि विचाारकों की दृष्टि में यह विचारधारा अब शिथिल पड़ गई है। अब यह जन्म-जन्मांतर का संबंध अथवा बंधन नहीं, वरन् विशेष परिस्थितियों के उत्पन्न होने पर (अधिनियम के अंतर्गत) वैवाहिक संबंध विघटित किया जा सकता है।

अधिनियम की धारा 10 के अनुसार न्यायिक पृथक्करण निम्न धाराओं पर न्यायालय से प्राप्त किया जा सकता है—

त्याग 2 वर्ष, निर्दयता (शारीरिक एवं मानसिक), कृष्ठ रोग (19 वर्ष), रतिजरोग (3 वर्ष), विकृति मन (2 वर्ष) तथा पर-पुरुष अथवा पर-स्त्रीगमन (एक बार में भी)।

अधिनियम की धारा 13 के अनुसार संसर्ग, धर्म-परिवर्तन, पागलपन (3 वर्ष), कुष्ठ रोग (3 वर्ष), रतिज रोग (3 वर्ष), संन्यास, मृत्यु निष्कर्ष (5 वर्ष) पर वैचारिक पृथक्करण की डिक्री पास होने के दो वर्ष बाद तथा दांपत्याधिकार

प्रदान करनेवाली डिक्री पास होने के दो साल बाद 'संबंध विच्छेद' प्राप्त हो सकता है।

स्त्रियों को निम्न आधारों पर भी संबंध विच्छेद प्राप्त हो सकता है—द्विविवाह, बलात्कार, पुंमैथुन तथा पशु मैथुन। धारा 11 एवं 12 के अंतर्गत न्यायालय 'विवाह शून्यता' की घोषणा कर सकता है। विवाह प्रवृत्तिहीन घोषित किया जा सकता है। यदि दूसरा विवाह सपिंड और निषिद्ध गोत्र में किया गया हो।

नपुंसकता, पागलपन, मानसिक दुबर्लता, छल एवं कपट से अनुमति प्राप्त करने पर या पत्नी के अन्य पुरुष से (जो उसका पति नहीं है) गर्भवती होने पर विवाह विवर्ज्य घोषित हो सकता है।

हर हिंदू स्त्री-पुरुष दूसरे स्त्री-पुरुष से विवाह कर सकता है, चाहे वह किसी जाति का हो। अधिनियम के द्वारा एक विवाह तय किया गया है। द्विविवाह अमान्य एवं दंडनीय भी है।

□

वर्ष : 1956

पहला परमाणु रिऐक्टर

भारत के पहला परमाणु रिऐक्टर और प्रथम परमाणु ऊर्जा संयंत्र की स्थापना कनाडा की सहायता से की गई थी। वर्ष 1956 में 40 मेगावाट के रिएक्टर के लिए करार किया गया था।

भारत को यह रिऐक्टर इस शर्त पर मुहैया कराया गया था कि उसका सैन्य उद्‍देश्यों के लिए इस्तेमाल नहीं किया जाएगा। हालाँकि इस तरह के उपयोग को रोकने के लिए कोई प्रभावशाली उपाय नहीं किया गया था।

राजस्थान में भारत के पहले परमाणु ऊर्जा संयंत्र की स्थापना करने के लिए 'आर.ए.पी.पी.-1' समझौते पर 1963 में हस्ताक्षर किए गए। 1966 में 'आर.ए.पी.पी.-2' समझौते पर हस्ताक्षर किए गए।

सैन्य उद्‍देश्यों के लिए इन रिएक्टरों का इस्तेमाल नहीं किया जा सके, इसके लिए कठोर शर्तों को लागू किया गया था।

200 मेगावाट की क्षमतावाले आर.ए.पी.पी.-1 रिएक्टर ने 1972 से बिजली का उत्पादन करना शुरू किया। तकनीकी समस्या के चलते इसकी उत्पादन क्षमता 200 मेगावाट से घटकर 100 मेगावाट रह गई।

1974 में जब भारत ने पहली बार परमाणु विस्फोट किया, तब कनाडा और अमरीका ने परमाणु रिऐक्टरों के लिए दी जानेवाली अपनी सहायता रोक दी।

भारत में कम मात्रा में यूरेनियम उपलब्ध है और परमाणु ऊर्जा उद्योग को संचालित करने के लिए भारत को यूरेनियम का आयात करना पड़ता है।

नब्बे के दशक में रूस लगातार भारत को यूरेनियम की आपूर्ति करता रहा है। देश में घटते हुए यूरेनियम भंडार के चलते परमाणु ऊर्जा संयंत्रों से बिजली का उत्पादन 2006 से 2008 के बीच 12.83 प्रतिशत घट गया।

अक्तूबर 2010 में भारत ने वर्ष 2032 तक अपनी परमाणु ऊर्जा क्षमता को 63,000 मेगावाट तक बढ़ाने की रूपरेखा तैयार की, मगर 2011 में जापान में होनेवाले हादसे के बाद देश में प्रस्तावित परमाणु संयंत्रों के निर्माण स्थलों पर जनता का विरोध तीव्र होता गया।

महाराष्ट्र और तमिलनाडु के आंदोलनकारियों ने परमाणु ऊर्जा को असुरक्षित बताते हुए विरोध जताना शुरू कर दिया, वहीं पश्चिम बंगाल सरकार ने राज्य में ऐसे किसी संयंत्र की स्थापना की इजाजत देने से इनकार कर दिया।

□

वर्ष : 1956

राज्य पुनर्गठन अधिनियम

भारत में राज्य पुनर्गठन आयोगों का इतिहास 111 साल पुराना है। सबसे पहले 1903 में तत्कालीन ब्रिटिश भारत सरकार के गृहसचिव हर्बर्ट रिसले की अध्यक्षता में 'राज्य पुनर्गठन समिति' गठित की गई थी । इसी समिति ने भाषाई आधार पर पश्चिम बंगाल के विभाजन की सिफारिश की थी, जिसके चलते 1905 में बंगाल का विभाजन हुआ था।

इसके बाद 1911 में लॉर्ड हार्डिंग की अध्यक्षता में एक आयोग बना, जिसने बंगाल के विभाजन को खत्म करने का सुझाव दिया।

1918 में 'मांटेग्यू चेम्सफोर्ड कमेटी' की रिपोर्ट आई थी। हालाँकि इसने विधिवत् आयोग की तरह काम नहीं किया था, लेकिन प्रशासनिक सुधारों के बहाने इसने छोटे-छोटे राज्यों के गठन का सुझाव जरूर दिया था, लेकिन उसने भाषाई और जातीय आधार पर इसके गठन को नामंजूर कर दिया था।

इसके दस साल बाद मोतीलाल नेहरू की अध्यक्षता में एक समिति गठित की गई, जिसे कांग्रेस का पूरा समर्थन था। इस समिति ने भाषा, जन इच्छा, जनसंख्या, भौगोलिक और वित्तीय स्थिति को राज्य के गठन का आधार माना।

1947 में भारत को आजादी मिलते ही भारत के सामने 562 देशी रियासतों के एकीकरण व पुनर्गठन का सवाल मुँह बाए खड़ा था। इसे ध्यान में रखते हुए इसी साल पहले 'एस. के. दर आयोग' को गठन किया गया, फिर 'जे.बी.पी. आयोग' का गठन किया गया।

'दर आयोग' ने भाषाई आधार पर राज्यों के पुनर्गठन का विरोध किया था। इसका मुख्य जोर प्रशासनिक सुविधाओं को आधार बनाने पर था। हालाँकि तत्कालीन जनाकांक्षाओं को देखते हुए ही तत्काल 'जे.बी.पी. आयोग' का गठन किया गया,

जिसने प्रभावित जनता की आपसी सहमति, आर्थिक और प्रशासनिक व्यवहार्यता पर जोर देते हुए भाषाई आधार पर राज्यों के गठन का सुझाव दिया।

जिसके फलस्वरूप सबसे पहले 1953 में आंध्र प्रदेश का तेलुगू भाषी राज्य के तौर पर गठन किया गया। तेलंगाना की माँग तब जोर पर नहीं थी, लेकिन जनाकांक्षाओं और प्रशासनिक सुविधाओं के आधार पर राज्यों के गठन की माँग उठती रही।

इसे ध्यान में रखते हुए 1955 में फजल अली की अध्यक्षता में 'राज्य पुनर्गठन आयोग' का गठन किया गया। इस आयोग ने राष्ट्रीय एकता, प्रशासनिक और वित्तीय व्यवहार्यता, आर्थिक विकास, अल्पसंख्यक हितों की रक्षा तथा भाषा को राज्यों के पुनर्गठन का आधार बनाया।

सरकार ने इसकी संस्तुतियों को किंचित सुधार के साथ मंजूर कर लिया। जिसके बाद 1956 में 'राज्य पुनर्गठन अधिनियम' संसद् ने पारित किया। इसके तहत 14 राज्य तथा नौ केंद्रशासित प्रदेश बनाए गए।

□

वर्ष : 1956

आंबेडकर का मत-परिवर्तन

वर्तमान भारत में जब-जब गौतम बुद्ध को स्मरण किया जाता है, तब-तब स्वाभाविक रूप से बाबा साहेब आंबेडकर का भी नाम लिया जाता है, क्योंकि स्वतंत्रता के बाद बहुत बड़ी संख्या में एक साथ आंबेडकर के नेतृत्व में ही मत परिवर्तन हुआ था। 14 अक्तूबर, 1956 को नागपुर में यह दीक्षा संपन्न हुई।

दीक्षा-विधि की विस्तृत योजना तैयार करनेवाले उनके सहकारी वामनराय गोडबोले के अनुसार बाबा साहब ने सुबह से ही तैयारी की।

उन्होंने दिल्ली से मँगाया सफेद कोट, सफेद रेशमी कुरता और कोयंबटूर से मँगाई सफेद धोती पहनी। पैर में बिना फीतेवाला जूता पहना। इस प्रक्रिया में उनकी पत्नी सविता आंबेडकर और रत्तू ने उनकी सहायता की। इसके बाद वे विशेष रूप से बनाए गए दीक्षा स्थान पर गए।

दीक्षा-विधि प्रारंभ होने पर सर्वप्रथम उन्होंने और उनकी पत्नी ने मत-परिवर्तन किया। उन्होंने तत्कालीन भारत में वयोवृद्ध भंते चंद्रमणि से बौद्ध का अनुग्रह पाली भाषा में किया।

यह कार्यक्रम 15 मिनट में पूरा हो गया। इसके बाद 'महाबोधि सोसाइटी ऑफ इंडिया' के सचिव वली सिन्हा ने उन दोनों को गौतम बुद्ध की 'धर्मचक्र प्रवर्तक' की मुद्रा भेंट की, जो सारनाथ की मूर्ति की प्रतिकृति थी।

इसके बाद बाबा साहब ने जनता को संबोधित करते हुए कहा कि अब आपमें जो भी बौद्ध धर्म ग्रहण करना चाहें, वे हाथ जोड़कर खड़े हो जाएँ। लगभग पचास-साठ हजार लोग खड़े हो गए। मंचस्थ लोग भी इसी मुद्रा में खड़े हो गए।

बाबा साहब ने उन्हें 22 शपथ दिलाईं, जो उन्होंने स्वंय तैयार की थीं। इस प्रकार दो घंटे में यह पूरा कार्यक्रम संपन्न हो गया।

इससे पहले 1950 में बाबा साहब ने बुद्ध जयंती सार्वजनिक रूप से मनाई थी। 1950 में 'महाबोधि सोसाइटी' के मुखपत्र में उन्होंने बौद्ध धर्म के बारे में अपने विचार व्यक्त किए थे। 5 मई, 1950 को 'जनता' समाचार-पत्र में उन्होंने बौद्ध धर्म के प्रति अपने झुकाव को अधिकृत रूप से घोषित किया।

जुलाई 1950 में बाबा साहब ने वरली में बुद्ध मंदिर के उद्‌घाटन के समय अपना शेष जीवन गौतम बुद्ध की सेवा में समर्पित करने की घोषणा की।

□

वर्ष : 1959

तिब्बत से दलाई लामा का पलायन

चौदहवें दलाई लामा तेनजिन उपात्सो तिब्बत के राष्ट्राध्यक्ष और आध्यात्मिक गुरु हैं। उनका जन्म 6 जुलाई, 1935 को उत्तर-पूर्वी तिब्बत के ताकस्तेर क्षेत्र में रहनेवाले येओमान परिवार में हुआ था। दो वर्ष की अवस्था में बालक धोण्डुप की पहचान 13वें दलाई लामा थुबटेन ग्यात्सो के अवतार के रूप में की गई।

दलाई लामा ने अपनी मठवासीय शिक्षा छह वर्ष की अवस्था में प्रारंभ की। 23 वर्ष की अवस्था में उनकी पढ़ाई पूरी हुई।

वर्ष 1949 में तिब्बत पर चीन के हमले के बाद दलाई लामा से कहा गया कि वह पूर्ण राजनीतिक सत्ता अपने हाथ में ले लें। 1954 में वह माओ जेडांग, डेंग जियो पिंग जैसे कई चीनी नेताओं से बातचीत करने के लिए बीजिंग भी गए।

लेकिन आखिरकार वर्ष 1959 में ल्हासों में चीनी सेनाओं द्वारा तिब्बती राष्ट्रीय आंदोलन को बेरहमी से कुचले जाने के बाद वे निर्वासन में जाने को मजबूर हो गए।

इसके बाद से ही वे उत्तर भारत के शहर धर्मशाला में रह रहे हैं, जो केंद्रीय तिब्बती प्रशासन का मुख्यालय है। तिब्बत पर चीन के हमले के बाद दलाई लामा ने संयुक्त राष्ट्र में तिब्बत मुद्दे को सुलझाने की अपील की। संयुक्त राष्ट्र महासभा द्वारा इस संबंध में 1959, 1961 और 1965 में तीन प्रस्ताव पारित किया जा चुके हैं।

1963 में दलाई लामा ने तिब्बत के लिए एक लोकतांत्रिक संविधान का प्रारूप प्रस्तुत किया। इसके बाद उन्होंने इसमें कई सुधार किए।

धर्मशाला में केंद्रीय निर्वासित तिब्बती संसद् में अध्यक्ष व उपाध्यक्ष सहित कुल 46 सदस्य हैं।

1992 में दलाई लामा ने यह घोषणा की कि जब तिब्बत स्वतंत्र हो जाएगा तो उसके बाद सबसे पहला लक्ष्य होगा, एक अंतरिम सरकार की स्थापना करना।

वर्ष 2001 में दलाई लामा के परामर्श पर तिब्बती संसद् ने निर्वासित तिब्बती संविधान में संशोधन किया और तिब्बत के कार्यकारी प्रमुख के निर्वाचन का प्रावधान किया।

1987 में दलाई लामा ने तिब्बत की खराब होती स्थिति का शांतिपूर्ण हल तलाशने की दिशा में पहला कदम उठाते हुए 'पाँच सूत्रीय शांति योजना' प्रस्तुत की। लेकिन चीन दलाई लामा द्वारा रचे गए विभिन्न शांति प्रस्तावों पर कोई सकारात्मक प्रतिक्रिया देने में नाकाम रहा।

□

वर्ष : 1959

टी.वी. का आगमन

भले ही आज की नई पीढ़ी को इस बात पर यकीन न हो, पर सच तो यही है कि दूरदर्शन के शुरुआती कार्यक्रमों की लोकप्रियता का मुकाबला आज के किसी चैनल के कार्यक्रम शायद ही कर पाएँ। चाहे 'रामायण' हो या 'महाभारत', 'चित्रहार' हो या कोई फिल्म, 'हम लोग' हो या 'बुनियाद' इनके प्रसारण के वक्त जिस तरह लोग टी.वी. से चिपके रहते थे, वह सचमुच अनोखा था।

भारत में टेलीविजन के इतिहास की कहानी दूरदर्शन के इतिहास से ही शुरू होती है। संचार क्रांति के मौजूदा दौर में भी कश्मीर से कन्याकुमारी तक 92 प्रतिशत भारतीय घरों तक पहुँचनेवाली आकाशवाणी के अलावा यह अकेला माध्यम है।

15 सितंबर, 1959 को दूरदर्शन का पहला प्रसारण प्रयोगात्मक आधार पर आधे घंटे के लिए शैक्षिक और विकास कार्यक्रमों के रूप में शुरू किया गया था।

हालाँकि दूरदर्शन की विकास-यात्रा प्रारंभ में काफी धीमी रही, लेकिन 1982 में रंगीन टेलीविजन आने के बाद लोगों का रुझान इस ओर ज्यादा बढ़ा और एशियाई खेलों के प्रसारण ने तो क्रांति ही ला दी।

कौन याद नहीं करेगा उन सुनहरे दिनों को, जब मोहल्ले के इक्के-दुक्के रईसों के घरों में टी.वी. हुआ करता था और सारा मोहल्ला टी.वी. में आ रहे कार्यक्रमों को आश्चर्यचकित सा देखता था!

अगर सिर्फ मनोरंजन की बात करें तो पारिवारिक धारावाहिक 'हमलोग' ने लोकप्रियता के सारे रिकॉर्ड तोड़ दिए थे। इसके बाद आया भारत और पाकिस्तान के विभाजन की कहानी पर बना 'बुनियाद', जिसने विभाजन की त्रासदी को उस दौर की पीढ़ी से परिचित कराया।

फिर तो एक के बाद एक बेहतरीन और शानदार धारावाहिकों ने दूरदर्शन की घर-घर में पहचान बना दी। दूरदर्शन पर 1980 के दशक में प्रसारित होनेवाले मालगुड़ी डेज, ये जो है जिंदगी, रजनी, नुक्कड़, ही मैन, सिग्मा, जंगल बुक, वाह जनाब, कच्ची धूप, तमस, मुंगेरीलाल के हसीन सपने, सुरभि, शांति, चित्रहार, कथासागर, विक्रम-बेताल आदि ने जो मिसाल कायम की है, उसकी तुलना आज के किसी धारावाहिक से नहीं की जा सकती।

पुराने ब्लैक ऐंड व्हाइट टी.वी. के सामने बैठे किसान भाई 'कृषि दर्शन' और मूक-बधिरों के समाचार बड़े चाव से देखते थे। बीच-बीच में आनेवाले छोटे विजुअल्स जैसे 'मिले सुर मेरा तुम्हारा', 'प्यार की गंगा बहे देश में एका रहे', 'स्कूल चलें हम', 'एक चिड़िया अनेक चिड़िया' आदि भी बहुत चाव से देखते थे।

सूचना देने के उद्‌देश्य से 15 अगस्त, 1965 को प्रथम समाचार बुलेटिन का प्रसारण दूरदर्शन से किया गया था।

2003 में दूरदर्शन ने पृथक् रूप से 24 धंटे का समाचार चैनल भी शुरू कर दिया।

□

वर्ष : 1962

भारत-चीन युद्ध

भारत-चीन युद्ध, जो भारत-चीन सीमा विवाद के रूप में भी जाना जाता है, चीन और भारत के बीच 1962 में हुआ एक युद्ध था। विवादित हिमालय सीमा युद्ध के लिए एक मुख्य बहाना था, लेकिन अन्य मुददों ने भी भूमिका निभाई।

चीन में 1959 के तिब्बती विद्रोह के बाद जब भारत ने दलाई लामा को शरण दी तो भारत-चीन सीमा पर हिंसक घटनाओं की एक श्रृंखला शुरू हो गई। भारत ने फॉरवर्ड नीति के तहत 'मैकमोहन रेखा' से लगी सीमा पर अपनी सैनिक चौकियाँ बनाए रखीं, जो 1959 में चीनी प्रीमियर झाऊ एनलाई के द्वारा घोषित वास्तविक नियंत्रण रेखा के पूर्वी भाग के उत्तर में थीं।

चीनी सेना ने 20 अक्तूबर, 1962 को लद्दाख में और 'मैकमोहन रेखा' के पार एक साथ हमले शुरू किए। चीनी सेना दोनों मोरचों में भारतीय बलों पर उन्नत साबित हुई और पश्चिमी क्षेत्र में चुशूल में टेजांग-ला एवं पूर्व में तवांग पर कब्जा कर लिया। जब चीन ने 20 नवंबर, 1962 को युद्ध-विराम और साथ ही विवादित क्षेत्रों से अपनी वापसी की घोषणा की, तब युद्ध खत्म हो गया।

भारत-चीन युद्ध कठोर परिस्थितियों में हुई लड़ाई के लिए उल्लेखनीय है। इस युद्ध में ज्यादातर लड़ाई 4,250 मीटर (14,000 फीट) से अधिक ऊचाँई पर लड़ी गई। इस प्रकार की परिस्थिति ने दोनों पक्षों के लिए रसद और अन्य लॉजिस्टिक समस्याएँ प्रस्तुत कीं। भारत-चीन युद्ध चीनी और भारतीय दोनों पक्षों द्वारा नैसेना या वायु सेना का उपयोग नहीं करने के लिए भी विख्यात है।

चीन और भारत के बीच एक लंबी सीमा है, जो नेपाल और भूटान के द्वारा तीन अनुभागों में फैली हुई है। यह सीमा हिमालय पर्वतों से लगी है, जो बर्मा एवं

तत्कालीन पश्चिमी पाकिस्तान (वर्तमान पाकिस्तान) तक फैली हुई है। इस सीमा पर कई विवादित क्षेत्र अवस्थित हैं। पश्चिमी छोर में अक्साई चीन क्षेत्र है, जो स्विट्जरलैंड के आकार का है। यह क्षेत्र चीनी स्वायत्त क्षेत्र झिंजियांग और तिब्बत (जिसे चीन ने 1965 में एक स्वायत्त क्षेत्र घोषित किया) के बीच स्थित है। पूर्वी सीमा पर बर्मा और भूटान के बीच वर्तमान भारतीय राज्य अरुणाचल प्रदेश स्थित है। 1962 के संघर्ष में इन दोनों क्षेत्रों में चीनी सैनिक आ गए थे।

ज्यादातर लड़ाई ऊँचाईवाली जगह पर हुई थी। सैन्य सिद्धांत के मुताबिक आमतौर पर एक हमलावर को सफल होने के लिए पैदल सैनिकों के 3:1 अनुपात की संख्यात्मक श्रेष्ठता की आवश्यकता होती है। पहाड़ी युद्ध में यह अनुपात काफी ज्यादा होना चाहिए, क्योंकि इलाके की भौगोलिक रचना दूसरे पक्ष की बचाव में मदद करती है।

चीन इलाके का लाभ उठाने में सक्षम था और चीनी सेना का उच्चतम चोटी क्षेत्रों पर कब्जा था। युद्ध के बाद भारतीय सेना में व्यापक बदलाव आए और भविष्य में इस तरह के संघर्ष के लिए तैयार रहने की जरूरत महसूस की गई।

□

वर्ष : 1962

भाखड़ा नाँगल नदी घाटी परियोजना

पंजाब में सतलुज नदी पर बनी भाखड़ा नाँगल परियोजना भारत की सबसे बड़ी बहुउद्‌देशीय नदी-घाटी परियोजना है। यह राजस्थान, पंजाब और हरियाणा की संयुक्त परियोजना है। इसमें राजस्थान की हिस्सेदारी लगभग सवा 15 प्रतिशत है। भाखड़ा नाँगल बाँध भूकंपीय क्षेत्र में स्थित विश्व का सबसे ऊँचा गुरुत्वीय बाँध है। यह बाँध हिमाचल प्रदेश के बिलासपुर जिले में सतलुज नदी पर बनाया गया है।

यह बाँध 261 मीटर ऊँचे टिहरी बाँध के बाद भारत का दूसरा सबसे ऊँचा बाँध है। इसकी ऊँचाई 255.55 मीटर (740 फीट) है। बाँध का निर्माण सन् 1948 में आरंभ हुआ और यह 1963 में पूरा हुआ। सन् 1970 में यह बाँध पूर्ण रूप से कार्य करने लगा। इस बाँध के पीछे बनी झील का नाम गोविंद सागर है, जो सिखों के 10वें गुरु गोविंद सिंह के नाम पर है।

यह बाँध वर्ष 1963 में राष्ट्र को समर्पित किया गया। इसकी सहायक इंदिरा सागर परियोजना के अंतर्गत राजस्थान तक इंदिरा नहर का विकास किया गया, जो भारत की सबसे बड़ी नहर प्रणाली है। इसका मुख्य उद्‌देश्य सिंचाई एवं विद्युत् उत्पादन है। इस परियोजना से श्रीगंगानगर, हनुमानगढ़, सीकर, झुंझुनूँ एवं चूरू जिलों को विद्युत् प्राप्त होती है। पंजाब, हिमाचल प्रदेश, राजस्थान तथा हरियाणा इससे लाभान्वित होनेवाले राज्य हैं। भाखड़ा नाँगल बाँध से 250 छोटे-बड़े कस्बों और अनेक उद्योगों को लाभ मिलता है। इस बाँध की कुल जल विद्युत् उत्पादन क्षमता 1325 मेगावाट है। बाँध से बिस्त दोआब नहर, सरहिंद नहर, नरवाना शाखा नहर आदि निकाली गई हैं।

□

भाखड़ा-नाँगल परियोजना

भाखड़ा-नाँगल परियोजना पंजाब में सतलुज नदी में स्थित भारत की सबसे बड़ी बहु-उद्देश्यीय परियोजना है। यह राजस्थान, पंजाब और हरियाणा की संयुक्त परियोजना है। भूकंपीय क्षेत्र में स्थित यह विश्व का सबसे ऊँचा गुरुत्वीय बाँध है।

इस बाँध के पीछे बनी झील का नाम गोविंद सागर है, जो सिखों के 10वें गुरु गोविंद सिंह के नाम से है। यह 1963 में राष्ट्र को समर्पित किया गया था। इसकी सहायक 'इंदिरा गांधी परियोजना' के तहत राजस्थान तक इंदिरा गांधी नहर का विकास किया गया है, जोकि भारत की सबसे बड़ी नहर प्रणाली है। इसका मुख्य उद्देश्य सिंचाई एवं विद्युत् उत्पादन है। पंजाब, हिमाचल प्रदेश, राजस्थान और हरियाणा इससे लाभान्वित होनेवाले राज्य हैं।

भाखड़ा-नाँगल परियोजना आजाद भारत की विकास महत्त्वाकांक्षाओं का पहला जीता-जागता प्रतीक है। इस बहु-उद्देश्यीय परियोजना ने पिछड़ेपन के अंधकार से निकलते हुए भारत को बिजली की रोशनी और सूखी जमीन को पानी देने के साथ ही भारतीय मानस के समक्ष आधुनिकता के नए मायने पेश किए।

जब प्रधानमंत्री जवाहरलाल नेहरू ने 1963 में 740 फीट ऊँचे एशिया महाद्वीप के इस सबसे बड़े बाँध को भारत को समर्पित किया तो सारा भारत झूम उठा। पंडितजी ने बाँध को प्रगति के पथ पर अग्रसर 'आधुनिक भारत का नया मंदिर' घोषित किया था।

भाखड़ा-नाँगल परियोजना का आरंभिक चरण 1946 में ही शुरू हो गया था, लेकिन बाँध का निर्माण कार्य 1948 में आरंभ किया गया। इसका निर्माण 1963 के उत्तरार्ध में पूरा हुआ। सत्तर के दशक तक परवर्ती निर्माण कार्यों को पूरा किया जाता रहा।

स्वतंत्रता से पूर्व पंजाब के लेफ्टिनेंट गवर्नर सर लुईस डेन ने बाँध की रूपरेखा तैयार की थी। मगर स्वतंत्रता से पहले इसका निर्माण कार्य शुरू नहीं हो पाया। स्वतंत्रता के बाद जोर-शोर के साथ इस परियोजना पर काम शुरू किया गया।

यह बाँध नाँगल शहर से 15 किलोमीटर की दूरी पर और नैना देवी से 20 किलोमीटर की दूरी पर स्थित है।

इस परियोजना से हिमाचल प्रदेश, पंजाब, हरियाणा और राजस्थान में 19 मिलियन एकड़ कृषि भूमि की सिंचाई की जाती है। बाढ़ नियंत्रित करने के लिए इसमें पाँच फ्लड गेट भी बने हुए हैं।

इस परियोजना के जरिए 1,325 मेगावाट बिजली का उत्पादन किया जाता है, जिसकी आपूर्ति हिमाचल प्रदेश, पंजाब, हरियाणा, राजस्थान और गुजरात में की जाती है।

□

वर्ष : 1964

लालबहादुर शास्त्री प्रधानमंत्री बने

भारत के दूसरे प्रधानमंत्री लालबहादुर शास्त्री का जन्म 2 अक्तूबर, 1904 को मुगलसराय उत्तर प्रदेश के एक सामान्य निम्न वर्गीय परिवार में हुआ था। उनके पिता शारदा प्रसाद श्रीवास्तव एक शिक्षक थे और बाद में उन्होंने भारत सरकार के राजस्व विभाग में क्लर्क के पद पर कार्य किया।

शास्त्रीजी की शिक्षा हरिश्चंद्र उच्च विद्यालय और काशी विद्यापीठ में हुई। आपने स्नातकोत्तर की परीक्षा उत्तीर्ण की। तत्पश्चात् उन्हें 'शास्त्री' की उपाधि से सम्मानित किया गया।

वे 'भारत सेवक संघ' से जुड़े रहे। यहीं से उनका राजनीतिक जीवन आरंभ हुआ।

भारत की स्वतंत्रता के पश्चात् शास्त्रीजी को उत्तर प्रदेश का संसदीय सचिव नियुक्त किया गया। गोविंद वल्लभ पंत के मंत्रिमंडल में उन्हें पुलिस एवं यातायात मंत्रालय सौंपा गया। परिवहन मंत्री के अपने कार्यकाल में उन्होंने महिला कंडक्टर्स की नियुक्ति की।

पुलिस मंत्री होने पर उन्होंने भीड़ को नियंत्रित रखने के लिए लाठी की अपेक्षा पानी की बौछार का प्रयोग लागू किया।

1951 में जवाहरलाल नेहरू के नेतृत्व में आप अखिल भारतीय कांग्रेस कमेटी के महासचिव नियुक्त किए गए। 1952, 1957 व 1962 के चुनावों में कांग्रेस पार्टी को भारी बहुमत से विजय का श्रेय उनके अथक परिश्रम व प्रयास का परिणाम था।

उनकी प्रतिभा और निष्ठा को देखते हुए भारत के प्रथम प्रधानमंत्री जवाहरलाल नेहरू की मृत्यु के पश्चात् कांग्रेस पार्टी ने 1964 में उन्हें प्रधानमंत्री पद का उत्तरदायित्व सौंपा।

उन्होंने 9 जून, 1964 को भारत के प्रधानमंत्री का पदभार ग्रहण किया।

प्रधानमंत्री लालबहादुर शास्त्री ने 26 जनवरी, 1965 को देश के जवानों और किसानों को अपने कर्म और निष्ठा के प्रति सुदृढ रहने और देश को खाद्य के क्षेत्र में आत्मनिर्भर बनाने के उद्‌देश्य से 'जय जवान, जय किसान' का नारा दिया। यह नारा आज भी भारतवर्ष में लोकप्रिय है।

उजबेकिस्तान की राजधानी ताशकंद में पाकिस्तान के राष्ट्रपति अयूब खान के साथ युद्ध समाप्त करने के समझौते पर हस्ताक्षर करने के बाद 11 जनवरी, 1966 की रात को रहस्यमय परिस्थितियों में उनकी मृत्यु हो गई।

उनकी सादगी, ईमानदारी और देशभक्ति के लिए मरणोपरांत उन्हें 'भारत रत्न' से सम्मानित किया गया।

□

हिंदी विरोधी आंदोलन

संविधान सभा ने हिंदी को राजभाषा का दरजा प्रदान किया था, लेकिन जब 1950 में भारत एक लोकतांत्रिक गणतंत्र घोषित किया गया, तब फैसला लिया गया कि अगले 15 सालों में हिंदी के साथ-साथ अंग्रेजी का भी प्रयोग राज्यों के भीतर संपर्क भाषा के रूप में किया जाता रहेगा। केंद्र और राज्य के बीच भी हिंदी के साथ अंग्रेजी संपर्क भाषा बनी रहेगी।

26 जनवरी, 1965 को यह अवधि समाप्त होनेवाली थी और अंग्रेजी की अनिवार्यता खत्म होनेवाली थी।

पचास के दशक में दक्षिण भारतीय राज्यों में लगातार यह माँग दोहराई जाती रही कि अंग्रेजी को संपर्क भाषा का दरजा हमेशा के लिए मिलना चाहिए।

जब सरकार ने इस माँग को मानने से इनकार कर दिया तो दक्षिण भारतीय राज्यों में हिंदी विरोधी आंदोलन शुरू हो गया। बड़े पैमाने पर तोड़-फोड़, हिंसा की वारदातें होने लगीं। बंद, हड़ताल, धरना, प्रदर्शनों के जरिए लोग अपने गुस्से का इजहार करने लगे।

अनियंत्रित हिंसक भीड़ पर काबू पाने के लिए पुलिस की गोलीबारी के दौरान 40 से अधिक व्यक्ति मारे गए।

24 जनवरी, 1965 को केंद्र सरकार ने मजबूर होकर ऐलान किया कि हिंदी के साथ-साथ अंग्रेजी भी भविष्य में संपर्क भाषा बनी रहेगी।

सबसे पहले हिंदी विरोधी आंदोलन उस समय शुरू हुआ था, जब 1937 में मद्रास प्रेसीडेंसी के स्कूलों में सी. राजगोपालाचारी की अगुवाईवाली पहली कांग्रेस सरकार ने हिंदी शिक्षा को अनिवार्य बनाया था।

विपक्ष के नेता ई.वी. रामासामी और जस्टिस पार्टी ने इस फैसले का कड़ा

विरोध किया था। यह आंदोलन तीन सालों तक चलता रहा था। इस आंदोलन में दो प्रदर्शनकारी मारे गए थे। अंत में 1939 में कांग्रेस सरकार के इस्तीफे के बाद मद्रास के ब्रिटिश गवर्नर लॉर्ड इर्सकिन ने 1940 में हिंदी की शिक्षा की अनिवार्यता को खत्म कर दिया था।

1965 में हिंदी विरोधी आंदोलन के चलते तमिलनाडु में राजनीतिक परिवर्तन हुआ। 1967 के चुनाव में डी.एम.के. की जीत हुई और कांग्रेस बुरी तरह पराजित हुई।

□

वर्ष : 1965

भारत-पाकिस्तान युद्ध

भारत-पाकिस्तान के बीच सीमा विवाद पर जारी तनाव ने 1965 में फिर युद्ध का रूप ले लिया। भारतीय फौजों ने पश्चिमी पाकिस्तान पर लाहौर को लक्ष्य बनाकर हमले किए।

तत्कालीन रक्षा मंत्री यशवंत राव चव्हाण ने कहा कि पाकिस्तानी सेना के हमले के जवाब में काररवाई की गई।

पाकिस्तानी सेना ने भारतीय राज्य पंजाब पर हवाई हमले किए। तत्कालीन पाकिस्तानी राष्ट्रपति जनरल अयूब खान ने भारत के खिलाफ पूर्ण युद्ध की घोषणा कर दी।

तीन हफ्तों तक चली भीषण लड़ाई के बाद दोनों देश संयुक्त राष्ट्र प्रायोजित युद्ध-विराम पर सहमत हो गए।

भारतीय प्रधानमंत्री लालबहादुर शास्त्री और अयूब खान के बीच ताशकंद में बैठक हुई, जिसमें एक घोषणा-पत्र पर दोनों ने दस्तखत किए। इसके तहत दोनों नेताओं ने सारे द्विपक्षीय मसले शांतिपूर्ण तरीके से हल करने का संकल्प लिया।

दोनों नेता अपनी-अपनी सेना को अगस्त, 1965 से पहले की सीमा पर वापस बुलाने पर सहमत हो गए।

लालबहादुर शास्त्री की 'ताशकंद समझौते' के एक दिन बाद ही रहस्यमय परस्थितियों में मौत हो गई।

पाकिस्तान ने भारत को युद्ध के लिए उकसाया था। मार्च के महीने में ही पाकिस्तान ने सीमा पर छोटी-मोटी घुसपैठ और गोलीबारी करनी शुरू कर दी थी। तब ब्रिटेन की मध्यस्थता पर मामला सुलझ गया था।

लेकिन पाकिस्तान के इरादे कुछ और ही थे। पाकिस्तान कश्मीर की जनता

को अपने घुसपैठियों की मदद से भड़काकर भारत के खिलाफ विद्रोह करवाना चाहता था। उसने इस मिशन का नाम रखा—'ऑपरेशन जिब्राल्टर'।

5 अगस्त को पाकिस्तान ने भारत के खिलाफ आधिकारिक तौर पर युद्ध छेड़ दिया। पाकिस्तान के 30-40 हजार सैनिक भारत की सीमा में घुस गए।

इस युद्ध में भारत और पाकिस्तान ने बहुत कुछ खोया। इस जंग में भारतीय सेना के करीब 3,000 और पाकिस्तानी सेना के करीब 3,800 जवान मारे गए।

युद्ध में भारत ने पाकिस्तान के 710 वर्ग किलोमीटर इलाके और पाकिस्तान ने भारत के 210 वर्ग किलोमीटर इलाके को अपने कब्जे में ले लिया था।

□

इंदिरा गांधी प्रधानमंत्री बनीं

आज तक भारत के जितने भी प्रधानमंत्री हुए हैं, उन सभी की अनेक विशेषताएँ हो सकती हैं, लेकिन इंदिरा गांधी के रूप में जो प्रधानमंत्री भारत को प्राप्त हुआ, वैसा प्रधानमंत्री अभी तक दूसरा नहीं हुआ है, क्योंकि एक प्रधानमंत्री के रूप में इंदिरा गांधी ने विभिन्न चुनौतियों का मुकाबला करने में सफलता प्राप्त की।

युद्ध हो, विपक्ष की नीतियाँ हों, कूटनीति का अंतरराष्ट्रीय मैदान हो अथवा देश की कोई समस्या हो—इंदिरा गांधी ने स्वयं को सफल साबित किया।

ताशकंद में 11 जनवरी, 1966 को प्रधानमंत्री लालबहादुर शास्त्री की असामयिक मृत्यु के बाद गुलजारीलाल नंदा को कार्यवाहक प्रधानमंत्री बनाया गया। उन्हें तब तक इस पद पर रहना था, जब तक कि नया प्रधानमंत्री नहीं चुन लिया जाता।

तब कांग्रेस के अध्यक्ष कामराज थे। कामराज ने प्रधानमंत्री के रूप में इंदिरा गांधी के नाम का प्रस्ताव रखा, लेकिन मोरारजी देसाई ने भी प्रधानमंत्री पद के लिए स्वयं का नाम प्रस्तावित कर दिया। इस बार उन्हें समझाया नहीं जा सका।

तब यह निश्चय किया गया कि कांग्रेस संसदीय पार्टी द्वारा मतदान के माध्यम से इस गतिरोध को सुलझाया जाए। लिहाजा मतदान हुआ। इंदिरा गांधी भारी मतों से विजयी हुईं। मोरारजी देसाई को पराजय का मुँह देखना पड़ा।

24 जनवरी, 1966 को इंदिरा गांधी ने प्रधानमंत्री पद की शपथ ली।

शास्त्रीजी की अचानक मृत्यु के बाद इंदिरा गांधी पार्टी की दक्षिण और वाम शाखाओं के बीच सुलह के तौर पर कांग्रेस पार्टी की नेता (और इस तरह प्रधानमंत्री भी) बन गईं, लेकिन उनके नेतृत्व को पूर्व वित्त मंत्री मोरारजी देसाई के नेतृत्व में

दक्षिण शाखा से लगातार चुनौती मिलती रही।

इस प्रकार लालबहादुर शास्त्री के निधन के 13 दिन बाद तीसरे प्रधानमंत्री के रूप में इंदिरा गांधी ने पदभार सँभालना आरंभ कर दिया।

राष्ट्रपति डॉ. राधाकृष्णन ने इंदिरा गांधी को पद और गोपनीयता की शपथ दिलाई।

प्रधानमंत्री की प्रभारी भूमिका से इंदिरा गांधी भली-भाँति परिचित थीं। उनके पिता का लंबा कार्यकाल उनके लिए अनुभव भरा साबित हुआ। 1967 के चुनाव में वे बहुत ही कम बहुमत से जीत सकीं और उन्हें देसाई को उपप्रधानमंत्री के रूप में स्वीकार करना पड़ा। लेकिन 1971 में उन्होंने अन्य पार्टियों के गठबंधन को भारी बहुमत से पराजित किया।

□

वर्ष : 1966

हरित क्रांति

भारत में हरित क्रांति की शुरुआत 1966-67 में हुई। हरित क्रांति प्रारंभ करने का श्रेय नोबेल पुरस्कार विजेता प्रोफेसर नॉरमन बोरलॉग को जाता है। हरित क्रांति से अभिप्राय देश के सिंचित एवं असिंचित कृषि क्षेत्रों में अधिक उपज देनेवाले संकर तथा बौने बीजों के उपयोग से फसल उत्पादन में वृद्धि करना है।

हरित क्रांति भारतीय कृषि में लागू की गई। यह विकास विधि का परिणाम है, जो 1960 के दशक में पारंपरिक कृषि को आधुनिक तकनीकी द्वारा प्रतिस्थापित किए जाने के रूप में सामने आई।

कृषि क्षेत्र में यह तकनीकी एकाएक आई, तेजी से इसका विकास हुआ और थोड़े ही समय में इससे इतने आश्चर्यजनक परिणाम निकले कि देश के योजनाकारों, कृषि विशेषज्ञों तथा राजनीतिज्ञों ने इस अप्रत्याशित प्रगति को ही 'हरित क्रांति' की संज्ञा प्रदान कर दी।

हरित क्रांति की संज्ञा इसलिए भी दी गई, क्योंकि इसके फलस्वरूप भारतीय कृषि निर्वाह स्तर से ऊपर उठकर अधिक्य स्तर पर आ चुकी थी।

हरित क्रांति के फलस्वरूप गेहूँ, गन्ना, बाजरा तथा मक्का आदि फसलों के प्रति हेक्टेयर उत्पादन एवं कुल उत्पादकता में काफी वृद्धि हुई।

हरित क्रांति के फलस्वरूप खेती के परंपरागत स्वरूप में परिवर्तन हुआ और खेती व्यावसायिक दृष्टि से की जाने लगी। पहले सिर्फ पेट भरने के लिए खेती की जाती थी।

देश में गन्ना, कपास, पटसन तथा तिलहनों के उत्पादन में वृद्धि हुई है। उन्नतशील बीजों, रासायनिक खादों, उत्तम सिंचाई तथा मशीनों के प्रयोग से उत्पादन

बढ़ा है, जिससे कृषकों के पास बचतों की उल्लेखनीय मात्रा में वृद्धि हुई है।

नवीन प्रौद्योगिकी तथा कृषि के आधुनिकीकरण के प्रयोग ने कृषि तथा उद्योग के परस्पर संबंध को और भी मजबूत बना दिया है।

इस तरह स्पष्ट है कि हरित क्रांति के फलस्वरूप देश में कृषि आगतों एवं उत्पादन में पर्याप्त सुधार हुआ है। इसके फलस्वरूप कृषक, सरकार तथा जनता सभी में यह विश्वास जाग्रत् हो गया है कि भारत कृषि उपजों के उत्पादन के क्षेत्र में आत्मनिर्भर ही नहीं हो सकता, बल्कि निर्यात भी कर सकता है।

□

वर्ष : 1967

नक्सलवादी आंदोलन

सत्ता के खिलाफ भारतीय कम्युनिस्ट पार्टी के नेता चारू मजूमदार और कानू सान्याल के सशस्त्र आंदोलन का नाम है—नक्सलवाद। यह आंदोलन 1967 में पश्चिम बंगाल के गाँव नक्सलबाड़ी से शुरू हुआ था। मजूमदार चीन के कम्युनिस्ट नेता माओत्से तुंग से अत्यंत प्रभावित थे।

सी.पी.आई. (एम) की बंगाल शाखा के माओवादी गुट के नेता चारू मजूमदार उत्तरी बंगाल के भूमिहीन किसानों को एकजुट बनाने का प्रयास 1964 से कर रहे थे। जमींदारों के खिलाफ सशस्त्र क्रांति शुरू करने के लिए वे भूमिहीन किसानों को प्रेरित करते रहे थे। अंततः एक छोटे से गाँव नक्सलबाड़ी से इस क्रांति की शुरुआत हुई थी।

23 मई, 1967 को जब भूमिहीन किसान बिगुल किशन ने हल और बैल के साथ एक खेत में प्रवेश किया तो स्थानीय जोतदार के कारिंदों ने उसकी पिटाई कर दी। 24 मई को इंस्पेक्टर सोनम बाँगड़ी सिपाहियों के साथ जब किसान नेताओं को गिरफ्तार करने गया तो तीरों की बौछार होने लगी और वह मारा गया।

अगले दिन किसानों की सभा के दौरान पुलिस ने अंधाधुंध गोलीबारी की, जिससे 11 व्यक्तियों की मौत हो गई। एक अज्ञात कवि ने कलकत्ता की दीवार पर कविता की पंक्ति लिखी—'आभार बाड़ी तोमार बाड़ी। नक्सलबाड़ी नक्सलबाड़ी' इस तरह इस आंदोलन का नामकरण हो गया। 1972 में चारू मजुमदार की मौत पुलिस हिरासत में हो गई और 1974 में बंगाल में इस आंदोलन को सरकार ने कठोरता के साथ कुचल दिया, लेकिन तब तक नक्सलवाद/माओवाद पूरे देश में फैल चुका था।

शुरू-शुरू में तो पुलिस ने इस आंदोलन को कुचलने की कोशिश की,

लेकिन दशकों बाद इस आंदोलन ने झारखंड, पश्चिम बंगाल, बिहार, छत्तीसगढ़, आंध्र प्रदेश आदि राज्यों में अपना प्रभुत्व कायम कर लिया।

योजना आयोग ने 2006 में नक्सलवाद की समस्या से निपटने के लिए डी. बंद्योपाध्याय की अध्यक्षता में एक समिति का गठन किया था। समिति ने अप्रैल 2008 में अपनी रिपोर्ट सरकार को सौंप दी। समिति ने अपनी रिपोर्ट में कहा था कि किस तरह सामाजिक, आर्थिक, राजनीतिक और सांस्कृतिक रूप से आदिवासी दलित समाज पीड़ित है। उनकी समस्या को हल करने के लिए नक्सली तुरंत आगे आते हैं। ऐसे में नक्सलियों को उन लोगों का समर्थन प्राप्त है, जो समाज में दबे-कुचले हैं।

इस रिपोर्ट में स्पष्ट रूप से कहा गया कि गरीबी और शोषण का नक्सलवाद से सीधा संबंध है। नक्सलबाड़ी में शुरू हुआ आंदोलन आज देश भर के 150 अधिक जिलों में फैल चुका है।

□

वर्ष : 1969

बैंकों का राष्ट्रीयकरण

इंदिरा गांधी ने अपने प्रधानमंत्रित्वकाल में बैंकों के राष्ट्रीयकरण का अहम फैसला किया था।

उन्होंने 19 जुलाई, 1969 को 14 निजी बैंकों का राष्ट्रीयकरण कर दिया था। इन बैंकों पर अधिकतर बड़े औद्योगिक घरानों का कब्जा था।

इसके बाद राष्ट्रीयकरण का दूसरा दौर 1980 में हुआ, जिसके तहत सात और बैंकों को राष्ट्रीयकृत किया गया।

इसके पहले तक केवल एक बैंक 'भारतीय स्टेट बैंक' राष्ट्रीयकृत था।

इसका राष्ट्रीयकरण 1955 में कर दिया गया था और 1958 में इसके सहयोगी बैंकों को भी राष्ट्रीयकृत कर दिया गया।

विशेषज्ञों का मानना है कि राष्ट्रीयकरण के बाद भारत के बैंकिंग क्षेत्र में अभूतपूर्व प्रगति हुई है।

हालाँकि भारत में अब विदेशी और निजी क्षेत्र के बैंक सक्रिय हैं, लेकिन एक अनुमान के अनुसार बैंकों की सेवाएँ लेनेवाले लगभग 90 फीसदी लोग अब भी सरकारी क्षेत्र के बैंकों की ही सेवाएँ लेते हैं।

बैंकों के राष्ट्रीयकरण की घोषणा अध्यादेश जारी करते हुए की गई थी। इस घोषणा से देश के कमजोर वर्गों में हर्ष की लहर दौड़ गई।

अध्यादेश 19 जुलाई, 1969 को जारी किया गया। उसके ठीक दो दिन के बाद संसद् का सत्र चालू होनेवाला था। सत्र प्रारंभ होते ही अध्यादेश का स्थान लेनेवाले विधेयक को संसद् में पेश किया गया।

विधेयक पेश होते ही लोकसभा दो भागों में विभाजित हो गई। एक ओर विधेयक के समर्थक थे और दूसरी ओर उसके विरोधी। इंदिरा समर्थक कांग्रेस

सदस्यों के अतिरिक्त कम्युनिस्ट और सोशलिस्ट सदस्यों ने राष्ट्रीयकरण का गरमजोशी से स्वागत किया।

बैंकों के राष्ट्रीयकरण से इंदिरा गांधी की लोकप्रियता में जबरदस्त वृद्धि हुई थी।

□

वर्ष : 1971

गावस्कर युग

लंबे अरसे से भारतीय क्रिकेट को जिस ओपनर बल्लेबाज की तलाश थी, उसकी सही खोज 1971 में पूरी हुई, जब सुनील गावस्कर ने वेस्टइंडीज के विरुद्ध अद्वितीय प्रदर्शन किया।

उसके बाद उन्होंने कभी पीछे मुड़कर नहीं देखा। उस पहली श्रृंखला के चार टेस्ट मैचों में गावस्कर ने 774 रन, (औसत 184.80) बनाकर एक कीर्तिमान स्थापित किया।

पोर्ट ऑफ स्पेन के पाँचवें टेस्ट की पहली पारी में 124 व दूसरी पारी में 220 रन बनाकर वे विश्वविख्यात बल्लेबाज वाल्टर्स, जी.एस. चैपल और लाटेंस रौ की श्रेणी में आ खड़े हुए, जिन्होंने टेस्ट क्रिकेट में पहली पारी में शतक व दूसरी पारी में दोहरा शतक बनाने का रिकॉर्ड कायम किया है।

सुनील गावस्कर का जन्म 10 जुलाई, 1949 को मुंबई (महाराष्ट्र) में हुआ।

गावस्कर ने बल्लेबाजी से संबंधित कई कीर्तिमान स्थापित किए। अपने समय में गावस्कर विश्व क्रिकेट में 3 बार, एक वर्ष में एक हजार रन, सर्वाधिक शतक (34), सर्वाधिक रन (नौ हजार से अधिक), सर्वाधिक शतकीय भागीदारियों एवं प्रथम श्रृंखला में सर्वाधिक रन बनानेवाले एकमात्र बल्लेबाज थे।

उन्होंने भारतीय टीम का कुशल नेतृत्व किया और कई महत्त्वपूर्ण विजय प्राप्त कीं, जिनमें एशिया कप एवं बेसन ऐंड हेजेस विश्व कप प्रमुख हैं।

'क्रिकेट के आभूषण' कहे जानेवाले गावस्कर ने एक दिवसीय मैचों में भी अपनी टीम के लिए ठोस आधार प्रस्तुत किया।

वे 100 मैचों का कीर्तिमान भी इंग्लैंड में बना चुके हैं।

गावस्कर को 1975 में 'अर्जुन पुरस्कार' और 1980 में 'पद्म भूषण' प्राप्त हुआ। इसके अतिरिक्त कई देशों में उन्हें सम्मानित किया जा चुका है।

□

वर्ष : 1971

बंगलादेश का उदय

1971 में पाकिस्तान में गृह युद्ध जैसे हालात पैदा हो गए। हजारों मील दूर पूर्वी पाकिस्तान (बँगलादेश) स्वायत्तता और आजादी की माँग कर रहा था।

भारत के पूर्वी पाकिस्तान के लोगों को समर्थन देने का फैसला किया।

भारतीय सेना जमीनी लड़ाई तेज करते हुए पाकिस्तानी सीमा में घुस गई। जवाब में पाकिस्तानी वायुसेना ने भारत के कई हवाई अड्डों पर बम बरसाए।

स्थिति गंभीर होते देख प्रधानमंत्री इंदिरा गांधी ने आपातकाल की घोषणा कर दी और रेडियो पर प्रसारित अपने संदेश में उन्होंने कहा, ''हमें लंबे समय तक सख्ती और बलिदान के लिए तैयार रहना चाहिए।''

दोनों देशों के बीच पूर्वी और पश्चिमी दोनों मोरचों पर लड़ाई हुई, लेकिन 3 दिसंबर को शुरू हुई लड़ाई पाकिस्तानी सेना की हार के साथ महज 11 दिनों में खत्म हो गई।

17 दिसंबर को ढाका में पाकिस्तानी सेना प्रमुख जनरल नियाजी ने भारतीय सेना के समक्ष आत्मसमर्पण कर दिया और भारत ने स्वतंत्र राष्ट्र के रूप में बँगलादेश को मान्यता दे दी।

इंदिरा गांधी और पाकिस्तानी प्रधानमंत्री जुल्फिकार अली भुट्टो ने ऐतिहासिक 'शिमला समझौते' पर दस्तखत किए।

इसमें युद्ध विराम रेखा को नियंत्रण रेखा मान लिया गया।

'शिमला समझौते' के बाद से ही प्रेक्षकों का कहना रहा है कि भारत नियंत्रण रेखा को ही अंतरराष्ट्रीय सीमा मान लेगा, लेकिन पाकिस्तान इसका विरोध करता रहा है।

युद्ध से ठीक पहले 9 अगस्त, 1971 को भारत और पाकिस्तान के बीच

मैत्री संधि हुई। 1971 की लड़ाई का असर अर्थव्यवस्था पर दिखा और खाद्यान्न उत्पादन में कमी दर्ज की गई। ऐसे में भारत को जापान, ब्रिटेन, कनाडा और विश्व बैंक से कर्ज लेना पड़ा।

हालाँकि पाकिस्तान के साथ रिश्तों में तल्खी बरकरार रही। इंदिरा गांधी ने पाकिस्तान आने का भुट्टो का न्योता ठुकरा दिया।

□

वर्ष : 1973

चिपको आंदोलन

'चिपको आंदोलन' पेड़ों की कटाई को रोकने के लिए किया गया एक महत्त्वपूर्ण आंदोलन था। आंदोलन के अंतर्गत उत्तराखंड (तब उत्तर प्रदेश का भाग) के वनों में शांत और अहिंसक विरोध प्रदर्शन किया गया।

इस आंदोलन का मुख्य उद्देश्य व्यवसाय के लिए हो रही वनों की कटाई को रोकना था और इसे रोकने के लिए महिलाएँ वृक्षों से चिपककर खड़ी हो गई थीं।

जब उत्तराखंड के रैंणी गाँव के जंगल के लगभग ढाई हजार पेड़ों को काटने की नीलामी हुई, तो गौरा देवी नामक महिला ने अन्य महिलाओं के साथ इस नीलामी का विरोध किया। इसके बावजूद सरकार और ठेकेदार के निर्णय में बदलाव नहीं आया।

जब ठेकेदार के आदमी पेड़ काटने पहुँचे तो गौरा देवी और उनके 21 साथियों ने उन लोगों को समझाने की कोशिश की। जब उन्होंने पेड़ काटने की जिद की तो महिलाओं ने पेड़ों से चिपककर उन्हें ललकारा कि 'पहले हमें काटो, फिर इन पेड़ों को भी काट लेना।'

अंतत: ठेकेदार को जाना पड़ा। बाद में स्थानीय वन विभाग के अधिकारियों के सामने इन महिलाओं ने अपनी बात रखी। फलस्वरूप रैंणी गाँव का जंगल नहीं काटा गया। इस प्रकार यहीं से 'चिपको आंदोलन' की शुरुआत हुई।

यह आंदोलन सैकड़ों विकेंद्रित तथा स्थानीय स्वत: स्फूर्त प्रयासों का परिणाम था। इस आंदोलन के नेता सुंदरलाल बहुगुणा और कार्यकर्ता मुख्यत: ग्रामीण महिलाएँ थीं, जो अपने जीवनयापन के साधन व समुदाय को बचाने के लिए तत्पर थीं।

पर्यावरणीय विनाश के खिलाफ शांत, अहिंसक विरोध प्रदर्शन इस आंदोलन की अद्वितीय विशेषता थी।

उत्तर प्रदेश में इस आंदोलन ने 1980 में तब एक बड़ी जीत हासिल की, जब तत्कालीन प्रधानमंत्री इंदिरा गांधी ने प्रदेश के हिमालयी वनों में वृक्षों की कटाई पर 15 वर्षों के लिए रोक लगा दी। बाद के वर्षों में यह आंदोलन उत्तर में हिमाचल प्रदेश, दक्षिण में कर्नाटक, पश्चिम में राजस्थान, पूर्व में बिहार और मध्य भारत में विंध्य तक फैला।

उत्तर प्रदेश में प्रतिबंध के अलावा यह आंदोलन पश्चिमी घाट और विंध्य पर्वतमाला में वृक्षों की कटाई को रोकने में सफल रहा।

□

वर्ष : 1974

बंबई हाई ऑयल फील्ड की खोज

जब अक्तूबर 1973 में मिस्र और सीरिया ने इजरायल पर हमला कर दिया, तब कई तेल उत्पादक अरब देशों ने पेट्रोलियम का इस्तेमाल हथियार के तौर पर करने का फैसला किया। उन्होंने मनमाने ढंग से कीमतों में बढ़ोतरी कर दी और उत्पादन को घटाने का भी ऐलान कर दिया।

एक साल के अंदर ही प्रति बैरल पेट्रोल की कीमत आसमान को छूने लगी।

तेल एवं प्राकृतिक गैस आयोग (ओ.एन.जी.सी.) ने ऐसे हालात में बचाव के विकल्पों की तलाश शुरू कर दी।

केम्बे की खाड़ी में स्थित बंबई हाई ऑयल फील्ड की तरफ ओ.एन.जी.सी. का ध्यान आकर्षित हुआ, जिसे अब तक नजरअंदाज किया जाता रहा था।

उस समय ओ.एन.जी.सी. को ऐसा लगा था कि उसे तेल का अकूत भंडार मिल गया था। एक अंग्रेजी अखबार ने उस समय खबर प्रकाशित करते हुए लिखा था, "जिस तरह के संकेत मिल रहे हैं, उससे यही लगता है कि बंबई हाई ऑयल फील्ड से हर साल पाँच मिलियन टन कच्चा तेल निकाला जा सकेगा। लेकिन यह अभी केवल अनुमानित ही है।"

उस समय कई आशावादी विशेषज्ञ भविष्यवाणी करने लगे थे कि आनेवाले समय में भारत इसी ऑयल फील्ड की सहायता से पेट्रोलियम पदार्थों की अपनी सारी जरूरतें पूरी कर सकेगा।

लेकिन ऐसा संभव नहीं हुआ, भारत अपनी जरूरतों की पूर्ति के लिए 80 प्रतिशत कच्चे तेल का आयात हर साल करता रहा है।

लेकिन जिस समय इस ऑयल फील्ड को लेकर देश में उत्साह का वातावरण बना था, उस समय ओ.एन.जी.सी. के तत्कालीन अध्यक्ष कर्नल एस.पी. वाही ने

पत्रकारों को संबोधित करते हुए बताया था कि यह ऑयल फील्ड अगली शताब्दी के मध्य तक नहीं सूख पाएगी।

वाही ने कहा था कि उस ऑयल फील्ड में 90 मिलियन टन कच्चा तेल मौजूद था और भारी मात्रा में गैस भी मौजूद थी।

तत्कालीन केंद्रीय पेट्रोलियम मंत्री के.डी. मालवीय भी इस खोज को लेकर अत्यंत उत्साहित हो गए थे। उन्होंने कहा था कि बंबई हाई के क्षेत्र में तेल के कई भंडार छिपे हुए थे।

□

वर्ष : 1974

भारत बना परमाणु क्लब का सदस्य

भारत के परमाणु शक्ति संपन्न होने की दिशा में काम तो वर्ष 1945 में ही शुरू हो गया था, जब होमी जहाँगीर भाभा ने 'इंस्टीट्यूट ऑफ फंडामेंटल रिसर्च' की नींव रखी। लेकिन सही मायनों में इस दिशा में भारत की सक्रियता 1962 के भारत-चीन युद्ध के बाद बढ़ी।

इस युद्ध में भारत को शर्मनाक तरीके से अपने कई इलाके चीन के हाथों गँवाने पड़े थे। इसके बाद 1964 में चीन ने परमाणु परीक्षण कर महाद्वीप में अपनी धौंसपट्टी और तेज कर दी।

दुश्मन पड़ोसी की ये हरकतें भारत को चिंतित व विचलित कर देनेवाली थीं। लिहाजा सरकार के निर्देश पर भाभा परमाणु अनुसंधान केंद्र ने प्लूटोनियम व अन्य बम उपकरण विकसित करने की दिशा में सोचना शुरू किया।

भारत ने अपने परमाणु कार्यक्रम को तेज कर दिया और 1972 में इसमें दक्षता प्राप्त कर ली। 1974 में प्रधानमंत्री इंदिरा गांधी ने भारत के पहले परमाणु परीक्षण के लिए हरी झंडी दे दी।

इसके लिए स्थान चुना गया राजस्थान के जैसलमेर जिले में स्थित छोटे से शहर पोखरण के निकट का रेगिस्तान। पोखरण एक प्राचीन विरासत का शहर रहा है। इसके चारों ओर पाँच बड़ी लवणीय चट्टानें हैं। पोखरण का शाब्दिक अर्थ है—पाँच मृगमरीचिकाओं का स्थान।

भारत के पहले परमाणु परीक्षण अभियान का नाम रखा गया बुद्ध मुसकुराए'। इस नाम को चुने जाने के पीछे यह स्पष्ट दृष्टि थी कि यह कार्यक्रम शांतिपूर्ण उद्देश्य के लिए है।

18 मई, 1974 को यह परीक्षण हुआ। परीक्षण से पूरी दुनिया चौंक उठी,

क्योंकि सुरक्षा परिषद् में बैठी दुनिया की पाँच महाशक्तियों से इतर भारत परमाणु शक्ति बननेवाला पहला देश बन चुका था।

इस परमाणु परीक्षण में राजा रमन्ना के नेतृत्व में भारत के मेधावी परमाणु वैज्ञानिकों पी.के. आयंगर, राजगोपाल चिदंबरम, नागपत्तनम सांबशिवा वेंकटेशन, वामन दत्तात्रेय पट्ट्वर्धन, होमी एन. संठना आदि की टीम ने अपनी पूरी मेधा झोंक दी।

भारत के परमाणु परीक्षण को पाकिस्तान ने धमकी भरी काररवाई करार दिया तो कुछ अन्य देशों ने परमाणु होड़ बढ़ानेवाला बताया, जबकि कुछ अन्य चुप्पी साध गए।

□

वर्ष : 1975

अंतरिक्ष में भारत की उपस्थिति

चंद्रमा पर पहले मानव रहित अंतरिक्ष यान के प्रक्षेपण से दशकों पहले 1962 में प्रसिद्ध वैज्ञानिक विक्रम साराभाई की देख-रेख में भारत की राष्ट्रीय अंतरिक्ष अनुसंधान समिति का गठन हुआ था। तब से अंतरिक्ष में भारत की उपस्थिति का सिलसिला लगातार चलता रहा है।

वर्ष 1965 में थुंबा में 'अंतरिक्ष विज्ञान एवं तकनीकी संस्थान' (एस.एस.टी.सी.) की स्थापना हुई थी और इससे सबसे पहले प्रक्षेपित किया जानेवाला रॉकेट एक साइकिल पर लाया गया था।

परीक्षण के लिए 1968 में सैटेलाइट कम्युनिकेशन अर्थ स्टेशन की स्थापना की गई, जिसकी उपयोगिता और इसका विस्तार आज भी जारी है।

वर्ष 1969 में 15 अगस्त को 'भारतीय अंतरिक्ष अनुसंधान संगठन' (इसरो) का गठन किया गया, जहाँ पर सबसे पहले देश में अंतरिक्ष अनुसंधान की नींव डाली गई।

श्री हरिकोटा का अस्तित्व भी अक्तूबर 1971 में सामने आया। 2003 में इसका नाम 'सतीश धवन अंतरिक्ष केंद्र' कर दिया गया।

इस दिशा में एक महत्त्वपूर्ण कदम उठाते हुए सरकार ने 1972 में केंद्रीय स्तर पर एक अंतरिक्ष विभाग का गठन किया। हालाँकि इस दौरान देश के कुछ अन्य शहरों में अंतरिक्ष अनुसंधान से जुड़े क्रेंदों का निर्माण और कामकाज की शुरुआत भी की गई, जिन्हें बाद में महत्त्वपूर्ण संस्थानों के रूप में जाना गया।

1 अप्रैल, 1975 को केंद्र सरकार ने 'इसरो' को सरकारी संगठन के तौर पर मान्यता दी और इसी वर्ष अमरीकी उपग्रह ए.टी.एस.-6 की मदद से देश में टेलीविजन प्रसारण की शुरुआत हुई।

अठारह दिन बाद ही 1975 में भारत का पहला उपग्रह 'आर्यभट्ट' अंतरिक्ष में भेजा गया।

उपग्रह 'आर्यभट्ट' के छोड़े जाने के बाद कुछ यूरोपीय देशों की मदद से 1977 में भारत में 'सैटेलाइट टेलीकम्युनिकेशंस परियोजना' की शुरुआत हुई और दो वर्ष बाद 7 जून, 1979 को पृथ्वी के अध्ययन के लिए भारत का उपग्रह 'भास्कर-1' पृथ्वी की कक्षा में छोड़ा गया।

18 जुलाई, 1980 को एस.एल.वी.-3 और रोहिणी आर.एस.-1 उपग्रह को अंतरिक्ष में छोड़ा गया। उसके बाद उपग्रहों को अंतरिक्ष में भेजने का सिलसिला आज तक जारी है।

भारत अंतरिक्ष अनुसंधान की नई पीढ़ी में प्रवेश कर रहा है और उसने उन चंद देशों में अपना स्थान बना लिया है, जिन्होंने अंतरिक्ष में अनुसंधान के नए-नए कीर्तिमान बनाए हैं।

□

वर्ष : 1975

आपातकाल

26 जून, 1975 से 21 मार्च, 1977 की 21 महीने की अवधि तक भारत में आपातकाल घोषित था। तत्कालीन राष्ट्रपति फखरुद्दीन अली अहमद ने तत्कालीन प्रधानमंत्री इंदिरा गांधी के कहने पर भारतीय संविधान की धारा 352 के अधीन आपातकाल की घोषणा कर दी।

स्वतंत्र भारत के इतिहास में यह सबसे विवादास्पद और अलोकतांत्रिक काल था। आपातकाल में चुनाव स्थगित हो गए तथा नागरिक अधिकारों को समाप्त करके मनमानी की गई। जयप्रकाश नारायण ने इसे 'भारतीय इतिहास की सर्वाधिक काली अवधि' कहा था।

1975 की तपती गरमी के दौरान अचानक भारतीय राजनीति में भी बेचैनी दिखी। यह सब हुआ इलाहाबाद उच्च न्यायालय के उस फैसले से, जिसमें इंदिरा गांधी को चुनाव में धांधली करने की दोषी पाया गया और उन पर छह वर्षों तक कोई भी पद सँभालने पर प्रतिबंध लगा दिया गया।

इंदिरा गांधी ने इस फैसले को मानने से इनकार करते हुए सर्वोच्च न्यायालय में अपील करने की घोषणा की और 26 जून को आपातकाल लागू करने की घोषणा कर दी।

आकाशवाणी पर प्रसारित अपने संदेश में इंदिरा गांधी ने कहा, "जब से मैंने आम आदमी और देश की महिलाओं के फायदे के लिए कुछ प्रगतिशील कदम उठाए हैं, तभी से मेरे खिलाफ गहरी साजिश रची जा रही थी।"

आपातकाल लागू होते ही 'आंतरिक सुरक्षा कानून' (मीसा) के तहत राजनीतिक विरोधियों की गिरफ्तारी की गई। इनमें जयप्रकाश नारायण, जॉर्ज फर्नांडीस और अटल बिहारी वाजपेयी भी शामिल थे।

मामला 1971 में हुए लोकसभा चुनाव का था, जिसमें इंदिरा गांधी ने अपने मुख्य प्रतिद्वंद्वी राज नारायण को पराजित किया था। लेकिन चुनाव परिणाम आने के चार साल बाद राज नारायण ने उच्च न्यायालय में चुनाव परिणाम को चुनौती दी।

उनकी दलील थी कि इंदिरा गांधी ने चुनाव में सरकारी मशीनरी का दुरुपयोग किया, तय सीमा से अधिक खर्च किए और मतदाताओं को प्रभावित करने के लिए गलत तरीकों का इस्तेमाल किया।

अदालत ने इन आरोपों को सही ठहराया। इसके बावजूद इंदिरा गांधी टस-से-मस नहीं हुईं। यहाँ तक कि कांग्रेस पार्टी ने भी बयान जारी कर कहा कि इंदिरा का नेतृत्व पार्टी के लिए अपरिहार्य है।

□

वर्ष : 1975

सिक्किम का विलय

सिक्किम भारत का एक पर्वतीय राज्य है। सिक्किम की जनसंख्या भारत के राज्यों में न्यूनतम है।

सिक्किम नाग्याल राजतंत्र द्वारा शासित स्वतंत्र राज्य था। 1975 में हुए जनमत-संग्रह के बाद यह भारत में विलीन हो गया।

इस जनमत-संग्रह के बाद राजशाही का अंत और भारतीय संविधान की नियम-प्रणाली के अंतर्गत यहाँ प्रजातंत्र का उदय हुआ।

अँगूठे के आकार का यह राज्य पश्चिम में नेपाल, उत्तर और पूर्व में चीनी तिब्बत क्षेत्र और दक्षिण-पूर्व में भूटान से घिरा हुआ है। भारत का पश्चिम बंगाल राज्य इसके दक्षिण में है।

अंग्रेजी, नेपाली, लेप्चा, भूटिया, सिंधी तथा हिंदी भाषाएँ इस राज्य में प्रचलित हैं, परंतु शासकीय कार्य में अंग्रेजी का ही प्रयोग होता है।

यहाँ हिंदू धर्म और वज्रयान बौद्ध धर्म प्रचलित है। गंगटोक राज्य की राजधानी और सबसे बड़ा शहर है।

नाग्याल राजवंश 1642 में स्थापित हुआ। इसके बाद के अगले 150 वर्षों में यहाँ नेपाली आक्रमणकारी आते रहे और छापे मारते रहे। इससे प्रदेश को बहुत हानि हुई। उसके बाद से ही यह प्रांत भारत के ब्रिटिश शासकों के साथ संबद्ध था।

इस तरह सिक्किम एक ब्रिटिश संरक्षित राज्य बना और 1975 में जनमत-संग्रह के बाद इसका विलय भारत गणराज्य में हो गया।

छोटे आकार का होने के बावजूद सिक्किम भौगोलिक दृष्टि से विभिन्नताओं

से भरपूर है। 'कंचनजंगा', जो दुनिया की तीसरी सबसे ऊँची पहाड़ी चोटी है, सिक्किम के उत्तरी-पश्चिमी भाग में नेपाल की सीमा पर है। इस पर्वत शिखर को प्रदेश के कई भागों से देखा जा सकता है।

सिक्किम राज्य का साफ-सुथरा होना और राजनीतिक स्थिरता, इन सब विशेषताओं के कारण यह पर्यटकों का ध्यान अपनी तरफ आकर्षित करता रहा है।

□

वर्ष : 1976

42वाँ संविधान

2 नवंबर, 1976 को संविधान में 42वाँ संशोधन करके उसमें 'सेकुलर' शब्द जोड़ दिया गया था।

मूल संविधान में भारत को 'लोकतांत्रिक गणराज्य' कहा गया था, लेकिन इस संशोधन के बाद वह 'लोकतांत्रिक समाजवादी सेकुलर गणराज्य' में बदल दिया गया।

यह 42वाँ संशोधन अत्यंत बदनाम हुआ था, जिसे तत्कालीन कांग्रेस सरकार द्वारा लगाए गए आपातकाल के दौरान संपन्न किया गया था।

इसे महत्त्वहीन नहीं मानना चाहिए कि यह संशोधन उस समय किया गया, जब केंद्रीय मंत्रिमंडल के निर्णय स्वयं केंद्रीय मंत्रियों को भी रेडियो से मालूम होते थे। अर्थात् यह संशोधन बिना किसी विचार-विमर्श के और दो-चार व्यक्तियों की मनमानी से किया गया था।

उसके पीछे निहित स्वार्थ थे। यह इससे भी स्पष्ट है कि आपातकाल खत्म होने पर नई सरकार ने उस संशोधन की कई बातों को निरस्त कर दिया था।

संविधान की प्रस्तावना में 'समाजवाद' जोड़ने से न केवल संविधान का मूल ढाँचा बिगड़ा, बल्कि यह कार्य अनुचित तरीके से भी किया गया था।

'सोशलिस्ट' और 'सेकुलर' ऐसी अवधारणाएँ नहीं थीं, जिनके बारे में हमारे संविधान निर्माताओं को ज्ञान नहीं था। सोशलिज्म तब पूरे यूरोप में सबसे अधिक फैशनेबल राजनीतिक विचारधारा थी। इसलिए यदि उन्होंने भारतीय गणराज्य के स्वरूप को 'सोशलिस्ट' नहीं बनाया तो यह उनका सुविचारित निश्चय था।

1976 में संविधान में इसे जोड़नेवाले निर्णयकर्ता सत्ताधारी एक प्रकार की

तानाशाही में लिप्त थे।

संविधान का कुख्यात 42वाँ संशोधन एक किस्म की साजिश का नतीजा था, जिसे तत्कालीन विदेश मंत्री स्वर्ण सिंह के नेतृत्ववाली समिति की सिफारिशों के आधार पर लागू किया गया था।

□

वर्ष : 1977

जनता पार्टी की सरकार

प्रधानमंत्री इंदिरा गांधी द्वारा लागू आपातकाल (1975-76) के बाद जनसंघ सहित भारत के प्रमुख राजनीतिक दलों का विलय करके एक नया दल 'जनता पार्टी' का गठन किया गया।

जनता पार्टी ने 1977 से 1980 तक भारत सरकार का नेतृत्व किया। आंतरिक मतभेदों के कारण जनता पार्टी 1980 में टूट गई।

कई विचारधाराओं और छोटे-बड़े दलों को जोड़कर बनी यह पहली पार्टी थी, जिसका आधार था—आपातकाल का विरोध करना और विचारधाराओं की सीमा से ऊपर उठकर एक साथ एकत्रित होना।

कुछ दिनों तक पार्टी के नेता और भावी प्रधानमंत्री को लेकर विवाद चलता रहा। हालाँकि जयप्रकाश नारायण का कद बहुत ऊँचा था, लेकिन उनका स्वास्थ्य ठीक नहीं था।

जगजीवन राम, मोरारजी देसाई और चौधरी चरण सिंह का नाम सामने आया। जयप्रकाश नारायण ने भी मोरारजी देसाई के नाम पर अपनी सहमति जताई। आखिरकार मोरारजी देसाई जनता पार्टी के नेता चुन लिये गए।

मोरारजी देसाई को नेता बनाने का फैसला काफी दबाव के बीच हुआ था। साझा कार्यक्रम बनाने में भी काफी देर लगी, क्योंकि पार्टी में कई किस्म के लोग थे, जिनकी बुनियादी विचारधारा अलग-अलग थी।

इतनी अड़चनों के बावजूद साझा कार्यक्रम बन गया, जो खुद में एक उपलब्धि था। यह एक व्यापक साझा कार्यक्रम था। जनता पार्टी में समाजवादी थे, गांधीवादी थे, लोहिया के लोग थे, फिर भी एक साझा कार्यक्रम बन गया था।

कमजोरी यह थी कि इसमें नेता बहुत थे और कुछ समय बाद उनके राजनीतिक

कद आड़े आने लगे। ये लोग व्यक्तिगत महत्त्वाकांक्षाओं को नीचे रखकर हमेशा के लिए एक पार्टी नहीं बना सके।

चौधरी चरण सिंह प्रधानमंत्री बनना चाहते थे। 1979 के दौरान कांग्रेस ने अंदर से चौधरी चरण सिंह और हेमवती नंदन बहुगुणा को बढ़ावा दिया। फलस्वरूप पार्टी टूट गई और कांग्रेस ने इसका फायदा उठाया।

□

वर्ष : 1980

इंदिरा गांधी की सत्ता में वापसी

जनता पार्टी का शासन आपसी कलह, अक्षमता और नीतियों के टकराव के चलते समय से पहले बिखरकर रह गया।

आपातकाल के अत्याचारों के लिए इंदिरा गांधी को दोषी मानकर जनता पार्टी बदले की भावना के साथ काररवाई करने लगी तो जनमानस में इस बात को लेकर गलत संदेश गया।

इस दौरान अपनी पार्टी कांग्रेस (आई) को नेतृत्व करती हुई इंदिरा गांधी नवंबर 1978 में कर्नाटक के चिकमंगलूर संसदीय क्षेत्र से चुनाव जीतकर संसद् में पहुँच गईं।

अगले साल चौधरी चरण सिंह ने जनता पार्टी को तोड़ते हुए प्रधानमंत्री का पद हासिल किया और सरकार बनाने के लिए बाहर से कांग्रेस (आई) का समर्थन ले लिया। लेकिन विश्वास प्रस्ताव पर मतदान से एक दिन पहले ही इंदिरा गांधी ने अपना समर्थन वापस ले लिया।

लोकसभा भंग कर दी गई और मध्यावधि चुनाव की घोषणा कर दी गई।

जनवरी 1980 में हुए चुनावों में कांग्रेस (आई) ने दो-तिहाई बहुमत हासिल किया और इस तरह इंदिरा गांधी की सत्ता में वापसी हुई।

आंध्र प्रदेश के मेंडक संसदीय क्षेत्र से इंदिरा गांधी दो लाख से भी अधिक वोटों से विजयी रहीं। उनके पुत्र संजय गांधी भी अमेठी सीट से विजयी घोषित हुए।

चुनावी नतीजे पर प्रतिक्रिया व्यक्त करते हुए पूर्व प्रधानमंत्री मोरारजी देसाई ने इसे कांग्रेस (आई) की नहीं, बल्कि इंदिरा गांधी की व्यक्तिगत जीत बताया।

देसाई ने कहा कि जनता पार्टी के कुछ नेताओं ने लोकदल की स्थापना कर जनता पार्टी की पीठ में चाकू घोंपने जैसा काम किया था।

देसाई का मानना था कि पार्टी के आंतरिक झगड़ों की वजह से देश की जनता निराश हो गई थी और लोकदल के नेतागण ऐसी स्थिति के लिए पूरी तरह जिम्मेदार थे।

□

वर्ष : 1980

संजय गांधी की मौत

23 जून, 1980 को संजय गांधी की मौत एक विमान हादसे में हो गई। इंदिरा गांधी के सबसे छोटे पुत्र संजय गांधी को इनके राजनीतिक उत्तराधिकारी के रूप में देखा जा रहा था। मृत्यु के समय संजय की उम्र महज 33 साल थी।

आपातकाल के दौरान संजय गांधी की विवादास्पद भूमिका, खासतौर पर जबरन नसबंदी अभियान और झोंपड़पट्टियों को उजाड़ने के अभियान के कारण 1977 के आम चुनाव में कांग्रेस को बुरी तरह हार का सामना करना पड़ा।

मृत्यु से 10 दिन पहले ही, हाल ही में सत्ता में लौटी उनकी माता इंदिरा गांधी ने उन्हें कांग्रेस पार्टी का महासचिव नियुक्त किया था।

अपने पुत्र को गँवाने के बावजूद इंदिरा गांधी ने जिस तरह से दृढता और मनोबल को बनाए रखा, उसकी वजह से जनसाधारण में उनकी इज्जत और बढ़ गई।

हादसे के दिन संजय गांधी सफदरजंग हवाई अड्डे के पास 'दिल्ली फ्लाइंग क्लब' के एक छोटे विमान को उड़ाते हुए हवा में कलाबाजियाँ दिखला रहे थे। उसी दौरान उन्होंने नियंत्रण खो दिया और विमान दुर्घटनाग्रस्त हो गया।

संजय गांधी का जन्म 14 दिसंबर, 1946 को हुआ था। उन्होंने उम्र में स्वयं से 10 वर्ष छोटी मेनका आनंद के साथ अक्तूबर 1974 में नई दिल्ली में विवाह किया था। संजय के पुत्र वरुण गांधी का जन्म संजय की मृत्यु से कुछ दिन पहले ही हुआ था।

संजय गांधी की असामयिक मृत्यु के बाद इंदिरा गांधी ने अपने बड़े बेटे राजीव गांधी को सक्रिय राजनीति में शामिल कर लिया।

जब इंदिरा गांधी की हत्या हो गई, तब राजीव गांधी को प्रधानमंत्री बनाया गया।

□

वर्ष : 1982

अमिताभ बच्चन के साथ हादसा

हिंदी फिल्मों के महानायक अमिताभ बच्चन फिल्म 'कुली' की शूटिंग के दौरान अपने साथी कलाकार पुनीत इस्सर के साथ एक्शन सीन फिल्मा रहे थे। शूटिंग के दौरान मजबूत कद-काठी के पुनीत इस्सर और अमिताभ बच्चन के बीच फाइट सीन के दौरान मेज का किनारा महानायक के पेट में घुसा और अमिताभ बच्चन मौत के मुँह में फँस गए।

यह घटना 26 जुलाई, 1982 को घटी थी। इस घटना के तुरंत बाद अमिताभ को लालावती अस्पताल में भरती कराया गया, जहाँ 8 दिनों तक जीवन से संघर्ष करने के बाद 2 अगस्त को अमिताभ को नया जीवन मिला।

अमिताभ बच्चन के दुर्घटना में घायल होने की खबर पूरे देश में ऐसे फैली जैसे देशवासियों के हर घर का कोई आदमी इस दुर्घटना में घायल हुआ हो। अमिताभ बच्चन के इस तरह घायल होने को लेकर पूरे देश में जितने मुँह, उतनी बातें होने लगीं।

अमिताभ की हालत पल-पल बिगड़ने लगी। तब पूरे देश ने महानायक को बचाने के लिए पूजा-अर्चना भी शुरू कर दी।

डॉक्टरों ने पहले तो अमिताभ के बचने की उम्मीद छोड़ दी थी, पर अमिताभ के चाहनेवालों की दुआओं की असर था कि अमिताभ मौत से लड़कर स्वस्थ हो गए।

अमिताभ के साथ हुई इस दुर्घटना से जहाँ पूरा सिनेमा जगत् हिला हुआ था, वहीं भारतीय राजनीति से लेकर बड़े-बड़े औद्योगिक घराने भी अमिताभ के स्वास्थ्य की जानकारी पल-पल ले रहे थे।

2 अगस्त को जब डॉक्टरों ने अमिताभ का सफल ऑपरेशन करके उनके

ठीक हो जाने की घोषणा की, तब देश में फैले उनके करोड़ों प्रशंसकों की जान-में-जान आई।

उस दिन से अमिताभ इस जीवन को अपना दूसरा जीवन मानते हैं। यही वजह है कि उनका परिवार 2 अगस्त को उनका दूसरा जन्मदिन मनाता चला आ रहा है।

जब फिल्म 'कुली' रिलीज हुई, तब फिल्म के निर्माता-निर्देशक ने जिस सीन में अमिताभ घायल हुए थे, उस सीन को रोककर दर्शकों को दिखाया और बताया कि अमिताभ को चोट कैसे लगी और वह कैसे घायल हुए।

अमिताभ का घायल होना फिल्म 'कुली' का यू.एस.पी. बन गया था। अमिताभ के ऊपर सिनेमा जगत् का करोड़ों रुपया लगा हुआ था। अगर उस घटना में उन्हें कुछ हो जाता तो फिल्म उद्योग को भारी नुकसान उठाना पड़ता।

□

सियाचिन पर भारत का कब्जा

सियाचिन ग्लेशियर का उल्लेख मानचित्र पर उत्तर दिशा में एन जे 9842 के रूप में किया गया है, इसे 1972 के शिमला समझौते में भारत-पाक नियंत्रण रेखा पर उत्तरी दिशा में रेखांकित बिंदु के रूप में स्वीकार किया गया था।

वर्ष 1984 से, 7000 मीटर की ऊँचाई पर, सियाचिन पृथ्वी पर सबसे ऊँची जगह पर स्थित रणक्षेत्र बना हुआ है।

सत्तर के दशक में और अस्सी के दशक के पूर्वार्ध में पाकिस्तान ने इस ग्लेशियर पर चढ़ाई करने के लिए कई पर्वतारोही अभियानों को इजाजत दी थी।

जब भारत को पाकिस्तान की नीयत पर संदेह होने लगा तो उसने 13 अप्रैल, 1984 को ऑपरेशन 'मेघदूत' की शुरुआत की। इस बात की सूचना पाकर पाकिस्तान ने भी अपने सैनिकों को भेज दिया।

शिखर तक पहुँचने के लिए दोनों देशों की सेनाओं के बीच होड़ लग गई, और भारत ने ग्लेशियर के ज्यादातर हिस्से पर कब्जा कर लिया।

तब से लेकर आज तक दोनों देशों की तरफ से एक-दूसरे की सेना को सियाचिन से खदेड़ने की कई बार कोशिश होती रही है, मगर किसी को सफलता नहीं मिल पाई है।

सियाचिन विवाद को लेकर पाकिस्तान अकसर यह आरोप भारत पर लगाता रहा है कि 1989 में दोनों देशों के बीच यह सहमति हुई थी कि भारत ऑपरेशन मेघदूत से पुराने वाली स्थिति पर वापस लौट जाए।

लेकिन भारत ने इसे मंजूर नहीं किया। पाकिस्तान का कहना है कि सियाचिन ग्लेशियर में जहाँ पाकिस्तानी सेना हुआ करती थी, वहाँ भरतीय सेना ने 1984 में कब्जा कर लिया था। उस समय पाकिस्तान में जनरल जियाउल हक का शासन था।

पाकिस्तान तभी से कहता आ रहा है कि भारतीय सेना ने 1972 के शिमला समझौते और उससे पहले 1949 में हुए कराची समझौते का उल्लंघन किया है।

सियाचिन विवाद को सुलझाने के लिए भारत-पाक के बीच कई दौर की वार्त्ता हो चुकी है, लेकिन अभी तक इनका कोई ठोस नतीजा नहीं निकल पाया है।

□

वर्ष : 1984

एवरेस्ट पर बछेंद्री पाल

बछेंद्री पाल विश्व की सबसे ऊँची चोटी माउंट एवरेस्ट पर चढ़नेवाली प्रथम भारतीय और दुनिया की पाँचवीं महिला पर्वतारोही हैं। उन्होंने यह कारनामा 13 मई, 1984 को दिन के एक बजकर सात मिनट पर किया।

बछेंद्री पाल का जन्म 24 मई, 1954 को उत्तराखंड के उत्तरकाशी क्षेत्र में हुआ। खेतिहर परिवार में जनमी बछेंद्री ने बी.एड. किया। स्कूल में शिक्षिका बनने के बजाय पेशेवर पर्वतारोही का पेशा अपनाने पर बछेंद्री को परिवार और रिश्तेदारों का विरोध झेलना पड़ा।

भारतीय अभियान दल के सदस्य के रूप में माउंट एवरेस्ट पर आरोहण के कुछ ही समय बाद उन्होंने इस शिखर पर महिलाओं की एक टीम के अभियान का सफल नेतृत्व किया।

1994 में बछेंद्री ने गंगा नदी में हरिद्वार से कलकत्ता तक 2,500 कि.मी. लंबे महिलाओं के नौका अभियान का नेतृत्व किया।

हिमालय के गलियारे में भूटान, नेपाल, लेह और सियाचीन ग्लेशियर से होते हुए कराकोरम पर्वत श्रृंखला पर समाप्त होनेवाला 4,000 कि.मी. लंबा अभियान इस दुर्गम क्षेत्र में प्रथम महिला अभियान का प्रयास था।

बछेंद्री पाल टाटा स्टील में कार्यरत हैं, जहाँ वे चुने हुए लोगों को रोमांचक अभियानों का प्रशिक्षण देती हैं।

बछेंद्री के लिए पर्वतारोहण का पहला मौका 12 साल की उम्र में आया, जब उन्होंने अपने स्कूल की सहपाठियों के साथ 400 मी. की चढ़ाई की। यह चढ़ाई उन्होंने किसी योजनाबद्ध तरीके से नहीं की थी।

दरअसल वे स्कूल पिकनिक पर गई हुई थीं। वे चढ़ाई चढ़ती गईं, लेकिन

तब तक शाम हो गई। जब लौटने को खयाल आया तो पता चला कि उतरना संभव नहीं है। जाहिर है रात भर ठहरने के लिए उनके पास पूरा इंतजाम नहीं था। बगैर भोजन और टैंट के उन्होंने खुले आसमान के नीचे रात गुजार द्री।

1984 में भारत का चौथा एवरेस्ट अभियान शुरू हुआ। अभियान दल में बछेंद्री समेत सात महिलाओं और ग्यारह पुरुषों को शामिल किया गया था।

□

वर्ष : 1984

ऑपरेशन ब्लूस्टार

'ऑपरेशन ब्लूस्टार' भारतीय सेना द्वारा 3 से 6 जून, 1984 को सिख धर्म के सबसे पावन धार्मिक स्थल अमृतसर स्थित हरिमंदिर साहब परिसर पर की गई काररवाई का नाम है।

देश में पहली बार आस्था के सबसे बड़े मंदिर को आतंकवादियों के चंगुल से छुड़ाने के लिए हथियारबंद होकर पहुँची सेना ने मंदिर को आतंकियों से आजाद कराने में सफलता तो हासिल कर ली, लेकिन यह काररवाई गहरे जख्म भी दे गई।

इस काररवाई में लगभग 800 चरमपंथी और 200 जवान मारे गए। बाद में तत्कालीन प्रधानमंत्री इंदिरा गांधी को इसकी कीमत अपनी जान देकर चुकानी पड़ी।

5 जून, 1984 को शाम 7 बजे 'ऑपरेशन ब्लूस्टार' शुरू हो चुका था। सेना का मिशन अमृतसर के स्वर्ण मंदिर को जरनैल सिंह भिंडरावाले और उसके समर्थकों के चंगुल से छुड़ाना था। सिख चरमपंथी नेता भिंडरावाले ने स्वर्ण मंदिर में ही शरण ली थी।

बातचीत से बात न बनी तो सेना ने मार्च में ही स्वर्ण मंदिर को चारों ओर से घेर लिया। मंदिर परिसर के बाहर दोनों ओर से रुक-रुककर गोलियाँ चल रही थीं।

6 जून की शाम तक स्वर्ण मंदिर के भीतर छिपे आतंकवादियों को मार गिराया गया था, लेकिन इसके लिए सेना को बड़ी कीमत चुकानी पड़ी।

सिखों की आस्था का केंद्र 'अकालतख्त' नेस्तनाबूद हो चुका था। इस वक्त तक किसी को अंदाजा नहीं था कि ये घटना पंजाब के इतिहास को हमेशा के लिए बदलनेवाली है।

ऑपरेशन समाप्त होने पर भिंडरावाले के कुछ समर्थक सेना को 'अकालतख्त' के भीतर ले गए, जहाँ 40 समर्थकों की लाश के बीच भिंडरावाले, उसके मुख्य सहयोगी मेजर जनरल शाहबेग सिंह और अमरीक सिंह की लाश पड़ी थी। अमरीक भिंडरावाले का करीबी और उसके गुरु का बेटा था।

स्वर्ण मंदिर के बाहर मंदिर परिसर की बिल्डिंगें खाली करवाने में सेना को ज्यादा मशक्कत नहीं करनी पड़ी। हालाँकि पूर्व सेना अधिकारियों ने 'ऑपरेशन ब्लूस्टार' की जमकर आलोचना की। उनके मुताबिक ये ऑपरेशन गलत योजना का नमूना था।

31 अक्तूबर, 1984 को अपने घर से निकल रहीं प्रधानमंत्री इंदिरा गांधी पर उनके दो सिख सुरक्षा गार्डों सतवंत और बेअंत सिंह ने गोलियों की बौछार कर दी। ब्लूस्टार से पैदा हुई सांप्रदायिकता और कट्टरपंथ ने प्रधानमंत्री की जान ले ली। प्रधानमंत्री की हत्या के बाद शुरू हुए दंगों ने करीब तीन हजार लोगों की जान ले ली। इनमें से ज्यादातर सिख थे।

□

धारावाहिक 'हम लोग'

टेलीविजन की छोटी सी कही जानेवाली दुनिया इतनी बढ़ चुकी थी कि यह अपने आगोश में विराट् संस्कृति को समेटे हुए है। जिसका माध्यम है परिवार। टेलीविजन पर दिखाए जाने वाले परिवारों में कुछ ऐसे अनोखे परिवार भी शामिल हैं, जो बेतहाशा लोकप्रिय हुए हैं।

धारावाहिक तो खत्म हो गए, लेकिन धारावाहिकों के ये अनोखे परिवार अपने दर्शकों के दिल में आज भी मौजूद हैं। परिवार के परिवेश और उनकी संस्कृति, संस्कारों को धारावाहिक अच्छी तरह समझते हुए दर्शकों की रुचि के मुताबिक ही उसे पेश करते रहे हैं।

टेलीविजन पर धारावाहिकों का सिलसिला दूरदर्शन ने 7 जुलाई, 1984 से शुरू किया, जिसमें मनोहर श्याम जोशी ने 'हम लोग' के रूप में मध्यम वर्गीय परिवार की एक ऐसी कहानी को पेश किया, जो उस समय काफी लोकप्रिय हुई।

आम भारतीय नागरिक उस धारावाहिक में अपनी खुद की कहानी को देखने और समझने लगे। तीन साल से भी ज्यादा समय तक चले 'हम लोग' धारावाहिक का हर किरदार खूब लोकप्रिय हुआ और साथ ही उस परिवार की कहानी ने दर्शकों को अपना हिस्सा भी बनाया।

यह दूरदर्शन का पहला धारावाहिक था, जिसकी लोकप्रियता ने 1984-85 में टी.वी. को घर-घर पहुँचाने में बड़ा योगदान किया।

देखते-ही-देखते उस धारावाहिक के बसेसर राम, भागवंती, बड़की, छुटकी, मँझली जैसे किरदार घर-घर चर्चा में आने लगे थे।

मोहल्लेदारी के उस दौर में इस धारावाहिक ने समाज को एक कहानी से जोड़कर रख दिया था।

भारत सरकार की धारणा यह थी कि दूरदर्शन पर एक ऐसा धारावाहिक दिखाया जाए, जिसके माध्यम से 'छोटा परिवार, सुखी परिवार' के विचार को घर-घर पहुँचाया जाए।

कई मायने में 'हम लोग' का महत्त्व है। एक तो यह कि भारतीय टेलीविजन के इस पहले धारावाहिक के केंद्र में निम्न मध्यवर्गीय परिवार की कथा कही गई थी, जो बाद में 'अपमार्किट' के दौर में टी.वी. के परदे से धीरे-धीरे गायब हो गई।

□

इंदिरा गांधी की हत्या

अक्तूबर 1985 में इंदिरा गांधी अपने राजनीतिक कॅरियर के बेहद बुरे दौर से गुजर रही थीं। सिखों के बेहद पवित्र माने जानेवाले स्वर्ण मंदिर में चरमपंथियों के घुस जाने के कारण इंदिरा गांधी को वहाँ सेना भेजनी पड़ी।

सैकड़ों लोग मारे गए। स्वर्ण मंदिर में सेना भेजने के कारण समूचे भारत के सिखों में इंदिरा गांधी के प्रति जबरदस्त असंतोष और गुस्सा भड़क उठा। उन्हें जान से मारने की धमकियाँ मिलने लगीं।

जान से मारने की धमकी मिलने के बाद पार्टी के कहने के बावजूद उन्होंने अपने निजी सिख अंगरक्षकों को बदलने से इनकार कर दिया।

31 अक्तूबर, 1984 की सुबह ब्रितानी अभिनेता पीटर उस्तीनोव के साथ लॉन में इंदिरा गांधी के साथ एक इंटरव्यू की तैयारी चल रही थी। पीटर इंदिरा पर एक डॉक्यूमेंटरी बना रहे थे।

बेअंत सिंह इंदिरा गांधी का अंगरक्षक था। जब इंदिरा गांधी पीटर से मिलने के लिए जा रही थीं, उसने रास्ते में उन पर हमला कर दिया।

वह सामने आया और अपने रिवॉल्वर से फायरिंग करने लगा। इससे पहले कि कोई कुछ समझ पाता, वह अपना काम शुरू कर चुका था।

प्रत्यक्षदर्शी पीटर उस्तीनोव ने बताया, ''इंदिराजी जमीन पर खून से लथ-पथ पड़ी थीं। चारों ओर अफरा-तफरी का माहौल था। मैंने एंबुलेंस खोजा। इसी बीच गोलियों की आवाजें सुनकर सोनिया गांधी आ चुकी थीं। हम आनन-फानन में एम्स के लिए निकल पड़े।''

एम्स में डॉक्टरों ने बताया कि उनकी जान संभवत: तभी जा चुकी थी, जब उन्हें पहली गोली लगी।

जैसे ही इंदिरा गांधी के मरने की खबर फैली, भारत के राजनीतिक गलियारों में खलबली मच गई।

3 नवंबर, 1984 को इंदिरा गांधी को अंतिम विदाई दी गई। उनकी हत्या के बाद भड़के दंगों में करीब तीन हजार सिख मारे गए।

□

भोपाल गैस त्रासदी

मध्यप्रदेश के भोपाल शहर में 3 दिसंबर, 1984 को एक भयानक औद्योगिक दुर्घटना हुई। इसे 'भोपाल गैस त्रासदी' के नाम से जाना जाता है।

भोपाल स्थित यूनियन कार्बाइड नामक कंपनी के कारखाने से एक जहरीली गैस का रिसाव हुआ, जिससे लगभग पंद्रह हजार से अधिक लोगों की जान गई तथा बहुत सारे लोग अनेक तरह की शारीरिक अपंगता से लेकर अंधेपन के भी शिकार हुए।

भोपाल गैस कांड में मिथाइल आइसो साइनाइट (मिक) नामक जहरीली गैस का रिसाब हुआ था। जिसका उपयोग कीटनाशक बनाने के लिए किया जाता था।

मरनेवालों के अनुमान पर विभिन्न स्त्रोतों की अपनी-अपनी राय होने से इसमें भिन्नता मिलती है। फिर भी पहले आधिकारिक तौर पर मरने वालों की संख्या 2259 थी। मध्य प्रदेश की तत्कालीन सरकार ने 3787 की गैस से मरने वालों के रूप में पुष्टि की थी।

अन्य अनुमान बताते हैं कि आठ हजार लोगों की मौत तो दो सप्ताहों के अंदर हो गई थी और लगभग अन्य आठ हजार लोग तो रिसी हुई गैस से फैली संबंधित बीमारियों से मारे गए थे।

वर्ष 2006 में सरकार द्वारा दाखिल एक शपथ-पत्र में माना गया था कि रिसाव से बड़ी तादाद में लोग प्रभावित हुए थे।

जो लोग इस त्रासदी में मरने से बच गए थे, उनमें से कई तो तिल-तिल कर मर गए और जो लोग अब भी बचे हैं वे अपनी बीमारियों को लेकर अस्पतालों के चक्कर लगा रहे हैं।

इस त्रासदी से सिर्फ इस समय की पीढ़ियों के लोग ही प्रभावित नहीं हुए, बल्कि उसके बाद पैदा हुई पीढ़ियाँ भी इसके असर से अछूती नहीं रहीं।

7 जून, 2010 को आए स्थानीय अदालत के फैसले में आरोपियों को दो-दो साल की सजा सुनाई गई थी, लेकिन सभी आरोपी तुरत-फुरत जामनत पर रिहा भी कर दिए गए।

इस त्रासदी का मुख्य आरोपी यूनियन कार्बाइड का मुखिया वॉरेन एंडरसन अभी भी फरार है।

□

वर्ष : 1985

शाहबानो प्रकरण

न्याय के लिए मुसलिम महिलाओं के संघर्ष के मामले में 'शाहबानो प्रकरण' एक मील का पत्थर था और इसी को लेकर पर्सनल लॉ संबंधी राजनीतिक विवादों का सूत्रपात् भी हुआ।

एक 60 वर्षीय महिला शाहबानो ने अदालत का दरवाजा खटखटाकर फरियाद की थी कि उसे तलाक देनेवाले पति से गुजारा भत्ता दिलवाया जाए।

पाँच बच्चों की माता शाहबानो अपनी और अपने बच्चों की जीविका का कोई साधन न होने के कारण पति से गुजारा भत्ता लेने के लिए अदालत पहुँची।

न्यायालय ने अपराध दंड संहिता की धारा 125 के अंतर्गत निर्णय लिया, जो हर किसी पर लागू होता है, चाहे वह किसी भी धर्म, जाति या संप्रदाय का हो।

न्यायालय ने निर्देश दिया कि शाहबानो को निर्वाह-व्यय के समान जीविका भत्ता दिया जाए। अदालत ने गुजारा भत्ता देने का फैसला सुनाया, पर भारत के रूढ़िवादी मुसलमानों के अनुसार यह निर्णय उनकी संस्कृति और विधानों पर अनधिकृत हस्तक्षेप था।

एक वृद्धा को गुजारा भत्ता देने से पूरा धर्म असुरक्षित हो गया और पूरे भारत में इसके खिलाफ मोरचे खुल गए और उस असली धर्मनिरपेक्ष न्यायाधीश के पुतले जलाए गए।

तत्कालीन प्रधानमंत्री राजीव गांधी ने उसी वक्त सुप्रीम कोर्ट के फैसले को निरस्त करके इस पर रोक लगाकर तुरंत एक नया कानून बना दिया, जिसमें कोई मुसलिम महिला तलाक के बाद गुजारे भत्ते की माँग नहीं कर सकती।

इस नए कानून के अनुसार 'हर वह आवेदन, जो किसी तलाकशुदा महिला के द्वारा अपराध दंड संहिता 1973 की धारा 125 के अंतर्गत किसी न्यायालय में

इस कानून के लागू होने के समय से विचाराधीन है, अब इस कानून के अंतर्गत निपटारा किया जाएगा, चाहे उपर्युक्त कानून में जो भी लिखा हो।'

इस कानून के कारणों और प्रयोजनों की चर्चा करना आवश्यक है। कानून के वर्णित प्रयोजन के अनुसार जब एक मुसलमान तलाकशुदा महिला इद्दत के समय के बाद अपना गुजारा नहीं कर सकती है तो न्यायालय उन संबंधियों को उसे गुजारा भत्ता देने का आदेश दे सकता है, जो मुसलमान कानून के अनुसार उसकी संपत्ति के उत्तराधिकारी हैं।

□

वर्ष : 1985

टाडा कानून

आतंकवाद से निपटने के लिए देश में कानूनों के निर्माण की प्रक्रिया 1985 में आतंकवादी तथा विघटनकारी क्रियाकलाप (निवारण) अधिनियम, '1985' (टाडा) से प्रारंभ हुई थी। यह कानून मई 1985 में देश के कुछ भागों में आतंकवादी गतिविधियों में अधिनियमित किया गया था।

तब ऐसा अनुमान किया गया था कि दो वर्ष की अवधि के भीतर इस बुराई को नियंत्रित कर पाना संभव हो सकेगा और इसलिए इस कानून की अवधि दो वर्षों के लिए सीमित रखी गई थी, लेकिन कुछ समय बाद ही यह अहसास होने लगा कि कानून को आगे भी जारी रखने की आवयकता थी।

इस कानून की अवधि 13 मई, 1987 को समाप्त हो रही थी और तब संसद् के दोनों सदनों के सत्र नहीं चल रहे थे और तत्काल काररवाई करना जरूरी हो गया था। राष्ट्रपति ने आतंकवादी और विघटनकारी क्रियाकलाप (निवारण) अध्यादेश, 1987 को जारी किया, जो 4 मई, 1987 से प्रभावी हो गया।

लेकिन इसके प्रावधानों को मजबूत बनाने की जरूरत के चलते आतंकवादी और विघटनकारी गतिविधि (निवारण) अधिनियम, 1987 अधिनियमित किया गया, जो 'टाडा' के नाम से मशहूर हुआ।

टाडा, 1985 के जरिए दो नए अपराधों अर्थात् आतंकवादी काररवाई और विघटनकारी गतिविधियों को पारिभाषित किया गया था। इन अपराधों की सुनवाई के लिए विशेष अदालतों की एक प्रणाली की स्थापना की गई थी। इन अपराधों में अभियुक्त की जमानत पर रोक लगाने के लिए यह प्रावधान किया गया था कि न्यायालय जब तक यह कारण रिकॉर्ड न करे कि अभियुक्त के निर्दोष होने के लिए उचित आधार उपलब्ध हैं, उसकी जमानत नहीं की जाएगी। इस तरह

अभियोजन की इस जिम्मेदारी को ही अभियुक्त पर आरोपों को सिद्ध करने के लिए पर्याप्त आधार हैं, अभियुक्त पर डाल दिया गया था कि वह ऐसे सबूत लाए कि उसने यह अपराध नहीं किया है। पुलिस को अभियुक्त को हिरासत में रखने के लिए अत्यधिक अधिकार दे दिए गए थे।

'टाडा 1987' में कानून को मजबूत बनाने के लिए इस कानून को अन्य कानूनों पर तरजीह दे दी गई और कुछ अपराधों को नए सिरे से पारिभाषित किया गया। जैसे 'आतंकवादियों को छुपाना और पनाह देना' व 'अधिसूचित क्षेत्रों में हथियार रखना।'

इस कानून की संवैधानिक वैधता को उच्चतम न्यायालय के समक्ष चुनौती दी गई थी। उच्चतम न्यायालय की खंडपीठ ने कानून को वैध ठहराया, लेकिन सरकार से 'टाडा' के कड़े प्रावधानों के किसी भी संभावित दुरुपयोग को रोकने के लिए सुरक्षात्मक उपाय करने को कहा।

टाडा के बहुत अधिक दुरुपयोग की शिकायतों के बाद इसे 1995 में समाप्त हो जाने दिया गया। बाद में देश ने कई आतंकवादी घटनाओं को सहा, जिसके परिणामस्वरूप 'निरोधक अधिनियम, 2002' (पोटा) अस्तित्व में आया।

□

वर्ष : 1987

बोफोर्स घोटाला

वर्ष 1987 में यह बात सामने आई कि स्वीडन की हथियार कंपनी बोफोर्स ने भारतीय सेना को तोपें सप्लाई करने का सौदा हथियाने के लिए 80 लाख डॉलर की दलाली चुकाई थी।

उस समय केंद्र में कांग्रेस सरकार थी, जिसके प्रधानमंत्री राजीव गांधी थे। स्वीडन के रेडियो ने सबसे पहले 1987 में इसका खुलासा किया। इसे ही 'बोफोर्स घोटाला' या 'बोफोर्स कांड' के नाम से जाना जाता है।

आरोप था कि राजीव गांधी परिवार के नजदीकी बताए जानेवाले इतालवी व्यापारी ओत्तावियो क्वात्रोकी ने इस मामले में बिचौलिए की भूमिका अदा की, जिसके बदले में उसे दलाली की रकम का बड़ा हिस्सा मिला।

कुल चार सौ बोफोर्स तोपों की खरीद का सौदा 1.3 अरब डॉलर का था। आरोप है कि स्वीडन की हथियार कंपनी बोफोर्स ने भारत के साथ सौदे के लिए 1.42 करोड़ डॉलर की रिश्वत बाँटी थी।

काफी समय तक राजीव गांधी का नाम भी इस मामले के अभियुक्तों की सूची में शामिल रहा, लेकिन उनकी मौत के बाद नाम फाइल से हटा दिया गया।

सी.बी.आई. को इस मामले की जाँच सौंपी गई, लेकिन सरकारें बदलने पर सी.बी.आई. की जाँच की दिशा भी लगातार बदलती रही।

इस बीच कई ऐसे दाँव-पेंच खेले गए कि क्वात्रोकी को राहत मिलती चली गई। दिल्ली की एक अदालत ने हिंदुजा बंधुओं को रिहा किया तो सी.बी.आई. ने लंदन की अदालत से कह दिया कि क्वात्रोकी के खिलाफ कोई सबूत ही नहीं है।

अदालत ने क्वात्रोकी के सील खातों को खोलने के आदेश जारी कर दिए। नतीजतन क्वात्रोकी ने रातोंरात उन खातों से पैसा निकाल लिया।

यह ऐसा मसला है, जिसकी वजह से 1989 में राजीव गांधी की सरकार चली गई थी। तब वी.पी. सिंह हीरो के तौर पर उभरे थे।

यह अलग बात है कि उनकी सरकार भी बोफोर्स दलाली का सच सामने लाने में विफल रही थी। बाद में भी समय-समय पर यह मुद्दा देश में राजनीतिक तूफान लाता रहा।

□

श्रीलंका में शांति रक्षक सेना

अस्सी के दशक के पूर्वार्ध में 'लिबरेशन टाइगर्स ऑफ तमिल ईलम' (लिट्टे) ने श्रीलंका के तमिलों के लिए अलग देश बनाने की माँग के समर्थन में हिंसक अलगाववादी संघर्ष शुरू किया।

1987 में 'भारत-श्रीलंका शांति समझौते' के आधार पर श्रीलंका सरकार ने तमिलों के लिए अलग प्रांत बनाने हेतु जनमत संग्रह करवाने का आश्वासन दिया।

इसी समझौते के तहत राजीव गांधी सरकार ने भारतीय शांति रक्षक सेना (आई.पी.के.एफ.) को भेजकर श्रीलंका में शांति बहाली करने का फैसला किया।

श्रीलंका पहुँचकर भारतीय शांति रक्षक सेना को लिट्टे के साथ संघर्ष करना पड़ा।

वहीं लिट्टे ने राजीव गांधी सरकार के इस फैसले को विश्वासघात माना और भारत के तमिल नेतागण भी इस फैसले पर क्षुब्ध हो उठे।

1991 में एक तमिल मानव बम के हाथों राजीव गांधी की हत्या कर दी गई।

भारतीय शांति रक्षक सेना श्रीलंका में 1987 से 1990 तक तैनात रही।

आई.पी.के.एफ. का मुख्य दायित्व केवल लिट्टे ही नहीं, बल्कि अन्य उग्रवादी संगठनों से भी आत्मसमर्पण करवाना था। इसके बाद भारत-श्रीलंका समझौते के तहत अंतरिम प्रशासनिक परिषद् का गठन करना था।

श्रीलंका में हिंसा की वारदातें तेज होने और भारत में तमिल शरणार्थियों के आगमन को देखते हुए तत्कालीन प्रधानमंत्री राजीव गांधी ने समझौता करने का फैसला किया था।

पहले लिट्टे ने हथियार डालने से इनकार किया और अंतरिम प्रशासनिक परिषद् पर दबदबा कायम करने की कोशिश की। फिर उसने आई.पी.के.एफ.पर हमला करना शुरू कर दिया।

मार्च 1990 में आई.पी.के.एफ.को भारत वापस बुला लिया गया।

□

वर्ष : 1988

मतदान की उम्र घटाई गई

सबसे पहले 1969 में मतदान की उम्र 21 वर्ष से घटाकर 18 वर्ष करने की माँग संसद् में उठाई गई थी। लेकिन इस तरह का प्रावधान 1988 में जाकर संभव हो पाया, जब चुनाव सुधार से संबंधित संविधान का 62वाँ संशोधन पारित किया गया।

अस्सी के दशक के उत्तरार्ध में कांग्रेस को छोड़ने के बाद जब विश्वनाथ प्रताप सिंह ने जनता दल की स्थापना की तो मतदान की उम्र घटाने की माँग को उन्होंने अपनी पार्टी का अहम मुद्‌दा बनाया।

विश्वनाथ प्रताप सिंह मानते थे कि मतदान की उम्र घटाने से भारी तादाद में चुनावों के वोट उनकी पार्टी को मिल पाएँगे। राजीव गांधी इस बात से सहमत नहीं थे।

आनेवाले दिनों में स्पष्ट हो गया कि विश्वनाथ प्रताप सिंह ने सही सोचा था। 1989 के चुनावों में कांग्रेस को भारी पराजय का सामना करना पड़ा था।

जिस समय संविधान का 62वाँ संशोधन विधेयक संसद् में पारित किया गया, उस समय बताया गया कि मतदान की उम्र घटा देने के बाद 50 मिलियन युवा चुनावों में अपने मताधिकार का प्रयोग कर पाएँगे।

7 नवंबर, 1989 में नौवीं लोकसभा के लिए तीन चरणों में मतदान हुआ, जिसमें 18 साल से अधिक उम्र के युवाओं को पहली बार मतदान का मौका मिला।

वर्ष 1984 में आठवें आम चुनाव में कुल मतदाताओं की संख्या 37.95 करोड़ थी और वर्ष 1989 में हुए नौवें लोकसभा चुनाव में यह संख्या बढ़कर 49.89 करोड़ हो गई। इसका एक बड़ा कारण मतदाताओं की न्यूनतम आयु को

21 से घटाकर 18 वर्ष करना था।

इससे नीति-नियंताओं को इस आयु वर्ग के लोगों के लिए नीतियाँ बनानी पड़ीं। समय बीतने के साथ यह वर्ग सोशल मीडिया का सबसे बड़ा हिस्सा बना, जिससे अब राजनीतिक दलों को इस मीडिया का भी सहारा लेना पड़ रहा है।

□

कश्मीर में आतंकवाद

1987 के विधानसभा चुनाव के दौरान राजीव गांधी सरकार द्वारा 'बल-प्रयोग' किए जाने के बाद 1989-90 कश्मीर में आतंकवाद ने सिर उठाना शुरू कर दिया।

1988 में पूरे वर्ष के दौरान श्रीनगर से सुरक्षा बलों पर हमले, बम धमाके और लूटपाट की खबरें आती रहीं।

जल्द ही, 'आजादी' के लिए किया गया आह्वान 'छद्‌म युद्ध' में रूपांतरित हो गया, जिसका मकसद कश्मीर का पाकिस्तान के साथ विलय करना था।

कश्मीरी पंडितों को सुनियोजित तरीके से निशाना बनाया गया और उनकी हत्या की गई। इस समुदाय के लोगों को घाटी से पलायन करने के लिए मजबूर होना पड़ा।

वर्ष 2000 तक कश्मीर में चार हजार से भी कम पंडित बचे रह गए थे।

सत्तर के दशक तक कश्मीर में लोकतांत्रिक प्रणाली का विकास सीमित हद तक ही हो पाया था।

1988 तक भारत सरकार की तरफ से जिन लोकतांत्रिक सुधारों को लागू करने की कोशिश की गई, उनके प्रतिकूल नतीजे ही सामने आए।

1987 के विधानसभा चुनाव के बाद कुछ विधायकों ने सशस्त्र उग्रवादी गुटों की स्थापना कर ली थी।

1988 में कश्मीर में विरोध प्रदर्शनों, हड़तालों और हमलों का सिलसिला शुरू हुआ। इसके साथ ही आतंकवाद की जड़ें भी मजबूत होती चली गईं।

नब्बे के दशक में कश्मीर का आतंकवाद भारत के लिए आंतरिक सुरक्षा का सबसे बड़ा मसला बन गया।

आतंकवाद की वजह से हजारों निर्दोष लोग मारे गए।

भारत सरकार पाकिस्तान की बदनाम सैन्य खुफिया एजेंसी आई.एस.आई. पर आरोप लगाती रही है कि वह मुजाहिदीनों को प्रशिक्षण देकर कश्मीर में लड़ने के लिए भेजती रही है।

□

वर्ष : 1990

मंडल-विरोधी आंदोलन

जब 1990 में विश्वनाथ प्रताप सिंह सरकार ने मंडल आयोग की सिफारिशों को लागू करने का फैसला किया तो इस बात को लेकर देश भर में असंतोष की स्थिति पैदा हो गई।

मंडल विरोधी आंदोलन के दौरान 100 से अधिक लोग मारे गए। इस आंदोलन ने हमेशा के लिए भारतीय राजनीति की तसवीर को भी बदलकर रख दिया।

1980 की अपनी रिपोर्ट में मंडल आयोग ने 3,743 समूहों की शिनाख्त अन्य पिछड़ा वर्ग (ओ.बी.सी.) के रूप में की थी और उन्हें 27 प्रतिशत आरक्षण देने का सुझाव दिया था।

एक अल्पमत सरकार की अगुवाई कर रहे विश्वनाथ प्रताप सिंह ने अगस्त 1990 में एक आदेश जारी करते हुए मंडल आयोग की सिफारिशों को लागू करने की घोषणा कर दी। इस घोषणा के साथ ही देश भर में हिंसक विरोध प्रदर्शन होने लगे।

लेकिन इस घोषणा ने भारतीय राजनीति के चुनावी गणित को हमेशा के लिए बदलकर रख दिया था। इस नए प्रावधान के लागू होने के बाद एक नए वर्ग के ताकतवर नेतागण उभरकर सामने आने लगे।

मंडल विरोधी आंदोलन देश के कोने-कोने में फैल गया था। हड़ताल, विरोध, प्रदर्शन और रैलियों के साथ-साथ युवकों द्वारा आत्मदाह की घटनाएँ भी हुई थीं।

17 नवंबर, 1992 को सुप्रीम कोर्ट ने ऐतिहासिक फैसले में मंडल आयोग की सिफारिशें लागू करने के फैसले को वैध ठहराया।

साथ ही आरक्षण की अधिकतम सीमा 50 प्रतिशत रखने और पिछड़ी जातियों के उच्च तबके को इस सुविधा से अलग रखने का निर्देश दिया।

8 सितंबर, 1993 को केंद्र सरकार ने नौकरियों में पिछड़े वर्गों को 27 फीसदी आरक्षण देने की अधिसूचना जारी की।

मंडल आयोग की सिफारिशों के तहत वी. राजशेखर आरक्षण के जरिए नौकरी पानेवाले पहले अभ्यर्थी बने।

आरक्षण विरोधी आंदोलन के अगुआ रहे राजीव गोस्वामी का 24 फरवरी, 2004 को लंबी बीमारी के बाद निधन हो गया।

□

श्री आडवाणी की रथ-यात्रा

अस्सी के दशक के मध्य से भाजपा अयोध्या में बाबरी मसजिद की जगह राम मंदिर के निर्माण के आंदोलन का खुलकर सामर्थन करने लगी थी।

जब तत्कालीन प्रधानमंत्री विश्वनाथ प्रताप सिंह के मंडल आयोग की सिफारिशों को लागू करने का फैसला किया, तब सरकार का बाहर से समर्थन कर रही भाजपा ने महसूस किया कि उसका हिंदू वोट बैंक इस फैसले से प्रभावित हो सकता था।

भाजपा अध्यक्ष लालकृष्ण आडवाणी ने अयोध्या तक रथ-यात्रा निकालने का फैसला किया। इस रथ-यात्रा के दौरान वे 10,000 किलोमीटर की दूरी तय कर आठ राज्यों से गुजरते हुए अयोध्या पहुँचनेवाले थे।

रथ-यात्रा के दौरान जगह-जगह जनसभाओं को संबोधित करते हुए आडवाणी ने 'छद्म धर्मनिरपेक्षता' और 'अत्पसंख्यकों के तुष्टिकरण' की नीतियों पर प्रहार किया।

इस रथ-यात्रा को बिहार के समस्तीपुर में रोक दिया गया और आडवाणी को गिरफ्तार कर लिया गया।

भाजपा ने सरकार से समर्थन वापस ले लिया और विश्वनाथ प्रताप सिंह की सरकार का पतन हो गया।

आडवाणी की इस रथ-यात्रा ने जो जमीन तैयार की, उसी को आधार बनाकर कुछ सालों के बाद भाजपा ने केंद्र में सरकार बनाई।

अपनी रथ-यात्रा की सफलता के बारे में आडवाणी ने उस समय मीडिया को बताया था कि राम के प्रति उनकी निष्ठा की वजह से रथ-यात्रा सफल हुई थी।

आडवाणी ने कहा था कि आजादी के बाद चालीस साल बीत जाने पर पहली बार किसी पार्टी ने बहुसंख्यक जनता की आशाओं-आकांक्षाओं को समझा था और उस समुदाय की आवाज को बुलंद किया था।

□

वर्ष : 1991

राजीव गांधी की हत्या

राजीव गांधी भारत की पहली महिला प्रधानमंत्री इंदिरा गांधी के पुत्र और भारत के पहले प्रधानमंत्री जवाहरलाल नेहरू के पौत्र और भारत के नौवें प्रधानमंत्री थे।

राजीव गांधी 1981 से कांग्रेस (आई) के महासचिव थे और अपनी माँ की हत्या के बाद भारत के प्रधानमंत्री (1984-1989) बने।

40 साल की उम्र में देश के सबसे युवा और नौवें प्रधानमंत्री होने का गौरव हासिल करनेवाले राजीव गांधी 'आधुनिक भारत के शिल्पकार' कहे जा सकते हैं।

वे पहले ऐसे व्यक्ति थे, जिन्होंने देश में तकनीक के प्रयोग को प्राथमिकता देकर कंप्यूटर के व्यापक प्रयोग पर जोर डाला।

31 अक्तूबर, 1984 को प्रधानमंत्री इंदिरा गांधी की हत्या के बाद देश की डाँवाँडोल होती राजनीतिक परिस्थितियों को सँभालने के लिए उन्हें प्रधानमंत्री बनाया गया।

उस समय कई लोगों ने उन्हें नौसिखिया भी कहा, लेकिन जिस तरह से उन्होंने यह जिम्मेदारी निभाई, उससे सभी अचंभित रह गए।

उनका शासनकाल कई आरोपों से भी घिरा रहा, जिसमें बोफोर्स घोटाला सबसे गंभीर था। इसके अलावा उनपर कोई ऐसा दाग नहीं था, जिसकी वजह से उनकी निंदा हो।

श्रीलंका में चल रहे लिट्टे और सिंहलियों के बीच युद्ध को शांत करने के लिए राजीव गांधी ने भारतीय शांति सेना को श्रीलंका में तैनात कर दिया।

अपने राजनीतिक फैसलों में कट्टरपंथियों को नाराज कर चुके राजीव गांधी

पर श्रीलंका में सलामी गारद के निरीक्षण के दौरान हमला किया गया, लेकिन वे बाल-बाल बच गए, पर 1991 में ऐसा नहीं हो सका।

लिट्टे ने तमिलनाडु में चुनाव प्रचार के दौरान राजीव गांधी पर आत्मघाती हमला करवा दिया। 21 मई, 1991 को सुबह 10 बजे के करीब एक महिला राजीव गांधी से मिलने के लिए स्टेज तक गई और उनके पाँव छूने के लिए जैसे ही झुकी, उसके शरीर में लगा आर.डी.एक्स. फट गया। इस हमले में राजीव गांधी का निधन हो गया।

□

वर्ष : 1991

आर्थिक उदारीकरण की शुरुआत

वर्ष 1991 में जब नरसिंह राव प्रधानमंत्री बने तो उस समय भारतीय अर्थव्यवस्था की हालत डाँवाँडोल थी और भारत दिवालियेपन की कगार पर था।

प्रख्यात अर्थशास्त्री मनमोहन सिंह को राव अपनी कैबिनेट में वित्त मंत्री बनाकर ले आए, जिस पर कई लोगों को हैरानी हुई।

लेकिन मनमोहन सिंह ने न केवल भारतीय अर्थव्यवस्था को उबारा, बल्कि उदारीकरण की राह प्रशस्त की और भारतीय बाजार को खोल दिया।

यही वजह है कि मनमोहन सिंह को भारत में 'आर्थिक उदारीकरण का जनक' माना जाता है।

इससे पहले तक भारतीय अर्थव्यवस्था में सार्वजनिक क्षेत्र की बहुत ही महत्त्वपूर्ण भूमिका रही है।

वैसे वित्त मंत्री बनने से पहले भी डॉ. सिंह का नाम लोगों के लिए नया नहीं था।

वित्त मंत्री बनने से पहले मनमोहन सिंह भारत के केंद्रीय बैंक 'भारतीय रिजर्व बैंक' के गवर्नर थे और उनका नाम नोटों पर रहा करता था।

1996 में नरसिंह राव के सत्ता से जाते-जाते भारतीय अर्थव्यवस्था न केवल पटरी पर आ गई, बल्कि उसने गति भी पकड़नी शुरू कर दी।

जब सन् 2004 में कांग्रेस की सत्ता में वापसी हुई तो सरकार की कमान मनमोहन सिंह को सौंपी गई।

नव उदारवादी आर्थिक सैद्धांतिकी में बाजार की सर्वोच्चता को स्वीकार किया गया है और माना जाता है कि राज्य को बाजार में हस्तक्षेप नहीं करना चाहिए, यानी राजनीति को अर्थनीति से दूर रहना चाहिए।

इसे सुनिश्चित करने के लिए अर्थव्यवस्था में राज्य की भूमिका लगातार सीमित करने की कोशिश की गई है और बाजार को अधिक-से-अधिक छूट दी गई है। आर्थिक उदारीकरण से पहले भारतीय उद्योगों और व्यापार पर सरकारी नियंत्रण का बोलबाला था।

मूलभूत ढाँचे में तेज प्रगति ने होने से एक बड़ा तबका अब भी नाखुश है और एक बड़ा हिस्सा इन सुधारों से अभी भी लाभान्वित नहीं हुआ है।

□

वर्ष : 1992

बाबरी ढाँचा विध्वंस

लालकृष्ण आडवाणी ने अपनी रथ-यात्रा के दौरान अयोध्या में मंदिर के लिए जो आंदोलन शुरू किया था, वह 1992 में चरम पर पहुँच गया।

विश्व हिंदू परिषद् और राष्ट्रीय स्वयंसेवक संघ सरीखे संगठनों के आह्वान पर कड़ाके की सर्दी में लगभग दो लाख लोग अयोध्या में जमा हुए और 6 दिसंबर को महज कुछ मिनटों में ही 400 साल पुरानी बाबरी ढाँचा जमींदोज हो गई।

लेकिन इस घटना ने भारत के सामाजिक ताने-बाने को झकझोरकर रख दिया और आपसी सौहार्द की जगह सांप्रदायिक तनाव फैलने लगा।

उस समय केंद्र में नरसिंह राव सरकार थी। उन्होंने कैबिनेट की आपात बैठक बुलाई और उत्तर प्रदेश की कल्याण सिंह सरकार को बरखास्त कर दिया। नरसिंह राव ने इस घटना को 'राष्ट्रीय शर्म' की संज्ञा दी।

इस घटना के चलते 1947 के बाद की भयानक सांप्रदायिक हिंसा से भारत को दो-चार होना पड़ा। दो हजार से ज्यादा लोग इस हिंसा के शिकार हुए।

16 दिसंबर, 1992 को भारत सरकार द्वारा बाबरी ढाँचा विध्वंस के लिए बनी परिस्थितियों की जाँच के लिए 'लिब्रहान आयोग' का गठन किया गया।

विभिन्न सरकारों द्वारा 48 बार अतिरिक्त समय की मंजूरी पानेवाला, भारतीय इतिहास में सबसे लंबे समय तक काम करनेवाला यह आयोग है।

इस घटना के 16 सालों से भी अधिक समय के बाद 30 जून, 2009 को 'लिब्रहान आयोग' ने देश के प्रधानमंत्री को अपनी रिपोर्ट सौंपी।

रिपोर्ट की सामग्री नवंबर 2009 में समाचार मीडिया में लीक हो गई। ढाँचे के विध्वंस के लिए आयोग ने भारत सरकार के उच्च पदस्थ अधिकारियों और

हिंदू राष्ट्रवादियों को दोषी ठहराया।

रिपोर्ट की सामग्री भारतीय संसद् में हंगामे का कारण बनी।

6 दिसबंर, 1992 को बाबरी ढाँचे विध्वंस के दिन जो कुछ भी हुआ था, रिपोर्ट ने घटना के टुकड़ों को सिलसिलेवार एक साथ गूँथा था।

□

वर्ष : 1993

कश्मीर में आतंकवाद चरम पर

हजरत बल मसजिद पर कब्जा और चरारे-शरीफ को आग के हवाले किए जाने के साथ ही कश्मीर में आतंकवाद चरम पर पहुँच गया।

अक्तूबर 1993 में पता चला कि 50 हथियारबंद आतंकवादियों ने हजरत बल मसजिद के भीतर शरण ले रखी थी।

काफी जद्दोजहद के बाद उन आतंकवादियों ने हथियार डाल दिए थे, लेकिन आतंकवादियों के साथ 'अतिविशिष्ट व्यक्ति' जैसा बरताव किए जाने के कारण सरकार की तीखी आलोचना की गई थी।

1995 में इसी तरह एक मुठभेड़ के प्रकरण में कश्मीर के सबसे पवित्र तीर्थ स्थल चरारे-शरीफ को जला दिया गया।

'जमाते-इसलामी' और 'हरकत-उल-अंसार' के आतंकवादियों ने 1995 के पूर्वार्द्ध में चरारे-शरीफ में शरण ली थी और लंबे समय तक सेना के साथ मुठभेड़ चलती रही थी।

10 मई की शाम जब आतंकवादी चारों दिशाओं से घिर गए तो उन्होंने कई धमाके किए, जिससे दरगाह में आग लग गई।

आगजनी की घटना के दो घंटे बाद जब सेना दरगाह के अंदर पहुँची, तब तक आतंकवादी वहाँ से भाग चुके थे।

कश्मीर में ढाई दशकों में आधिकारिक आँकड़ों के मुताबिक 46 हजार लोगों की मौत हुई है। गैर-सरकारी तौर पर यह आँकड़ा एक लाख से अधिक है।

मृतकों का आँकड़ा इस बात की पुष्टि करता है कि एक आतंकी की मौत के बदले एक नागरिक या सुरक्षाकर्मी को अपनी जान गँवानी पड़ी है।

□

वर्ष : 1993

मुंबई बम धमाके

शुक्रवार 12 मार्च, 1993 को मुंबई में शृंखलाबद्ध रूप से 13 बम धमाके हुए थे। भारतीय इतिहास में शृंखलाबद्ध बम विस्फोट की यह सबसे बड़ी घटना मानी जाती है।

इस घटना में 350 से अधिक लोग मारे गए और 1,200 से अधिक लोग घायल हो गए।

इन बम धमाकों को अंडरवर्ल्ड सरगना दाउद इब्राहिम के इशारे पर अंजाम दिया गया था। दाउद ने अपने सहायक टाइगर मेनन की मदद से इन बम धमाकों की साजिश रची थी।

माना जाता है कि इस साजिश को अंजाम देने के लिए तस्कर हाजी अहमद, हाजी उमर, तौफीक जलियावाला, असलम भट्टी और दाउद जट ने वित्तीय मदद मुहैया करवाई थी।

साजिश को मुकम्मल करने के लिए पाकिस्तान की बदनाम सैन्य खुफिया एजेंसी आई.एस.आई. ने भी मदद की थी। कई आतंकवादियों को हथियार चलाने और बम धमाके का प्रशिक्षण पाकिस्तान में दिया गया था और उनमें से कई आतंकवादियों को दुबई में नियुक्त किया गया था।

बम धमाके के आरोपियों के खिलाफ 20 वर्षों तक मुकदमा चलता रहा। आखिरकार 21 मार्च, 2013 को सुप्रीम कोर्ट ने फैसला सुनाकर दोषियों को सजा सुनाई।

इस मामले के दो प्रमुख आरोपियों—दाउद इब्राहिम और टाइगर मेनन को गिरफ्तार नहीं किया जा सका।

बम धमाके करने के लिए आर.डी.एक्स. से भरे हुए सूटकेसों और वाहनों

को बंबई स्टॉक एक्सचेंज, एयर इंडिया बिल्डिंग, शिव सेना भवन के पास, बाजारों और होटलों में रखा गया था।

इस मामले में गैर-कानूनी हथियार रखने के आरोप में बॉलीवुड के प्रसिद्ध अभिनेता संजय दत्त को पाँच साल के कारावास की सजा सुनाई गई। वहीं टाइगर मेनन के भाई याकूब मेनन को मौत की सजा सुनाई गई।

□

वर्ष : 1995

मायावती का उदय

मायावती की जीवन कथा में कई आयाम हैं। यह एक साधारण सी दलित स्त्री की निजी जिंदगी की अद्‌भुत दास्तान है।

एक ऐसी स्त्री, जिसे भारत के चोटी के सशक्त राजनेताओं के बीच अपनी जगह बनाने की महत्त्वाकांक्षा ने लगातार प्रेरित किया।

सत्ता की दौड़ में राजनीति के मैदान के खिलाड़ी–राजनेता परंपरा से जो खेल खेलते चले आ रहे थे, मायावती ने वस्तुतः उसे नया रूप दिया।

राजनीति और विचारधारा की दृष्टि से उनके मन में बराबर जो दुविधा बनी रहती थी, अगर कुल मिलाकर उसके इतने शानदार नतीजे न निकलते तो उनकी स्थिति हास्यास्पद हो जाती।

सबसे महत्त्वपूर्ण बात यह है कि मायावती का उदय उस व्यापक सामाजिक उथल–पुथल को प्रतिबंबित करता है, जिसने भारतीय समाज में सदियों से चली आ रही अति रूढ़िवादी जाति–व्यवस्था का सफाया कर दिया।

मायावती का जन्म 15 जनवरी, 1956 को हुआ। 1984 में 'बहुजन समाज पार्टी' की स्थापना के साथ मायावती सक्रिय राजनीति से जुड़ गईं।

1989 में बिजनौर संसदीय सीट से मायावती पहली बार संसद्‌ के लिए चुनी गईं।

1995 में भाजपा के साथ हाथ मिलाकर मायावती पहली दलित महिला मुख्यमंत्री बन गईं। यह वह वक्त था, जब मायावती विश्व के फलक पर अचानक एक कद्‌दावर नेता के रूप में उभरी थीं।

उनकी इन्हीं उपलब्धियों की बदौलत प्रतिष्ठित 'न्यूज वीक' पत्रिका उन्हें दुनिया की आठ सर्वाधिक ताकतवर महिलाओं में शुमार कर चुकी है।

मुख्यमंत्री का पद सँभालने के बाद उन्होंने बहुजन समाज नायकों और बहुजन हितों पर खासा ध्यान दिया।

मायावती ने 'आंबेडकर ग्राम योजना' लाकर अनुसूचित जाति बहुल गाँव में सरकारी निवेश को बढ़ावा दिया।

दलित आंदोलन और समाज अब मायावती में अपना चेहरा देख रहा है।

□

वर्ष : 1995

भारत में मोबाइल फोन

भारत में मोबाइल क्रांति की शुरुआत 1995 में हुई। भारत में सूचना क्रांति लानेवाली इस इलेक्ट्रॉनिक मशीन की सबसे बड़ी उपलब्धि यह है कि आज देश में मोबाइल फोन कनेक्शनों की संख्या सत्तर करोड़ हो चुकी है।

आनेवाले वर्षों में यह दावा किया जा सकेगा कि सवा अरब की आबादीवाले इस मुल्क में इतने ही मोबाइल कनेक्शन भी हैं।

इसने देश में काफी सारा रोजगार पैदा किया है और पूँजी निर्माण में भी बड़ा योगदान दिया है। खासकर सर्विस सेक्टर में इसका बहुत बड़ा योगदान है।

देश में मोबाइल क्रांति की शुरुआत ही इस अरमान के साथ की गई थी कि वह अमीरी-गरीबी का फर्क किए बगैर हर व्यक्ति के लिए संचार की सुविधा उपलब्ध करा सकेगी।

पहले टेलीफोन सिर्फ अमीर और प्रभावशाली लोगों के पास हुआ करता था और उसमें एस.टी.डी. और आई.एस.डी. जैसी सुविधाएँ तो और भी विरल थीं।

फिर भी मोबाइल फोन के शुरुआती दौर में यह सोच पाना मुश्किल था कि केवल डेढ़ दशक में रिक्शाचालक और दिहाड़ी मजदूर तबका भी बेफिक्र होकर गाँव-देहात में बसे अपने परिवार से जब चाहे, बात कर सकेगा।

वह न सिर्फ पी.सी.ओ. बूथ के खुलने-बंद होने की चिंता से मुक्त होगा, बल्कि पी.सी.ओ. का नया उभरता बाजार ही खत्म कर देगा।

एक अमरीकी सर्वे से पता चला है कि रेल, फ्लाइट, होटल बुकिंग से लेकर कार भाड़े पर लेने जैसी तमाम सेवाएँ लेने के मामले में भी भारतीय मोबाइल फोन के इस्तेमाल में काफी आगे हैं।

मोबाइल फोन से लोगों को कई तरह की सहूलियतें मिली हैं। सुरक्षा के

उपकरण के तौर पर भी इसकी भूमिका रेखांकित की जा सकती है। खासतौर से लड़कियों में सुरक्षाबोध जगाने में मोबाइल फोन काफी मददगार रहा है।

देश में 95 फीसदी मोबाइल प्रीपेड हैं। इससे गाँव-कस्बे के युवाओं को मोबाइल रिचार्ज की बिक्री जैसा एक नया रोजगार मिल रहा है।

□

गांधी परिवार की वापसी

सोनिया गांधी के अपने शब्दों में वे उस समय 'शेरनी की तरह' लड़ पड़ी थीं, जब उनके पति राजीव गांधी ने सक्रिय राजनीति में प्रवेश करने के निर्णय के बारे में बताया था। यह 1984 की बात थी।

13 साल बाद सोनिया गांधी कांग्रेस में शामिल हो गईं। अगले ही साल वे पार्टी की अध्यक्ष चुन ली गईं।

सोनिया ने अपने पुत्र राहुल को नेहरू-गांधी वंश का उत्तराधिकारी बताया। सोनिया की राजनीतिक विचारधारा जहाँ समाजवाद पर आधारित रही है, वहीं राहुल गांधी कांग्रेस को जमीनी स्तर पर मजबूत बनाने की कोशिश करते रहे हैं।

राहुल भ्रष्टाचार और भाई-भतीजेवाद की आलोचना करते रहे हैं और स्वयं को बदलाव के प्रतीक के रूप में पेश करते रहे हैं।

पी.वी. नरसिंह राव के प्रधानमंत्रित्वकाल के पश्चात् कांग्रेस 1996 का आम चुनाव हार गई, जिससे कांग्रेस के नेताओं ने फिर से नेहरू-गांधी परिवार के किसी सदस्य की आवश्यकता महसूस की।

उनके दबाव में सोनिया ने 1997 में कोलकाता के सत्र में कांग्रेस की प्राथमिक सदस्यता ग्रहण की और उसके 62 दिनों के अंदर 1998 में वे कांग्रेस की अध्यक्ष चुनी गईं।

सोनिया अक्तूबर 1999 में कर्नाटक की बेल्लारी सीट और साथ ही अपने दिवगंत पति के निर्वाचन क्षेत्र अमेठी से लोकसभा के लिए लड़ीं और करीब तीन लाख वोटों की विशाल बढ़त से विजयी हुईं।

1999 में 13वीं लोकसभा में वे विपक्ष की नेता चुनी गईं।

2004 के चुनाव में यू.पी.ए. को अनपेक्षित रूप से 200 से ज्यादा सीटें मिलीं। सोनिया स्वयं रायबरेली से सांसद चुनी गईं।

□

वर्ष : 1998

भाजपा सत्ता में

1996 में सरकार बनाने की एक असफल कोशिश करने के बाद 1998 के लोकसभा चुनावों में भाजपा फिर सबसे बड़ी पार्टी बनकर उभरी।

18 पार्टियों के गठबंधन के साथ अटल बिहारी वाजपेयी प्रधानमंत्री चुने गए।

यह सरकार केवल डेढ़ साल चली और इस दौरान पोखरण में मई 1998 में भारत ने दूसरी बार परमाणु बम धमाके किए।

इसकी अंतरराष्ट्रीय स्तर पर काफी आलोचना हुई और भारत पर कुछ प्रतिबंध भी लगे, लेकिन वाजपेयी ने इन्हें भारत की सुरक्षा सुनिश्चित करने के लिए जरूरी बताया।

इसके बाद फरवरी 1999 में वाजपेयी ने पड़ोसी देश पाकिस्तान से रिश्ते बेहतर बनाने के लिए एक महत्त्वपूर्ण पहल की और बस-यात्रा करते हुए अमृतसर से लाहौर पहुँचे।

इसके लिए अंतरराष्ट्रीय और राष्ट्रीय स्तर पर उनकी खासी प्रशंसा हुई।

लेकिन जब कारगिल में पाकिस्तान की ओर से घुसपैठ हुई, तब कड़ा रुख अपनाते हुए उन्होंने सैन्य काररवाई का आदेश दिया और कई दिन तक चली काररवाई में भारतीय सेना ने घुसपैठियों को खदेड़ दिया।

इसके बाद मध्यावधि चुनाव हुए और 1999 में वाजपेयी तीसरी बार प्रधानमंत्री बने। यह सरकार पूरे पाँच साल चली और ऐसा पहली बार हुआ कि किसी गैर-कांग्रेसी सरकार ने अपना कार्यकाल पूरा किया हो।

वर्ष 2001 में दूसरी बार पाकिस्तान के साथ रिश्ते सुधारने के मकसद से उन्होंने पाकिस्तान के राष्ट्रपति परवेज मुशर्रफ को 'आगरा शिखर सम्मेलन' के

लिए आमंत्रित किया, लेकिन इसका नतीजा ज्यादा सकारात्मक नहीं निकल पाया।

इसके बाद तीसरी बार मई 2003 में वाजपेयी ने फिर कश्मीर मुद्दे पर पाकिस्तान के साथ बातचीत की पेशकश रखी और उसके बाद से दोनों देशों के रिश्ते काफी बेहतर हुए हैं।

वाजपेयी के प्रधानमंत्री रहते हुए चीन से संबंध बेहतर बनाने की कोशिश हुई और वे चीन-यात्रा पर गए।

□

पोखरण परमाणु परीक्षण

वर्ष 1998 में भारत ने पोखरण में 11 मई से 13 मई तक सफलतापूर्वक पाँच परमाणु परीक्षण किए। इस सफलता के बाद तत्कालीन प्रधानमंत्री अटल बिहारी वाजपेयी ने 'जय जवान, जय किसान, जय विज्ञान' का नारा दिया था।

यह दिन भारत की प्रौद्योगिकी ताकत को दरशाता है। इस दिन भारत अपनी उन्नत स्वदेशी प्रौद्योगिकी का परिचय देते हुए दुनिया के ताकतवर देशों के समूह में शामिल हो गया।

भारत के परमाणु शक्तिसंपन्न होने की दिशा में काम तो वर्ष 1945 में ही शुरू हो गया था, जब होमी जहाँगीर भाभा ने इंस्टीट्यूट ऑफ फंडामेंटल रिसर्च की नींव रखी। लेकिन सही मायनों में भारत की सक्रियता 1962 के भारत-चीन युद्ध के बाद बढ़ी।

18 मई, 1974 में पोखरण में पहले परमाणु परीक्षण के साथ पूरी दुनिया चौंक उठी, क्योंकि सुरक्षा परिषद् में बैठी दुनिया की पाँच महाशक्तियों से इतर भारत परमाणु शक्ति बननेवाला पहला देश बन चुका था।

पहले परमाणु परीक्षण के बाद 24 साल तक अंतरराष्ट्रीय दबाव व राजनीतिक नेतृत्व में इच्छाशक्ति के अभाव में भारत के परमाणु कार्यक्रम की दिशा में कोई बड़ी हलचल नहीं हुई। 1998 में केंद्रीय सत्ता में परिवर्तन हुआ और अटल बिहारी वाजपेयी प्रधानमंत्री बने। वाजपेयी ने अपने चुनाव अभियान में भारत को बड़ी परमाणु शक्ति बनाने का नारा दिया था। सत्ता में आने के दो महीने के अंदर ही उन्होंने अपने इस वादे को मूर्त रूप देने के लिए परमाणु वैज्ञानिकों को यथाशीघ्र दूसरे परमाणु परीक्षण की तैयारी के निर्देश दिए।

चूँकि इससे पूर्व 1995 में भारत की परमाणु तैयारियों की भनक अमरीका

को लग चुकी थी, इसलिए इस बार अभियान की तैयारियों को पूरी तरह गोपनीय रखा गया। केंद्रीय मंत्रिमंडल के कई सदस्यों तक को इसके बारे में पता नहीं था। पूरे अभियान की रणनीति में कुछ वरिष्ठ वैज्ञानिक, सैन्य अधिकारी व राजनेता ही शामिल थे।

ए.पी.जे. अब्दुल कलाम, राजगोपाल चिदंबरम अभियान के समन्वयक बनाए गए। उनके साथ डॉ. अनिल काकोदर समेत आठ वैज्ञानिकों की टीम सहयोग कर रही थी। अभियान की जमीनी तैयारियों में 58 इंजीनियर्स रेजीमेंट ने सहयोग किया।

इस परीक्षण की सफलता पर भारतीय जनमानस ने भरपूर प्रसन्नता जताई। लेकिन दुनिया के दूसरे मूल्कों में इसकी तीखी प्रतिक्रिया हुई। एकमात्र इजरायल ही ऐसा देश था, जिसने भारत के इस परीक्षण का समर्थन किया। जापान व अमरीका ने भारत पर आर्थिक प्रतिबंध लागू कर दिए।

□

वर्ष : 1998

सूचना प्रोद्यौगिकी की क्रांति

1960 के दशक के उत्तरार्ध में भारत में सूचना प्रोद्यौगिकी (आई.टी.) क्षेत्र ने पहला कदम तब बढ़ाया था, जब टाटा संस ने टाटा 'कंसलटेंसी सर्विसेज' (टी.सी.एस.) की स्थापना की थी।

1975 में भारत सरकार ने 'सी.एम.सी.' की स्थापना की।

लेकिन 1990 के दशक के आखरी हिस्से में जाकर इस बात का संकेत मिलने लगा कि भारत सूचना प्रौद्योगिकी के क्षेत्र में सुपर पावर बनने की दिशा में अग्रसर था।

वाई 2 के बग का खतरा इस क्षेत्र के लिए वरदान साबित हुआ।

1999 में इनफोसिस पहली आई.टी. कंपनी बन गई, जिसे अमरीका 'टेक स्टॉक एक्सचेंज' 'नासदाक' में सूचीबद्ध किया गया।

वर्ष 2006 में इनफोसिस नासदाक की 100 सर्वश्रेष्ठ कंपनियों की सूची में शामिल हो गई।

'नासकोम' के अनुसार वर्तमान समय में आई.टी. उद्योग एक सौ बिलियन डॉलर का हो चुका है, जो 2020 तक 225 बिलियन डॉलर का हो जाएगा।

इक्कीसवीं सदी के पहले दशक में अंग्रेजी शब्दकोश में एक नया शब्द 'बेंगलोर्ड' शामिल किया गया, जो इस बात का परिचायक है कि ज्यादा-से-ज्यादा तादाद में अमरीकी आई.टी. रोजगार भारत में स्थानांतरित होता रहा है।

कभी सपेरों का देश कहा जानेवाला देश भारत सूचना प्रौद्योगिकी के क्षेत्र में विश्व में अहम स्थान रखता है। यही वजह है कि 2001 से 2006 तक आई.टी. सेवा में भारत की वैश्विक भागीदारी 62 प्रतिशत से बढ़कर 65 प्रतिशत हुई।

अगर इस क्षेत्र में तीव्र विकास की बात करें तो इस तथ्य को भी अनदेखा

नहीं किया जा सकता कि दिसंबर 2006 तक 440 भारतीय कंपनियों को विश्व स्तरीय गुणवत्ता प्रमाण के तहत माना गया है, जिनमें 90 कंपनियों के सी.एम.एम. को 'लेवल-5' के सम्मान से सम्मानित किया जा चुका है, जो अभी तक विश्व के किसी भी देश में सर्वाधिक है।

□

वर्ष : 1999

कारगिल युद्ध

'कारगिल युद्ध' भारत और पाकिस्तान के बीच मई और जुलाई 1999 की अवधि में कश्मीर के कारगिल जिले में हुए सशक्त संघर्ष का नाम है। कश्मीर के कारगिल क्षेत्र में सामरिक महत्त्व की ऊँची चोटियाँ भारत के अधिकार क्षेत्र में आती हैं।

उन दुर्गम चोटियों पर सर्दियों में रहना काफी कष्टसाधक होता है। इस कारण भारतीय सेना वहाँ सर्दियों में नहीं रहती थी। इसका लाभ उठाकर पाकिस्तानी राष्ट्रपति परवेज मुर्शरफ ने आतंकवादियों के साथ पाकिस्तानी सेना को भी कारगिल पर कब्जा करने के लिए भेज दिया।

वस्तुतः पाकिस्तान ने सीमा संबंधी नियमों का उल्लंघन किया था। लेकिन उसके पास यह सुरक्षित बहाना था कि कारगिल की चोटियों पर तो आतंकवादियों ने कब्जा किया है, न कि पाकिस्तान की सेना ने।

ऐसी स्थिति में भारतीय सेना के सामने बड़ी चुनौती थी। दुश्मन काफी ऊँचाई पर था और भारतीय सेना उनके आसान निशाने पर थी, लेकिन भारतीय सेना ने अपना मनोबल कायम रखते हुए पाकिस्तानी फौज पर आक्रमण कर दिया।

भारतीय सेना ने इस युद्ध की चुनौती को 'ऑपरेशन विजय' का नाम दिया। युद्ध के दौरान भारतीय सेना को सैकड़ों अफसरों और सैनिकों की कुरबानी देनी पड़ी। पाकिस्तानी सैनिक भी बड़ी संख्या में हताहत हुए।

यहाँ यह भी बताना प्रासंगिक होगा कि कुछ ही समय पहले भारत के तत्कालीन प्रधानमंत्री अटल बिहारी वाजपेयी पाकिस्तान का दौरा करके आए थे और भारत-पाक संबंधों को सुधारने की दिशा में महत्त्वपूर्ण मंत्रणाएँ भी हुई थीं।

उस समय पाकिस्तान के प्रधानमंत्री नवाज शरीफ थे और राष्ट्रपति परवेज मुशर्रफ।

फरवरी 2008 में नवाज शरीफ ने यह खुलासा किया कि कारगिल पर कब्जा करने की साजिश तत्कालीन राष्ट्रपति परवेज मुशर्रफ की थी और उन्होंने मुझे कैद कर लिया था।

कारगिल में पाकिस्तानी सेना का प्रवेश परवेज मुशर्रफ के आदेश पर ही हुआ था, जबकि परवेज मुशर्रफ ने यह कहा था कि कारगिल में पाकिस्तानी आतंकवादी उपस्थित थे।

भारतीय सैनिकों ने ठान लिया था कि वे कारगिल से पाकिस्तानियों को खदेड़ कर ही दम लेंगे। भारतीय सैनिकों ने विलक्षण वीरता का परिचय देते हुए पाकिस्तानी सैनिकों को चारों ओर से घेर लिया।

बेशक कारगिल युद्ध में भारत को विजयश्री प्राप्त हुई, लेकिन अमरीका के हस्तक्षेप के कारण भारत ने पाकिस्तानी सैनिकों को हथियारों सहित निकल भागने का मौका दे दिया।

□

वर्ष : 1999

कंधार विमान अपहरण

इंडियन एयरलाइंस फ्लाइट 814 का अपहरण शुक्रवार, 24 दिसंबर, 1999 को भारतीय मानक समय लगभग 5.30 बजे विमान के भारतीय हवाई क्षेत्र में प्रवेश के कुछ ही समय बाद कर लिया गया था।

पाकिस्तान स्थित एक आतंकवादी संगठन 'हरकत-उल-मुजाहिदीन' पर इसके अपहरण का आरोप लगाया गया था।

अमृतसर, लाहौर और दुबई की धरती को छूने के बाद अपहरणकर्ताओं ने विमान को कंधार, अफगानिस्तान में उतरने के लिए मजबूर किया।

अपहर्ताओं ने यात्रियों में से 27 को दुबई में छोड़ दिया, लेकिन एक को बुरी तरह चाकू से मारा और कई अन्य को घायल कर दिया।

विमान में 178 यात्री सवार थे, जिनमें से ज्यादातर भारतीय नागरिक थे, जो नेपाल में छुट्टी बिताने के बाद भारत वापस आ रहे थे।

आई.सी. 814 पर मौजूद मुख्य फ्लाइट अटेंडेंट अनिल शर्मा ने बाद में बताया के एक नकाबपोश चश्मेधारी आदमी ने विमान को बम से उड़ा देने की धमकी दी थी और कप्तान देवीशरण को पश्चिम की ओर उड़ान भरने का आदेश दिया था।

अपहर्ता चाहते थे कि कप्तान शरण विमान को लखनऊ के ऊपर से होते हुए लाहौर की ओर ले जाएँ, लेकिन पाकिस्तानी अधिकारियों ने तुरंत इसकी अनुमति देने से इनकार कर दिया, क्योंकि वे आतंकवादियों के साथ संबंध जोड़े जाने के प्रति सचेत थे। इसके अलावा ईंधन भी पर्याप्त नहीं था।

कंधार में विमान के उतरने के बाद तालिबानी अधिकारियों ने अंतरराष्ट्रीय मान्यता प्राप्त करने की एक कोशिश में भारतीय अधिकारियों के साथ सहयोग

करने और अपहर्ताओं एवं भारत सरकार के बीच मध्यस्थ की भूमिका निभाने की सहमति दे दी। चूँकि भारत ने तालिबान हुकूमत को मान्यता नहीं दी थी। इसने इस्लामाबाद में अपने उच्चायोग के एक अधिकारी को कंधार भेजा। तालिबान हुकूमत के साथ भारत के पूर्व संपर्क न होने के कारण बातचीत की प्रक्रिया जटिल हो गई थी।

हालाँकि तालिबान का इरादा तब संदेह के दायरे में आ गया, जब इसके सशस्त्र लड़ाकों ने विमान को घेर लिया। तालिबान का कहना था कि सैन्य बलों को अपहर्ताओं द्वारा बंधकों को मारने या घायल करने से रोकने के प्रयास में तैनात किया गया था, लेकिन कुछ विश्लेषक मानते हैं कि ऐसा अपहर्ताओं के खिलाफ भारतीय सैन्य बल के ऑपरेशन को रोकने के लिए किया गया था।

अपहरण का यह सिलसिला सात दिनों तक चला और भारत द्वारा तीन इसलामी आतंकवादियों मुश्ताक अहमद जटगर, मुहम्मद उमर सईद शेख और मौलाना मसूद अजहर को रिहा करने के बाद समाप्त हुआ।

□

वर्ष : 2000

बी.पी.ओ. युग की शुरुआत

भारत में बिजनेस प्रोसेस आउटसोर्सिंग (बी.पी.ओ.) युग की शुरुआत स्वाभाविक रूप से दो आधारों के चलते हुई। पहला, भारतीय सूचना प्रोद्यौगिकी युग का उत्थान हुआ और साबित हुआ कि भारत कम लागत के बदले श्रेष्ठ गुणवत्तायुक्त सेवा प्रदान करने में सक्षम है, और दूसरा दुनिया भर के कॉरपोरेटों ने अपने मुख्य व्यापार पर ध्यान केंद्रित करने के साथ रोजमर्रा के कार्यों की आउटसोर्सिंग शुरू कर दी थी।

भारत में अंग्रेजी बोलनेवाले युवाओं की भारी तादाद मौजूद रही है। यही वजह है कि भारत में बी.पी.ओ. का क्षेत्र इतनी तेजी से विकसित होता गया।

कॉल सेंटरों के जरिए युवाओं को आकर्षक रोजगार मिलने लगा। हर क्षेत्र के उद्योगों और कारोबारों के लिए कॉल सेंटर काम करने लगे। इनके जरिए वित्तीय सेवाओं से लेकर उपभोक्ताओं की जरूरतों तक का ध्यान रखा जाने लगा।

वर्तमान समय में भारत वैश्विक स्तर पर बी.पी.ओ. क्षेत्र का 37 प्रतिशत राजस्व अर्जित कर रहा है।

समय गुजरने के साथ-साथ बी.पी.ओ. के स्वरूप में भी सकारात्मक बदलाव किया गया। अब इसे बी.पी.ओ. की जगह 'बी.पी.एम.' यानी 'बिजनेस प्रोसेस मैनेजमेंट' कहा जाने लगा है।

2001 से 2006 के बीच आउटसोर्सिंग के क्षेत्र में भारत की वैश्विक भागीदारी 39 प्रतिशत से बढ़कर 45 प्रतिशत हो गई।

पिछले एक दशक की वस्तुस्थिति पर यदि हम गौर करें तो पाएँगे कि बी.पी.ओ. क्षेत्र में भारत ने कई बहुराष्ट्रीय कंपनियों के दरवाजे तो खोले ही, साथ ही चीन के बाद भारत को एशिया के दूसरे प्रमुख उभरते हुए बाजार का भी दरजा दिया है।

2003–04 में भारतीय आई.टी. सॉफ्टवेयर क्षेत्र का 12.9 बिलियन अमरीकी डॉलर का निर्यात वर्ष 2005–06 में बढ़कर 23.6 बिलियन अमरीकी डॉलर का हो गया।

भारत ने बी.पी.ओ. के क्षेत्र में अंतरराष्ट्रीय पटल पर अपनी अलग छाप छोड़ी है। इस क्षेत्र ने न सिर्फ रोजगार के अपार अवसर दिए हैं, बल्कि वर्तमान में यह क्षेत्र भारत की अर्थव्यस्था में मील का पत्थर बनकर सामने आया है।

□

वर्ष : 2000

संसद् पर हमला

13 दिसंबर, 2001 को 'जैश-ए-मोहम्मद' के पाँच आतंकवादियों ने संसद् पर हमला किया था। उस दिन एक सफेद एंबेसडर कार में आए इन आतंकवादियों ने 45 मिनट में लोकतंत्र के सबसे बड़े मंदिर को गोलियों से छलनी करके पूरे हिंदुस्तान को झकझोर दिया था।

यह पाकिस्तान की भारत के लोकतंत्र के मंदिर को नेस्तनाबूद करने की साजिश थी, लेकिन हमारे सुरक्षाकर्मियों ने अपनी जान की परवाह न करते हुए इन आतंकियों के मंसूबों पर पानी फेर दिया।

कैसे हुआ था हमला—तारीख 13 दिसंबर, 2001। स्थान-भारत का संसद् भवन। लोकतंत्र का मंदिर, जहाँ जनता द्वारा चुने गए सांसद भारत की नीतियों का निर्माण करते हैं। आम दिनों में जब संसद् भवन के परिसर में कोई सफेद रंग की एंबेसडर कार आती है तो कोई ध्यान नहीं देता, लेकिन उस दिन उस सफेद रंग की एंबेसडर ने कोहराम मचा दिया।

संसद् भवन के परिसर में अचानक गृह मंत्रालय की कार के पास लगी एक सफेद एंबेसडर से आए पाँच आतंकवादियों ने 45 मिनट तक लोकतंत्र के इस मंदिर को गोलियों-बमों से थर्राकर रख दिया था। आतंक के नापाक कदम उस दिन लोकतंत्र के मंदिर की दहलीज तक पहुँच गए थे। अचानक हुए हमले ने पूरे देश को झकझोरकर रख दिया।

जाँबाजी से किया मुकाबला—संसद् परिसर के अंदर मौजूद सुरक्षाकर्मियों ने अचानक हुए हमले का बड़ी ही वीरता से सामना किया। लोकतंत्र के इस मंदिर को कोई आँच न आए, इसलिए उन्होंने अपनी जान की बाजी लगा दी।

सुरक्षाकर्मियों ने बड़ी ही वीरता से सभी आतंकवादियों को मार गिराया।

आतंकियों का सामना करते हुए दिल्ली पुलिस के पाँच जवान, सी.आर.पी.एफ. की महिला कांस्टेबल और संसद् के दो गार्ड शहीद हुए। 16 जवान इस मुठभेड़ में घायल हुए।

हमले के मास्टर माइंड को फाँसी—संसद् पर हमले की घिनौनी साजिश रचनेवाले मुख्य आरोपी अफजल गुरु को दिल्ली पुलिस ने गिरफ्तार कर लिया। संसद् पर हमले की साजिश रचने के आरोप में सुप्रीम कोर्ट ने 4 अगस्त, 2005 को अफजल गुरु को फाँसी की सजा सुनाई।

9 फरवरी, 2013 को दिल्ली के तिहाड़ जेल में अफजल गुरु को बेहद गोपनीय तरीके से फाँसी दे दी गई। उससे पाँच दिन पहले राष्ट्रपति प्रणव मुकर्जी ने उसकी दया याचिका खारिज कर दी थी।

□

वर्ष : 2003

सुपर पावर बनने की राह पर भारत

अक्तूबर 2003 में गोल्डमन सेच्स ब्रिक रिपोर्ट प्रकाशित हुई, जिसमें भविष्यवाणी की गई कि वर्ष 2032 तक भारत दुनिया का तीसरा सर्वाधिक शक्तिशाली अर्थव्यवस्था वाला देश बन जाएगा। अमरीका और चीन के बाद भारत के तीसरे सबसे बड़े सुपर पावर बनने का अनुमान इस रिपोर्ट में लगाया गया।

वर्ष 2004 में सी. आई. ए. की 'नेशनल इंटेलीजेंस काउंसिल' ने भविष्यवाणी की कि वर्ष 2020 तक भारत अर्थव्यवस्था के क्षेत्र में सुपर पावर बन जाएगा। वैसे सी. आई. ए. ने भविष्यवाणी करते हुए बताया था कि 'अब हाथी ने उड़ना सीख लिया है।' उसी वर्ष 'टाइम' पत्रिका ने भारत संबंधी आवरण कथा प्रकाशित करते हुए शीर्षक लगाया 'दुनिया का सबसे बड़ा लोकतंत्र क्यों आनेवाले समय में महान् आर्थिक सुपर पावर बननेवाला है?'

गोल्डमेन सेंचस की रिपोर्ट में बताया गया, "भारत और चीन ने आर्थिक प्रगति की यात्रा अलग-अलग बिंदुओं से आरंभ की है। भारत ने निचले स्तर से अपना विकास संभव कर दिखाया है और भौगोलिक आयाम चीन की तुलना में भारत के लिए अधिक अनुकूल नजर आते हैं।

सी. आई. ए. के आकलन में कहा गया कि भारत के आर्थिक उत्थान के चलते क्षेत्र में रणनीतिक जटिलताएँ पैदा हो जाएँगी। भारत की आर्थिक प्रगति से केवल एशिया ही प्रभावित नहीं होगा, बल्कि इससे उत्तर-मध्य एशिया, ईरान और पश्चिम एशियाई देश भी प्रभावित होंगे।

सी. आई. ए. के आकलन में बताया गया कि जैसे-जैसे भारत की अर्थव्यवस्था मजबूत होती जाएगी, दक्षिण-पूर्व एशिया की सरकारें- मलेशिया, सिंगापुर, थाईलैंड

एवं अन्य देश—भारत से नजदीकी संबंध बनाने लगेंगी और इस तरह भारत की अर्थव्यवस्था चीन की अर्थव्यवस्था के समक्ष एक चुनौती पेश करने लगेगी।

'द इकोनॉमिस्ट' ने लिखा, ''भारत के प्रति अंतरराष्ट्रीय कंपनियों का आकर्षण बढ़ता जा रहा है। भारत में 8 फीसदी विकास दर सबको प्रभावित कर रही है। भारत का शेयर बाजार नई बुलंदियों को छू रहा है और भारत की कंपनियाँ विदेशी कंपनियों का अधिग्रहण करने लगी हैं।''

□

वर्ष : 2004

यूपीए की सरकार

चौदहवीं लोकसभा के चुनावों में ज्यादातर चुनावी पंडितों की भविष्यवाणी को झुठलाते हुए कांग्रेस के नेतृत्ववाले संयुक्त प्रगतिशील गठबंधन (यूपीए) ने एनडीए को पराजित करते हुए सत्ता हासिल की थी।

कांग्रेस अध्यक्ष सोनिया गांधी ने प्रधानमंत्री का पद स्वीकार करने से इनकार कर दिया और इस पद के लिए उन्होंने डॉ. मनमोहन सिंह को चुना, जिनकी छवि एक शालीन और ईमानदार व्यक्ति की थी।

इससे पहले अटल बिहारी वाजपेयी की अगुवाई वाली एनडीए सरकार ने 2004 में समय से पहले ही आम चुनाव करवाने का फैसला किया था। राज्य विधानसभाओं के चुनाव परिणाम एनडीए के लिए उत्साहजनक साबित हुए थे।

एनडीए सरकार के चुनाव प्रचार के दौरान देश की विकास दर को प्रचारित करने के लिए 'भारत उदय' प्रचार अभियान चलाया था। मगर यह प्रचार अभियान एनडीए के लिए आत्मघाती साबित हुआ। विपक्ष को सरकार की नाकामियों की आलोचना करने का मौका मिल गया और उसने प्रचार अभियान को जनता की नजरों में धूल झोंकने की कोशिश बताया।

कमजोर विपक्ष और डॉ. मनमोहन सिंह की साफ-सुथरी छवि के चलते 2004 के आम चुनाव में यूपीए ने अधिक बहुमत के साथ लगातार दूसरी बार सरकार का गठन किया।

10 मार्च, 1998 को 12वीं लोकसभा का गठन हुआ। वरिष्ठ भाजपा नेता अटल बिहारी वाजपेयी के नेतृत्व वाले गठबंधन को 9 दिन बाद शपथ दिलाई गई। 17 अप्रैल, 1999 को वाजपेयी ने लोकसभा में विश्वास मत खो दिया। इसके फलस्वरूप उनकी गठबंधन सरकार ने इस्तीफा दे दिया।

26 अप्रैल, 1999 को भारत के तत्कालीन राष्ट्रपति के. आर. नारायणन ने लोकसभा भंग कर दी और जल्द ही चुनाव कराने की घोषणा कर दी। भाजपा ने मतदान होने तक एक अंतरिम प्रशासन के रूप में शासन करना जारी रखा। 13वीं लोकसभा के लिए देश में चुनाव हुए। एनडीए को 298 सीटें मिलीं। वाजपेयीजी ने 13 अक्तूबर को प्रधानमंत्री के रूप में शपथ ली।

एनडीए सरकार ने 1999 से 2004 तक अपने शासन के पाँच साल पूरे किए। 14वीं लोकसभा के लिए 20 अप्रैल से 10 मई, 2004 के बीच चार चरणों में चुनाव हुए। इस बार यूपीए के हाथों एनडीए को हार का सामना करना पड़ा।

□

वर्ष : 2005

सूचना का अधिकार

सूचना का अधिकार अधिनियम संसद् द्वारा पारित एक कानून है, जो 12 अक्तूबर, 2005 को लागू हुआ। भारत में भ्रष्टाचार को रोकने और समाप्त करने के लिए इसे बहुत ही प्रभावी कदम बताया जाता है। इस कानून के द्वारा भारत के सभी नागरिकों को सरकारी रिकॉर्डों और प्रपत्रों में दर्ज सूचना को देखने और उसे प्राप्त करने का अधिकार प्रदान किया जाता है।

संविधान के अनुच्छेद 19 (1) के तहत सूचना का अधिकार मौलिक अधिकारों का एक भाग है। अनुच्छेद 19 (1) के अनुसार, प्रत्येक नागरिक को बोलने व अभिव्यक्ति का अधिकार है। 1976 में सर्वोच्च न्यायालय ने 'राजनारायण बनाम उत्तर प्रदेश सरकार' मामले में कहा था कि लोग कह और अभिव्यक्त नहीं कर सकते, जब तक कि वे न जानें। इसी कारण सूचना का अधिकार 19 में निहित है। इसी मामले में सर्वोच्च न्यायालय ने आगे कहा कि 'भारत एक लोकतंत्र है। नागरिकों को यह जानने का अधिकार है कि सरकार, जो उनकी सेवा के लिए है, क्या कर रही है?'

सभी सरकारी विभाग, पब्लिक सेक्टर यूनिट, किसी भी प्रकार की सरकारी सहायता से चल रही गैर-सरकारी संस्थाएँ व शिक्षण संस्थाएँ आदि इस कानून के अंतर्गत आती हैं। पूर्णतः निजी संस्थाएँ इस कानून के दायरे में नहीं हैं, लेकिन यदि किसी कानून के तहत कोई सरकारी विभाग किसी निजी संस्था से कोई जानकारी माँग सकता है तो उस विभाग के माध्यम से वह सूचना माँगी जा सकती है।

हर सरकारी विभागों में एक या एक से अधिक लोग सूचना अधिकारी बनाए गए हैं। ये वे अधिकारी हैं, जो सूचना के अधिकार के तहत आवेदन

स्वीकार करते हैं, माँगी गई सूचनाएँ एकत्र करते हैं और उसे आवेदनकर्ता को उपलब्ध करवाते हैं।

लोक सूचना अधिकारी की जिम्मेदारी है कि वह 30 दिन के अंदर (कुछ मामलों में 45 दिन तक) सूचनाएँ उपलब्ध कराए।

अगर लोक सूचना अधिकारी आवेदन लेने से मना करता है, तय समय-सीमा में सूचना नहीं उपलब्ध कराता है अथवा गलत या भ्रामक जानकारी देता है, तो देरी के लिए 250 रुपए प्रतिदिन के हिसाब से 25 हजार तक का जुर्माना उसके वेतन में से काटा जा सकता है। साथ ही उसे सूचना भी देनी होगी।

सूचना के अधिकार के तहत माँगी गई सूचनाओं को अस्वीकार करने, अपूर्ण, भ्रम में डालनेवाली या गलत सूचना देने अथवा सूचना के लिए अधिक फीस माँगने के खिलाफ केंद्रीय या राज्य सूचना आयोग के पास शिकायत की जा सकती है।

लोक सूचना अधिकारी कुछ मामलों में सूचना देने से मना कर सकता है। जिन मामलों से संबंधित सूचना नहीं दी जा सकती, उनका विवरण सूचना के अधिकार कानून की धारा 8 में दिया गया है। लेकिन यदि माँगी गई सूचना जनहित में है, तो धारा 8 में मना की गई सूचना भी दी जा सकती है।

□

वर्ष : 2005

राष्ट्रीय ग्रामीण रोजगार गारंटी अधिनियम

ग्रामीण विकास मंत्रालय द्वारा कार्यान्वित 'राष्ट्रीय ग्रामीण रोजगार गारंटी अधिनियम, 2005' (नरेगा) सरकार का प्रमुख कार्यक्रम है, जो गरीबों की जिंदगी से सीधे तौर पर जुड़ा है और जो व्यापक विकास को प्रोत्साहन देता है।

यह अधिनियम विश्व में अपनी तरह का पहला अधिनियम है, जिसके तहत अभूतपूर्व तौर पर रोजगार की गारंटी दी जाती है। इसका मकसद है—ग्रामीण क्षेत्रों के परिवारों की आजीविका सुरक्षा को बढ़ाना। इसके तहत हर घर के एक वयस्क सदस्य को एक वित्त वर्ष में कम-से-कम 100 दिनों का रोजगार दिए जाने की गारंटी है। यह रोजगार शारीरिक श्रम के संदर्भ में है और उस वयस्क व्यक्ति को प्रदान किया जाता है, जो इसके लिए राजी हो।

इस अधिनियम का दूसरा लक्ष्य यह है कि इसके तहत टिकाऊ परिसंपत्तियों का सृजन किया जाए और ग्रामीण निर्धनों की आजीविका के आधार को मजबूत बनाया जाए। इस अधिनियम का मकसद सूखे, जंगलों के कटाव, भूस्खलन जैसे कारणों से पैदा होनेवाली निर्धनता की समस्या से भी निपटना है, ताकि रोजगार के अवसर लगातार पैदा होते रहें।

'राष्ट्रीय ग्रामीण रोजगार गारंटी अधिनियम' (नरेगा) को तैयार करना और उसे कार्यान्वित करना एक महत्त्वपूर्ण कदम के तौर पर देखा गया है। इसका आधार अधिकार और माँग को बनाया गया है, जिसके कारण यह पूर्व के इसी तरह के कार्यक्रमों से भिन्न हो गया है।

अधिनियम की मुख्य विशेषताओं में समयबद्ध रोजगार गारंटी और 15 दिन के भीतर मजदूरी का भुगतान आदि शामिल हैं। इसके अंतर्गत राज्य सरकारों को प्रोत्साहित किया जाता है कि वे रोजगार प्रदान करने में लापरवाही न बरतें,

क्योंकि रोजगार प्रदान करने के खर्च का 90 प्रतिशत हिस्सा केंद्र वहन करता है।

इसके अलावा इस बात पर भी जोर दिया जाता है कि रोजगार श्रम आधारित हो, जिसमें ठेकेदारों और मशीनों का कोई दखल न हो। अधिनियम में महिलाओं की 33 प्रतिशत श्रम भागीदारी को भी सुनिश्चित किया गया है। श्रम मद पर 60 प्रतिशत और सामग्री मद पर 40 प्रतिशत व्यय किए जाने की अधिकतम सीमा निश्चित की गई है।

'नरेगा' 2 फरवरी, 2006 को लागू हो गया था। पहले चरण में इसे देश में 200 सबसे पिछड़े जिलों में लागू किया गया था।

दूसरे चरण में वर्ष 2007-08 में इसमें और 130 जिलों को शामिल किया गया। शुरुआती लक्ष्य के अनुरूप 'नरेगा' को पूरे देश में पाँच सालों में फैला देना था। बहरहाल, पूरे देश को इसके दायरे में लाने और माँग को दृष्टि में रखते हुए योजना को 1 अप्रैल, 2008 से सभी शेष ग्रामीण जिलों तक विस्तार दे दिया गया।

□

मुंबई ट्रेन विस्फोट

11 जुलाई, 2006 को मुंबई के उपनगरीय रेलवे नेटवर्क की रेलगाड़ियों में शृंखलाबद्ध रूप से सात बम विस्फोट हुए। ये धमाके 11 मिनट की अवधि में हुए थे।

बमों का विस्फोट प्रेशर कुकर के जरिए उपनगरीय रेलवे नेटवर्क की पश्चिमी लाइन पर चलनेवाली रेलगाड़ियों में किया गया था।

इन बम धमाकों में 209 व्यक्तियों की मौत हो गई और 700 से अधिक लोग घायल हो गए।

शाम 6:24 बजे पहला धमाका हुआ। उसके बाद 11 मिनट तक एक के बाद एक सात धमाके हुए।

उस समय लोग घरों की तरफ लौट रहे थे और रेलगाड़ियों में काफी भीड़ थी। सभी बमों को प्रथम श्रेणी के जनरल डिब्बों में रखा गया था।

ज्यादातर ऐसी रेलगाड़ियों में बम धमाके किए गए, जो चर्च गेट से चलकर बाहर के पश्चिमी उपनगरीय इलाकों तक जाती थीं। ये धमाके माटुंगा रोड, माहीम, बांद्रा, थार रोड, जोगेश्वरी, भायंदर और बोरीवली स्टेशनों पर या उनके आसपास हुए।

केंद्रीय गृहमंत्री शिवराज पाटिल ने पत्रकारों को बताया कि इस तरह के हमले की पूर्व सूचना तो मिल गई थी, मगर समय और स्थान की जानकारी नहीं मिल पाई थी।

इन बम धमाकों से पहले श्रीनगर में शृंखलाबद्ध रूप से ग्रेनेड विस्फोट किए गए थे। हालाँकि गृह सचिव पी.के.दुग्गल ने श्रीनगर और मुंबई की वारदातों

के बीच किसी तरह का संबंध होने से इनकार किया।

इस घटना के बाद देश के प्रमुख शहरों में 'हाई अलर्ट' जारी कर दिया गया।

मुंबई उपनगरीय रेलवे नेटवर्क की पश्चिमी लाइन पर रेलगाड़ियों का परिवहन 11 जुलाई की रात 10:45 बजे से पुनः शुरू हो गया।

□

वर्ष : 2006

परमाणु समझौता

18 जुलाई, 2006 को भारत और अमरीका के बीच परमाणु समझौता हुआ। भारत के प्रधानमंत्री मनमोहन सिंह और अमरीका के राष्ट्रपति जॉर्ज डब्ल्यू बुश ने इस समझौते पर हस्ताक्षर किया।

वाशिंगटन में मनमोहन सिंह और जार्ज बुश ने साझा बयान जारी कर इस परमाणु करार की घोषणा की थी। मार्च 2006 में बुश जब भारत की यात्रा पर आए तो सैनिक और असैनिक परमाणु रिएक्टरों को अलग करने पर भी सहमति बनी।

इसके बाद अमरीकी संसद् ने हेनरी हाइड ऐक्ट पारित किया, लेकिन करार को अमली जामा पहनाने से संबंधित 1-2-3 समझौते पर काफी अरसे तक सहमति नहीं बन पाई।

18 जुलाई, 2006 को इसे अंतिम रूप दिया गया। समझौते के बाद राष्ट्रपति बुश ने कहा कि यह समझौता भारत के साथ हमारी गहरी भागीदारी में निरंतर जारी प्रगति की दिशा में एक और कदम है।

दो बड़े मुद्दे थे, जिन पर दोनों देशों में सहमति नहीं बन पाई थी। भारत की माँग थी कि भविष्य में अगर वह परमाणु परीक्षण करता है तो उसका इस समझौते पर कोई असर न पड़े। इसके लिए अमरीकी कानून में बदलाव की जरूरत पड़ती और अमरीका इसके लिए तैयार नहीं था। इसके अलावा भारत परमाणु संयंत्रों में इस्तेमाल हुए ईंधन पर पूरा हक चाहता था, यानी कि बिजली पैदा करने के बाद ईंधन का क्या इस्तेमाल होता है, यह भारत तय करना चाहता था।

यह समझौता अमरीका के परमाणु ऊर्जा अधिनियम 1954 की धारा 123 के तहत किया गया है, इसीलिए इसे '123 समझौता' कहते हैं।

सत्रह अनुच्छेदों के इस समझौते का नाम है—'भारत सरकार और संयुक्त राज्य अमरीका की सरकार के बीच नाभिकीय ऊर्जा के शांतिपूर्ण प्रयोग के लिए सहयोग पर समझौता।'

अमरीका अब तक तकरीबन पचीस देशों के साथ यह समझौता कर चुका है इस समझौते के दस्तावेज में अमरीका ने भारत को आणविक हथियार संपन्न देश नहीं माना है, बल्कि इसमें यह कहा गया है कि आणविक अप्रसार संधि के लिए अमरीका ने भारत को विशेष महत्त्व दिया है।

□

वर्ष : 2007

भारतीय उद्योगपतियों का वैश्विक विस्तार

इक्कसवीं सदी के आगमन के साथ ही भारतीय उद्योगपतियों के मन में वैश्विक विस्तार की इच्छा बलवती होती गई। कई भारतीय औद्योगिक घरानों ने विदेशों में कंपनियाँ खरीदीं, मगर वैश्विक आकार की ब्रिटेन में स्थित कंपनी 'टेटली' का 'टाटा टी' ने पहली बार फरवरी 2000 में 271 मिलियन पाउंड की कीमत चुकाकर अधिग्रहण किया। इसके साथ ही 'टाटा टी' दुनिया की दूसरी सबसे बड़ी चाय कंपनी बन गई।

वर्ष 2007 में टाटा स्टील ने एंगलों डच स्टील उत्पादक कंपनी 'कोटस' 12 बिलियन डॉलर की कीमत चुकाकर खरीद ली। उसी वर्ष आदित्य बिड़ला ग्रुप की अल्यूमिनियम कंपनी 'हिंडाल्को' ने अमरीका में स्थित एल्यूमिनियम कंपनी 'नोपेलीस' को 6 बिलियन डॉलर की कीमत चुकाकर खरीद लिया।

वर्ष 2008 में 'टाटा मोटर्स' ने ब्रिटेन में घाटे में चल रही 'फोर्ड' की ऑटो निर्माता कंपनी 'जगुआर लैंड रोवर' 2.3 बिलियन डॉलर में खरीद ली। 2010 में भारती एयरटेल ने कुवैत की कंपनी 'जेन टेलीकॉम' के अफ्रीकी कारोबार को 10.7 बिलियन डॉलर में खरीद लिया।

जून 2006 में टाटा ने अमरीकी कंपनी 'ओक्लॉक कॉफी' का करीब 1000 करोड़ रुपए में अधिग्रहण किया।

टाटा स्टील की ओर से यूरोपीय कंपनी कोरस के अधिग्रहण के लिए बड़ी बोली लगाने पर उस समय टाटा ग्रुप के अध्यक्ष रतन टाटा ने कहा था कि 'कोरस' का अधिग्रहण टाटा स्टील के लिए फायदेमंद होगा। कंपनी ने शुरूआती बोली 455 पेंस प्रति शेयर लगाई थी, लेकिन निवेशकों के उत्साह के चलते नीलामी की राशि बढ़ती चली गई।

टाटा ने एंग्लो-डच इस्पात कंपनी 'कोरस' के लिए कुल 11 अरब तीन करोड़ डॉलर की कीमत तय की और इसके अधिग्रहण के साथ ही वह दुनिया की पाँचवीं सबसे बड़ी इस्पात कंपनी बन गई।

उस समय रतन टाटा ने कहा था, "मुझे खुशी है कि 'कोरस' को एक भारतीय स्टील कंपनी ने अधिग्रहित किया। ये सभी भारतीयों के लिए खुशी का लम्हा है कि उनकी उम्मीद पूरी हुई। इस अधिग्रहण से साबित हो गया है कि भारतीय उद्योग भी देश से बाहर कदम रख सकते हैं।"

□

वर्ष : 2007

पहली महिला राष्ट्रपति प्रतिभा पाटिल

स्वतंत्र भारत के इतिहास में पहली महिला राष्ट्रपति प्रतिभा देवी सिंह पाटिल का जन्म 19 दिसंबर, 1934 को महाराष्ट्र के जलगाँव जिले में हुआ। इनकी प्रारंभिक शिक्षा जलगाँव में हुई। जलगाँव के ही मूलजी जैठा कॉलेज से इन्होंने स्नातकोत्तर की पढ़ाई की। प्रतिभा पाटिल टेबल टेनिस की बेहतरीन खिलाड़ी के साथ-साथ एक समर्पित सामाजिक कार्यकर्ता भी रहीं।

सन् 1965 में प्रतिभा पाटिल का विवाह शिक्षाविद् देवीसिंह रणसिंह शेखावत के साथ संपन्न हुआ। 27 वर्ष की आयु में प्रतिभा पाटिल ने अपने राजनीतिक जीवन की शुरुआत की। 1962 में उन्होंने एदलाबाद क्षेत्र से विधानसभा के चुनाव में भारतीय राष्ट्रीय कांग्रेस के टिकट पर विजय प्राप्त की। प्रतिभा पाटिल सन् 1962 से 1985 तक पाँच बार महाराष्ट्र विधानसभा की सदस्य रहीं। कैबिनेट मंत्री के रूप में कार्य करते हुए उन्होंने कई महत्त्वपूर्ण मंत्रालयों का कार्यभार सँभाला। वे प्रदेश कांग्रेस समिति महाराष्ट्र की अध्यक्ष, राष्ट्रीय शहरी सहकारी बैंक एवं ऋण संस्थाओं की निदेशक, भारतीय राष्ट्रीय सहकारी संघ की शासी परिषद् की सदस्य रहीं। साथ ही महाराष्ट्र प्रदेश कांग्रेस की प्रमुख भी रहीं।

वर्ष 2004 में उन्हें राजस्थान के राज्यपाल के रूप में नियुक्त किया गया, लेकिन जब उन्हें कांग्रेस की ओर से राष्ट्रपति पद का प्रत्याशी बनाया गया, तब 2007 में उन्होंने राज्यपाल के पद से इस्तीफा दे दिया। राष्ट्रपति पद के चुनाव में उन्होंने भैरों सिंह शेखावत को लगभग तीन लाख मतों से पराजित किया और देश की 12वीं राष्ट्रपति बनीं। 25 जुलाई, 2007 को वे भारत की प्रथम महिला राष्ट्रपति बनीं। उनका कार्यकाल 25 जुलाई, 2012 को समाप्त हुआ।

प्रतिभा देवी सिंह पाटिल ने महिलाओं के कल्याण को प्रमुखता देते हुए

मुंबई, दिल्ली जैसे महानगरों में कामकाजी महिलाओं के लिए छात्रावास की स्थापना करवाई। ग्रामीण युवाओं के लाभ हेतु जलगाँव में इंजीनियरिंग कॉलेज के अलावा श्रम साधना न्यास की भी स्थापना की। इसके अलावा उनकी देख-रेख में महिला विकास महामंडल, जलगाँव में दृष्टिहीन व्यक्तियों के लिए औद्योगिक प्रशिक्षण विद्यालय और विमुक्त जमातियों तथा बंजारा जनजातियों के निर्धन बच्चों के लिए एक स्कूल की स्थापना कराई।

प्रतिभा देवी सिंह पाटिल की विशेष रुचि ग्रामीण अर्थ-व्यवस्था के विकास और महिलाओं के कल्याण में है। इन्होंने जलगाँव जिले में महिला होमगार्ड का आयोजन किया, जिसकी वे स्वयं कमांडेंट भी रह चुकी हैं। उन्होंने अमरावती में दृष्टिहीनों के लिए एक औद्योगिक प्रशिक्षण विद्यालय, निर्धन और जरूरतमंद महिलाओं के लिए सिलाई कक्षाओं, पिछड़े वर्गों और अन्य पिछड़े वर्गों के बच्चों के लिए नर्सरी स्कूल खोलकर उल्लेखनीय योगदान दिया तथा किसान विज्ञान केंद्र, अमरावती में किसानों को फसल उगाने की नई एवं वैज्ञानिक तकनीकें सिखाने, संगीत और कंप्यूटर की कक्षाएँ भी आयोजित करवाईं।

□

वर्ष : 2008

टाटा नैनो कार

टाटा नैनो कार टाटा मोटर्स द्वारा निर्मित कार है। यह विश्व की सबसे सस्ती कार है, जिसकी आरंभिक कीमत 1 लाख भारतीय रुपए थी। मीडिया ने इसे 'लखटकिया कार' नाम से ज्यादातर संबोधित किया। इसकी बिक्री जून 2008 से प्रारंभ हुई। रतन टाटा ने जनता की कार 'नैनो' को पेश किया और आश्वासन दिया कि इस कार की कीमत वादे के मुताबिक एक लाख रुपए ही होगी, साथ ही यह सभी प्रकार की सुरक्षा और प्रदूषण स्तरों को पूरा करेगी। टाटा ने मारुति 800 को अपनी परियोजना के लिए निशाना बनाया, जिसने करीब दो दशक तक भारतीय बाजार पर राज किया और उन्होंने ऐसी कार बनाई, जो लंबाई में आठ फीसदी छोटी, लेकिन अंदर से 21 फीसदी ज्यादा जगह वाली है।

टाटा नैनो की विशेषताएँ : इंजन—623 सीसी, 33 बीएचपी। ईंधन—करीब 30 किलोमीटर/लीटर। सुरक्षा—अंतरराष्ट्रीय मानकों के अनुसार। उत्सर्जन—यूरो 4 के मानकों के अनुसार। गियर बॉक्स—4 स्पीड मैनुअल। ईंधन-टैंक की क्षमता—15 लीटर। अन्य—फ्रंट डिस्क ब्रेक और पीछे। अधिकतम गति—90 किलोमीटर/घंटा। स्थान—मारुति 800 से 21 प्रतिशत ज्यादा।

पश्चिम बंगाल के सिंगुर में चले विवाद के कारण नैनो प्लांट का काम वहाँ रोककर गुजरात में ले जाना पड़ा। तृणमूल कांग्रेस के कार्यकर्ता प्लांट के विरोध में लगातार आंदोलन कर रहे थे और पुलिस के साथ उनकी झड़प भी होती रही। प्रदर्शनकारियों ने उन सब मार्गों को अवरुद्ध कर रखा था, जहाँ से फैक्टरी में प्रवेश किया जा सकता था। पश्चिम बंगाल सरकार ने एक हजार एकड़ जमीन का अधिग्रहण करके उसे टाटा मोटर्स को सौंपा था, जहाँ वह एक लाख रुपए मूल्य वाली जनता कार का उत्पादन करनेवाली थी। लेकिन योजना का विरोध करनेवालों

का कहना था कि सिंगुर में चावल की बहुत अच्छी खेती होती है और वहाँ के किसानों को इस परियोजना की वजह से विस्थापित होना पड़ा। तब टाटा समूह के चेयरमैन रतन टाटा ने कुछ कहा कि अगर सिंगुर में हिंसा और तनाव का माहौल जारी रहा तो वे नैनो परियोजना को कहीं और ले जाएँगे। सिंगुर में काम जनवरी 2007 में शुरू हुआ था, लेकिन तृणमूल कांग्रेस वर्ष 2006 से ही इस परियोजना का विरोध करती आई थी।

□

वर्ष : 2008

भारत-अमरीका असैन्य परमाणु समझौता

भारत-अमरीका असैन्य परमाणु समझौते की घोषणा 18 जुलाई, 2005 को भारत के तत्कालीन प्रधानमंत्री मनमोहन सिंह और अमरीका के पूर्व राष्ट्रपति जॉर्ज डब्ल्यू बुश ने एक संयुक्त बयान में की थी। इसके बाद करार को अमली जामा पहनाने से संबंधित 123 समझौते पर काफी अरसे तक सहमति नहीं बन पाई। अनेक उतार-चढ़ाव आए।

18 जुलाई, 2005 को सबसे पहले राष्ट्रपति जॉर्ज बुश और प्रधानमंत्री मनमोहन सिंह ने वाशिंगटन में परमाणु समझौते में दिलचस्पी दिखाई। 26 जुलाई, 2006 को अमरीकी प्रतिनिधि सभा ने 'हेनरी जे हाइड यूनाइटेड स्टेट्स-इंडिया एटोमिक एनर्जी को-ऑपरेशन ऐक्ट ऑफ 2006' को पास किया। इसके मुताबिक वॉशिंगटन, परमाणु मुद्दों को लेकर नई दिल्ली का सहयोग करेगा। 16 नवंबर, 2006 को यूएस सीनेट ने 'यूनाइटेड स्टेट्स-इंडिया पीसफुल एटोमिक एनर्जी को-ऑपरेशन ऐंड यूएस एडिशनल प्रोटोकोल एम्लेमेंटेशन ऐक्ट' को एक्सेंप्ट फ्रॉम सरटेन रिक्वायरमेंट्स ऑफ द एटोमिक एनर्जी ऐक्ट ऑफ 1954 यूनाइटेड स्टेट्स एक्सपोर्ट्स मैटेरियल्स, इक्वीपमेंट ऐंड टेक्नॉलोजी टू इंडिया' को पास कर दिया।

27 जुलाई, 2007 को संयुक्त राज्य अमरीका और भारत के बीच एक द्विपक्षीय समझौते पर वार्त्ता हुई। 3 अगस्त, 2007 को दोनों सरकारों ने 123 एग्रीमेंट रिलीज किए। 24 जुलाई, 2008 को भारत ने पाकिस्तान की इस चेतावनी को खारिज कर दिया कि यह सौदा उप-महाद्वीप में एक परमाणु हथियारों की होड़ को गति देगा। 11 सितंबर, 2008 को राष्ट्रपति बुश ने आखिरी अनुमति के लिए 123 एग्रीमेंट के टेक्स्ट को यूएस कांग्रेस को भेजा। 13 सितंबर, 2008 को राज्य विभाग ने परमाणु समझौता पर एक फैक्ट शीट जारी की, जिसमें कहा गया कि यह

पहल भारत की एनर्जी की जरूरत में मदद करेगी। 19 सितंबर, 2008 को कांग्रेसी पैनल में उच्च अधिकारियों ने कहा कि अमरीका का परमाणु ईंधन आपूर्ति आश्वासन राजनीतिक प्रतिबद्धता है। 27 सितंबर, 2008 को प्रतिनिधि सभा ने भारत-अमरीका परमाणु समझौते को मंजूरी दी। इस दौरान 298 सदस्यों ने बिल के समर्थन में, जबकि 117 ने इसके खिलाफ वोट दिया। 1 अक्तूबर, 2008 को सीनेट ने 13 खिलाफ वोट और 86 समर्थन वोट के साथ भारत-अमरीका असैन्य परमाणु करार को मंजूरी दी। 8 अक्तूबर, 2008 को राष्ट्रपति बुश ने भारत-अमरीका असैन्य परमाणु समझौते के विधान पर हस्ताक्षर किए। 10 अक्तूबर, 2010 को दोनों देशों के विदेश मंत्रियों ने संधि के तहत 123 समझौते पर हस्ताक्षर किए।

अमरीका का डर : पूर्ववर्ती यूपीए सरकार ने 25 अगस्त, 2010 को परमाणु क्षति में सिविल दायित्व कानून (सीएलएनडी) संसद् में पारित किया था। इसके परिचालक (परमाणु संयंत्र चलानेवाली कंपनी एवं आपूर्ति कंपनी) को सिविल दायित्वों को पूरा करने के लिए 1,500 करोड़ रुपए की अलग से व्यवस्था रखनी जरूरी है, ताकि प्रभावित लोगों को मुआवजा मिल सके। इसके लिए परिचालक कंपनी को परियोजना की आपूर्तिकर्ता से मदद लेने का अधिकार दिया गया। यही उपबंध परमाणु ऊर्जा संयंत्र लगानेवाली विदेशी कंपनियों को कदम आगे बढ़ाने में परेशान कर रहा था। हालाँकि भारत के साथ फ्रांस और रूस परमाणु संयंत्र स्थापित करने का ऐसा करार कर चुके हैं।

□

वर्ष : 2008

चंद्रयान प्रथम अभियान

चंद्रयान भारतीय अंतरिक्ष अनुसंधान संगठन इसरो के एक अभियान व यान का नाम था। चंद्रयान चंद्रमा की ओर जानेवाला भारत का पहला अंतरिक्ष यान है। इस अभियान के अंतर्गत एक मानवरहित यान को 22 अक्तूबर, 2008 को चंद्रमा पर भेजा गया। यह यान पोलर सेटलाइट लॉञ्च वेहिकल (पीएसएलवी) के एक परिवर्तित संस्करण वाले रॉकेट की सहायता से सतीश धवन अंतरिक्ष केंद्र, श्रीहरिकोटा, आंध्र प्रदेश से प्रक्षेपित किया गया।

भारतीय अंतरिक्ष अनुसंधान केंद्र के चार चरणोंवाले 316 टन वजनी और 44.4 मीटर लंबा अंतरिक्ष यान चंद्रयान प्रथम के साथ ही 11 और उपकरण एपीएसएलवी-सी11 से प्रक्षेपित किए गए, जिनमें से पाँच भारत के थे और छह अमरीका और यूरोपीय देशों के। इन्हें चंद्रमा तक पहुँचने में 5 दिन लगे और चंद्रमा की कक्षा में स्थापित करने में 15 दिन। चंद्रयान पृथ्वी के सबसे नजदीकी बिंदु (250 किलोमीटर) और सबसे दूरस्थ बिंदु (23000 किलोमीटर) के बीच स्थित ट्रांसफर कक्षा में पहुँच गया। इसके साथ ही दूरस्थ कक्षा में जानेवाला देश का पहला अंतरिक्ष यान बन गया।

चंद्रयान का उद्देश्य चंद्रमा की सतह के विस्तृत नक्शे लेना, पानी के अंश और हीलियम की तलाश करना है। चंद्रयान-प्रथम ने चंद्रमा से 100 किलोमीटर ऊपर 525 किग्रा का एक उपग्रह ध्रुवीय कक्षा में स्थापित किया। यह उपग्रह अपने रिमोट सेंसिंग (दूर संवेदी) उपकरणों के जरिए चंद्रमा की ऊपरी सतह के चित्र भेजेगा। चंद्रयान अभियान के साथ भारत चाँद को यान भेजनेवाला छठा देश बन गया। याद रहे अमरीका और पूर्व सोवियत संघ के करीब 30 प्रतिशत मानवरहित चंद्र अभियान चंद्रमा की कक्षा में दाखिले के वक्त नाकाम हो गए थे।

भारतीय अंतरिक्ष अनुसंधान संगठन ने दावा किया कि चाँद पर पानी भारत की खोज है। चंद्रमा पर पानी की मौजूदगी का पता चंद्रयान-1 पर मौजूद भारत के अपने मून इंपैक्ट प्रोब ने लगाया। अमरीकी अंतरिक्ष एजेंसी नासा के उपकरण ने भी चाँद पर पानी होने की पुष्टि की। चंद्रयान-1 के प्रक्षेपण के करीब एक पखवाड़े बाद भारत का एमआईपी यान से अलग होकर चंद्रमा की सतह पर उतरा था। उसने चंद्रमा की सतह पर पानी के कणों की मौजूदगी के पुख्ता संकेत दिए थे। चंद्रयान ने चाँद पर पानी की मौजूदगी का पता लगाकर इस सदी की महत्त्वपूर्ण खोज की है। इसरो के अनुसार चाँद पर पानी समुद्र, झरने, तालाब या बूँदों के रूप में नहीं, बल्कि खनिज और चट्टानों की सतह पर मौजूद है। चंद्रमा पर पानी की मौजूदगी पूर्व में लगाए गए अनुमानों से कहीं ज्यादा है।

□

वर्ष : 2008

26/11 मुंबई आतंकी हमला

26 नवंबर, 2008 को मुंबई आतंकी हमले में 166 लोगों की मौत हो गई थी और सैकड़ों जख्मी हुए थे। घटनाक्रम कुछ यों चला—26 नवंबर, 2008 की शाम कोलाबा के समुद्री तट पर एक नौका से दस पाकिस्तानी आतंकी उतरे। छिपते-छिपाते हथियारों से लैस ये आतंकी कोलाबा की मच्छीमार कॉलोनी से मुंबई में घुसे और तुरंत अपनी घिनौनी करतूतों को अंजाम देने लगे। मच्छीमार कॉलोनी से बाहर निकलते ही ये आतंकी दो-दो की टोलियों में बँट गए। दो आतंकी प्रसिद्ध यहूदी गेस्ट-हाउस नरीमन हाउस की तरफ, दो सीएसटी की तरफ, दो आतंकियों की टोली होटल ताजमहल की तरफ और बाकी बचे दो होटल ट्राईडेंट ओबेरॉय की तरफ बढ़ गए। आतंकियों की पहली टोली में इमरान बाबर और अबू उमर नामक आतंकवादी शामिल थे। ये दोनों लियोपोल्ड कैफे पहुँचे और रात करीब साढ़े नौ बजे जोरदार धमाका किया। आतंकियों की दूसरी टोली में अजमल आमिर कसाब और अबू इस्माइल खान शामिल थे। दोनों सीएसटी पहुँचे और अंधाधुंध गोलियाँ बरसाने लगे। इन दोनों आतंकियों ने यहाँ 58 लोगों को मौत के घाट उतार दिया और 109 को जख्मी कर दिया।

होटल ट्राईडेंट ओबेरॉय में आतंकियों की एक टोली रिसेप्शन पर पहुँची और अचानक अंधाधुंध गोलीबारी शुरू कर दी। इस गोलीबारी में होटल के 32 मेहमानों की जान चली गई। महाराष्ट्र एटीएस के प्रमुख हेमंत करकरे, पुलिस अधिकारी विजय सालस्कर, आईपीएस अशोक कामटे और कॉन्स्टेबल संतोष जाधव आतंकियों से लोहा लेते समय इस हमले में शहीद हो गए। राष्ट्रीय सुरक्षा गार्ड्स (एनएसजी) और आतंकियों के बीच हुई लंबी मुठभेड़ में 9 आतंकी मारे गए और दसवें आतंकी अजमल कसाब को जिंदा पकड़ लिया गया।

जब हमला हुआ तो ताज में 450 और ओबेरॉय में 380 मेहमान मौजूद थे। खासतौर से ताज होटल की इमारत से निकलता धुआँ तो बाद में हमलों की पहचान बन गया। हमलावरों ने ताज होटल में कुछ लोगों को बंधक बना लिया था, जिनमें कई विदेशी भी शामिल थे। तीन दिन तक सुरक्षा बल आतंकवादियों से जूझते रहे। इस दौरान धमाके हुए, आग लगी, गोलियाँ चलीं और बंधकों को लेकर उम्मीद टूटती-जुड़ती रही और न सिर्फ भारत से सवा अरब लोगों की, बल्कि दुनिया भर की नजरें ताज, ओबेरॉय और नरीमन हाउस पर टिकी रहीं।

उधर, दो हमलावरों ने मुंबई में यहूदियों के मुख्य केंद्र नरीमन पॉइंट को भी कब्जे में ले रखा था। कई लोगों को बंधक बनाया गया। फिर एनएसजी के कमांडोज ने नरीमन हाउस पर धावा बोला और घंटों चली लड़ाई के बाद हमलावरों का सफाया किया गया, लेकिन एक एनएसजी कमांडो की भी जान गई। 29 नवंबर की सुबह तक नौ हमलावरों का सफाया हो चुका था और अजमल कसाब के तौर पर एक हमलावर पुलिस की गिरफ्त में था। स्थिति पूरी तरह नियंत्रण में आ चुकी थी, लेकिन लगभग 170 की बलि लेकर। जिंदगी कभी नहीं रुकती वाली बात की खातिर मुंबई 26/11 के बाद भी चल रही है, लेकिन इस हमले के जख्मों को भूल तो कतई नहीं सकती।

26/11 मुंबई हमले के अकेले जिंदा पकड़े गए गुनहगार अजमल आमिर कसाब को पूरी कानूनी प्रक्रिया के बाद पुणे की यरवदा जेल में 21 नवंबर, 2012 को प्रात: 7 बजकर 30 मिनट पर फाँसी दे दी गई।

□

वर्ष : 2009

भैंस का पहला क्लोन कटड़ा

राष्ट्रीय डेरी अनुसंधान संस्थान, करनाल ने हैंड गाइडिड क्लोनिंग तकनीक से भैंस का पहला क्लोन कटड़ा पैदा करके दुनिया में धूम मचा दी। नीली आँखोंवाले उस कटड़े का नाम 'श्रेष्ठ' रखा गया और उसका वजन 41 किलो था। श्रेष्ठ का जन्म सामान्य डिलीवरी द्वारा हुआ, जबकि इससे पहले क्लोन कटड़ियों का जन्म ऑपरेशन द्वारा हुआ था। डेरी संस्थान के वैज्ञानिकों ने 6 फरवरी, 2009 को हैंड गाइडिड क्लोनिंग तकनीक से पहली बार क्लोन कटड़ी को पैदा करने में सफलता पाई थी, लेकिन उसे बचाया नहीं जा सका था। अपने इस अभियान को जारी रखते हुए संस्थान ने 6 जून, 2009 को गरिमा प्रथम को जन्म दिलाने में सफलता प्राप्त की और फिर 22 अगस्त, 2010 को क्लोन कटड़ी गरिमा द्वितीय का जन्म हुआ। अबकी बार इस तकनीक में सुधार करते हुए वैज्ञानिकों ने इसे सामान्य प्रसव से पैदा किया, क्योंकि अभी तक इस तकनीक से जो भी क्लोन तैयार हुआ, वह शल्य-चिकित्सा से पैदा हुआ था। इस बार कृत्रिम गर्भाधान धारण करनेवाली भैंस को सामान्य प्रसव कराया गया और वह कटड़ा बिल्कुल स्वस्थ हुआ। उसके जन्म में वैज्ञानिकों ने डॉक्टरों की भी मदद ली।

वैज्ञानिकों द्वारा विकसित हैंड गाइडिंग क्लोनिंग तकनीक का एक उन्नत संशोधित रूप है। नई तकनीक में दो सप्ताह के कटड़े के कान से सोमेटिक कोशिका ली गई, जबकि पहले पैदा हुई दोनों कटड़ियाँ भ्रूण तथा एंब्रोयोनिक स्टेम सैल से उत्पन्न हुई थीं। इस सफलता से उत्साहित वैज्ञानिकों ने कहा कि भ्रूणों के क्रायो संरक्षण की आवश्यकता इस तकनीक का भाग है, ताकि भ्रूणों का संवहन किया जा सके, जिससे इनका कई स्थानों पर प्रयोग किया जा सकता है।

राष्ट्रीय डेरी अनुसंधान संस्थान (एनडीआरआई), करनाल, हरियाणा में

विकसित हस्त-निर्देशित क्लोनिंग तकनीक पारंपरिक क्लोनिंग तकनीक का एक विकसित-संशोधित रूप है। यह क्लोन बछड़ा पिछले क्लोन बछड़ों से भिन्न रहा, क्योंकि इस मामले में पालक माता को सामान्य प्रसव का अवसर दिया गया। इससे पहले दो बछड़ों को सीजेरियन ऑपरेशन के माध्यम से पैदा किया गया था।

□

वर्ष : 2010

अग्नि-2 मिसाइल

अग्नि-2 मिसाइल भारत की परमाणु क्षमता से लैस एक प्रमुख मध्यम दूरी की मिसाइल है। परमाणु क्षमता से संपन्न इस मिसाइल का परीक्षण उड़ीसा के व्हीलर आईलैंड के इंटीग्रेटेड टेस्ट रेंज से 17 मई, 2010 को किया गया। यह सतह-से-सतह पर मार करनेवाली मिसाइल है।

इस मिसाइल के परीक्षण के लिए चाँदीपुर और धमारा के एकीकृत परीक्षण रेंज (आई.टी.आर.) से तैयारी की गई थी। सेना की विशेष सामरिक कमांड फोर्स की रक्षा अनुसंधान विकास संगठन (डी.आर.डी.ओ.) और आई.टी.आर. के सहयोग से इस मिशन को पूरा करने की जिम्मेदारी थी। लॉञ्च कॉम्पलेक्स चार से रेल मोबाइल-प्रणाली द्वारा सुबह सवा नौ बजे मिसाइल का परीक्षण किया गया। रक्षा सूत्रों के अनुसार समन्वित परीक्षण रेंज से मिसाइल का परीक्षण किया गया। परीक्षण के दौरान मिसाइल के पूरे मार्ग पर कई अत्याधुनिक रडारों, टेलमेट्री प्रेक्षण, इलेक्ट्रो-ऑप्टिक उपकरण और बंगाल की खाड़ी में निशाने के पास खड़े एक प्रेक्षण जहाज से नजर रखी गई।

अग्नि-2 मिसाइल की मारक-क्षमता 2,000 किलोमीटर से अधिक है। एडवांस्ड सिस्टम्स लैब द्वारा देश में ही विकसित अग्नि-2 मिसाइल 21 मीटर लंबी, एक मीटर चौड़ी और दो चरणोंवाली ठोस ईंधन संचालित बैलेस्टिक मिसाइल है। इसका वजन 17 टन है। यह एक टन वजन (1000 किलोग्राम) का पेलोड अपने साथ ले जाने में सक्षम है। अग्नि दो का विकास डी.आर.डी.ओ. की प्रयोगशालाओं और भारत डायनेमिक्स, हैदराबाद के साथ मिलकर एडवांस्ड सिस्टम प्रयोगशाला ने किया।

यह मिसाइल अग्नि सीरीज का एक हिस्सा है, जिसमें 700 किलोमीटर

मारक क्षमतावाली अग्नि-एक और साढ़े तीन हजार किलोमीटर की मारक क्षमतावाली अग्नि-तीन शामिल हैं। अग्नि-2 का सबसे पहला परीक्षण 11 अप्रैल, 1999 को किया गया, लेकिन इसके बाद यह कुछ परीक्षण मानकों पर खरी नहीं उतर पाई थी। उपयोग में लाने से पहले 19 मई, 2009 और 23 नवंबर, 2009 को किया गया परीक्षण सभी मानकों पर खरा नहीं उतर पाया था।

□

वर्ष : 2011

अन्ना हजारे का जन लोकपाल विधेयक आंदोलन

अन्ना हजारे ने जनलोकपाल विधेयक पारित कराने के लिए 5 अप्रैल, 2011 से दिल्ली के जंतर-मंतर पर आमरण अनशन आरंभ किया, जिसे अपार जन समर्थन मिला, जिससे घबराकर सरकार उनकी माँगें मानने को विवश हुई और 9 अप्रैल, 2011 को उन्होंने अनशन समाप्त कर दिया। अन्ना ने सरकार से एक मजबूत भ्रष्टाचार विरोधी लोकपाल विधेयक बनाने की माँग की थी और अपनी माँग के अनुरूप सरकार को लोकपाल बिल का एक मसौदा भी दिया था, पर मनमोहन सिंह के नेतृत्व वाली तत्कालीन सरकार ने इसके प्रति नकारात्मक रवैया दिखाया और इसकी उपेक्षा की। इसके परिणामस्वरूप शुरू हुए अनशन के प्रति भी उनका रवैया उपेक्षा पूर्ण ही रहा। लेकिन इस अनशन के आंदोलन का रूप लेने पर भारत सरकार ने आनन-फानन में एक समिति बनाकर संभावित खतरे को टाला और 16 अगस्त, 2011 तक संसद् में लोकपाल विधेयक पारित कराने की बात स्वीकार कर ली, लेकिन अगस्त से शुरू हुए मानसून सत्र में सरकार ने जो विधेयक प्रस्तुत किया, वह कमजोर और सर्वथा विपरीत था। अन्ना ने इसके खिलाफ अपनी पूर्व घोषित तिथि 16 अगस्त, 2011 से पुनः अनशन पर जाने की बात दोहराई। 16 अगस्त को सुबह साढ़े सात बजे जब वे अनशन पर जाने के लिए तैयारी कर रहे थे, दिल्ली पुलिस ने उन्हें घर से ही गिरफ्तार कर लिया।

उनकी टीम के अन्य लोग भी गिरफ्तार कर लिये गए। उन्हें सात दिनों की न्यायिक हिरासत में तिहाड़ जेल भेज दिया गया। उन्होंने जेल में ही अपना आमरण अनशन जारी रखा। बाद में उन्हें रामलीला मैदान में 15 दिन के अनशन

की अनुमति मिली। अनशन को समाप्त करने के लिए उन्होंने सार्वजनिक तौर पर तीन शर्तों का ऐलान किया। उनका कहना था कि तमाम सरकारी कर्मचारियों को लोकपाल के दायरे में लाया जाए, तमाम सरकारी कार्यालयों में एक नागरिक चार्टर लगाया जाए और सभी राज्यों में लोकायुक्त हों।

देश भर में अन्ना आंदोलन के समर्थन में प्रदर्शन होता रहा और आखिरकार मजबूरन सरकार को झुकना पड़ा। अन्ना का यह अनशन 12 दिन बाद 28 अगस्त, 2011 को समाप्त हुआ। इसने देश के जनमानस में क्रांति की एक सनातन लहर का सूत्रपात किया, जिसे आज भी महसूस किया जा सकता है।

किशन बाबूराव हजारे उर्फ अन्ना हजारे प्रसिद्ध गांधीवादी सामाजिक कार्यकर्ता हैं। साफ-सुथरी छवि वाले हजारे भ्रष्टाचार के विरुद्ध संघर्ष करने के लिए प्रसिद्ध हैं। 15 जनवरी, 1940 को महाराष्ट्र के अहमद नगर के भिंगर कस्बे में जन्मे अन्ना का बचपन बहुत गरीबी में गुजरा। वैसे अन्ना के पुरखों का गाँव अहमद नगर जिले में ही स्थित रालेगन सिद्धि में था। परिवार में तंगी का आलम देखकर अन्ना की बुआ उन्हें मुंबई ले गईं। वहाँ उन्होंने सातवीं तक पढ़ाई की। छठे दशक के आसपास वे फौज में शामिल हो गए। उनकी पहली पोस्टिंग बतौर ड्राइवर पंजाब में हुई। यहीं पाकिस्तानी हमले में वे मौत को मात देते हुए बचे थे।

इसी दौरान नई दिल्ली रेलवे स्टेशन से उन्होंने स्वामी विवेकानंद की एक पुस्तक 'कॉल टु दि यूथ फॉर नेशन' खरीदी और उसको पढ़ने के बाद उन्होंने अपनी जिंदगी समाज को समर्पित कर दी। जम्मू पोस्टिंग के दौरान 15 साल फौज में पूरे होने पर 1975 में उन्होंने वीआरएस ले लिया और गाँव में आकर डट गए। अन्ना हजारे ने 1975 से सूखा प्रभावित रालेगाँव सिद्धि में काम शुरू किया। वर्षा जल संग्रह, सौर ऊर्जा, बायो गैस का प्रयोग और पवन ऊर्जा के उपयोग से गाँव को स्वावलंबी और समृद्ध बना दिया। यह गाँव विश्व के अन्य समुदायों के लिए आदर्श बन गया है। उन्होंने गाँव की तसवीर ही बदल दी। उन्होंने अपनी जमीन बच्चों के हॉस्टल के लिए दान कर दी। आज उनकी पेंशन का सारा पैसा गाँव के विकास में खर्च होता है। वे गाँव के मंदिर में रहते हैं और हॉस्टल में रहनेवाले बच्चों के लिए बननेवाला खाना ही खाते हैं। आज गाँव का हर शख्स आत्मनिर्भर है।

अन्ना के गांधीवादी विरोध का सामना महाराष्ट्र की कांग्रेस-एनसीपी की

सरकारों को भी करना पड़ा है। अन्ना 2003 में कांग्रेस और एनसीपी सरकार के चार भ्रष्ट मंत्रियों के खिलाफ भूख हड़ताल पर बैठ गए। तत्कालीन महाराष्ट्र सरकार ने इसके बाद एक जाँच-आयोग का गठन किया। अन्ना हजारे को वर्ष 1990 में सरकार ने पद्मश्री सम्मान से नवाजा।

अन्ना हजारे ने 1997 में मुंबई के आजाद मैदान से सूचना के अधिकार की लड़ाई शुरू की थी। 9 अगस्त, 2003 को मुंबई के आजाद मैदान में ही अन्ना हजारे आमरण-अनशन पर बैठ गए। 12 दिन तक चले आमरण-अनशन के दौरान अन्ना हजारे और सूचना के अधिकार आंदोलन को देशव्यापी समर्थन मिलने के बाद महाराष्ट्र सरकार को मजबूरन इस बिल को पास करना पड़ा। 12 अक्तूबर, 2005 को केंद्र सरकार ने भी इस कानून को लागू कर दिया।

□

एक साथ तीन उपग्रहों का प्रक्षेपण

वर्ष 2010 दिसंबर में जीएसएलवी की विफलता के बाद इसरो ने अपने पहले सफल मिशन के तहत भरोसेमंद पीएसएलवी रॉकेट के जरिए श्रीहरिकोटा, आंध्र प्रदेश से तीन उपग्रहों को बुधवार 20 अप्रैल, 2011 को कक्षा में स्थापित कर दिया। ध्रुवीय उपग्रह प्रक्षेपण यान, यानी पीएसएलवी, अपने 18वें मिशन पर यहाँ स्थित अंतरिक्ष केंद्र से सुबह 10 बजकर 12 मिनट पर प्रक्षेपित हुआ।

जैसे-जैसे रॉकेट का हर एक चरण सफल होता गया, सतीश धवन अंतरिक्ष केंद्र में मौजूद अंतरिक्ष वैज्ञानिकों ने तालियाँ बजाकर जश्न मनाया। पीएसएलवी-सी16 ने अपने प्रक्षेपण के 18 मिनट बाद तीन उपग्रहों को 822 किलोमीटर की ऊँचाई पर स्थित कक्षा में स्थापित कर दिया। प्रक्षेपण के बाद 'भारतीय अंतरिक्ष अनुसंधान संगठन' इसरो के अध्यक्ष के. राधाकृष्णन ने मिशन की सफलता की घोषणा की और इसे मानक-प्रक्रिया के तहत हुआ प्रक्षेपण करार दिया। प्रक्षेपण के दौरान यह यान पूरे समय अपने पथ पर ही रहा।

पीएसएलसी-सी16 अपने साथ 1,206 किलोग्राम वजनी आधुनिक पृथ्वी पर्यवेक्षण उपग्रह रिसोर्ससैट-2, भारत और रूस द्वारा तारामंडलीय और पर्यावरणीय अध्ययन के लिए निर्मित 92 किलोग्राम वजनी यूथसैट और सिंगापुर स्थित नेनयाग टेक्नोलॉजी यूनिवर्सिटी द्वारा मानचित्रीकरण उपयोग के लिए विकसित 106 किलोग्राम वजनी एक्स-सैट ले गया। मिशन सफल होने की इसरो प्रमुख की घोषणा के बाद वैज्ञानिकों ने राहत की साँस ली, क्योंकि वर्ष 2010 में जीएसएलवी मिशन लगातार दो बार विफल हो गया था।

करीब 1,200 किलोग्राम वजनी रिसोर्ससैट-2 पाँच वर्ष अंतरिक्ष में रहेगा। वह वर्ष 2003 में प्रक्षेपित रिसोर्ससैट-1 का स्थान लेगा और प्राकृतिक संसाधनों के

बारे में मल्टीस्पेक्टरल और स्पाशियल कवरेज मुहैया कराएगा। वर्ष 2009, दिसंबर में जीएसएलवी मिशन तब विफल हो गया था, जब संचार उपग्रह जीसैट-5पी को ले जा रहे स्वदेश निर्मित जीएसएलवी-एफ6 में प्रक्षेपण के एक मिनट के भीतर ही बीच हवा में धमाका हो गया और वह बंगाल की खाड़ी में जा गिरा। जीसैट-5पी में 24 सी-बैंड और 12 विस्तारित सी-बैंड ट्रासपोंडर्स थे। रॉकेट के प्रक्षेपण-पथ से भटक जाने के बाद वह समुद्र में जा गिरा था। इससे पहले अप्रैल 2010 में भी जीसैट-4 को ले जा रहा जीएसएलवी-डी3 मिशन विफल हो गया था, जिससे भारत के अंतरिक्ष कार्यक्रम को गहरा झटका लगा था।

पीएसएलवी का यह कामयाब प्रक्षेपण इस मिशन का लगातार 17वाँ सफल मिशन था। पीएसएलवी मिशन सिर्फ एक बार विफल हुआ था, जब यान को सितंबर 1993 में पहली बार प्रक्षेपित किया जा रहा था। दो विदेशी उपग्रहों का प्रक्षेपण दरशाता है कि पीएसएलवी की विश्वसनीयता को अंतरराष्ट्रीय स्तर पर पहचान मिली है।

रिसोर्ससैट-2 में एक ही प्लेटफॉर्म पर तीन हाई रिजॉल्यूशन कैमरे लगे हैं। ये कैमरे ऐसी तसवीरें लेंगे, जो फसलों की स्थिति के आकलन में मददगार होंगी। ये कैमरे वन-कटाई की स्थिति, झीलों और जलाशयों के जल-स्तर तथा हिमालय में पिघलनेवाली बर्फ पर नजर रखेंगे। इससे संसाधनों से जुड़े विभिन्न पहलुओं पर ध्यान देने के लिए जरूरी राष्ट्रीय तथा अंतरराष्ट्रीय जानकारी एकत्रित करने में मदद मिलेगी। साथ ही कृषि, जल-संसाधन, ग्रामीण-विकास, जैविक-संसाधन और भौगोलिक संभावनाओं से जुड़े विशिष्ट क्षेत्रों में निगरानी भी हो सकेगी। इस उपग्रह से मिलनेवाली जानकारी आपदा-प्रबंधन तथा अन्य संबंधित गतिविधियों में मददगार साबित होगी।

□

मार्स ऑर्बिटर मिशन (मंगलयान)

मंगलयान, भारत का प्रथम मंगल अभियान है। वस्तुतः यह 'भारतीय अंतरिक्ष अनुसंधान संगठन' की एक महत्त्वाकांक्षी अंतरिक्ष परियोजना है। इस परियोजना के अंतर्गत 5 नवंबर, 2013 को 2 बजकर 38 मिनट पर मंगल-ग्रह की परिक्रमा करने हेतु एक उपग्रह आंध्र प्रदेश के श्रीहरिकोटा स्थित सतीश धवन अंतरिक्ष केंद्र से ध्रुवीय उपग्रह प्रक्षेपण यान (पीएसएलवी) सी-25 द्वारा सफलतापूर्वक छोड़ा गया। इसके साथ ही भारत भी उन देशों में शामिल हो गया, जिन्होंने मंगल पर अपने यान भेजे हैं। प्रतिष्ठित 'टाइम' पत्रिका ने मंगलयान को 2014 के सर्वश्रेष्ठ आविष्कारों में शामिल किया।

याद रहे, अब तक मंगल को जानने के लिए शुरू किए गए दो-तिहाई अभियान असफल भी रहे हैं, परंतु 24 सितंबर, 2014 को मंगल पर पहुँचने के साथ ही भारत विश्व में अपने प्रथम प्रयास में ही सफल होनेवाला पहला देश बन गया। इसके अतिरिक्त यह मंगल पर भेजा गया सबसे सस्ता मिशन भी है। इस मिशन की लागत 450 करोड़ रुपए है। यह नासा के पहले मंगल मिशन का दसवाँ और चीन-जापान के नाकाम मंगल-अभियानों का एक-चौथाई भर है। मंगलयान के साथ पाँच प्रयोगात्मक उपकरण भेजे गए हैं, जिनका कुल भार 15 किलोग्राम है—

मार्स कलर कैमरा दृश्य स्पेक्ट्रम में चित्र खींचेगा, जिससे अन्य उपकरणों के काम करने के लिए संदर्भ प्राप्त होगा। लिमेन ऊपरी वातावरण में ड्यूटीरियम तथा हाइड्रोजन की मात्रा मापेगा। मंगल इक्सोस्फेरिक न्यूट्रल संरचना विश्लेषक एक चतुःध्रुवी द्रव्यमान विश्लेषक है, जो बहिर्मंडल में अनावेशित कण-संरचना का विश्लेषण करने में सक्षम है। मिथेन सेंसर मंगल के वातावरण में मौजूद मिथेन गैस

की मात्रा को मापेगा तथा इसके स्रोतों का मानचित्र बनाएगा। मिथेन गैस की मौजूदगी से जीवन की संभावनाओं का अनुमान लगाया जाता है। थर्मल इंफ्रारेड स्पेक्ट्रोमीटर मंगल की सतह का तापमान तथा उत्सर्जकता की माप करेगा, जिससे मंगल के सतह की संरचना तथा खनिज के मानचित्रण करने में सफलता मिलेगी।

वस्तुतः यह एक प्रौद्योगिकी प्रदर्शन परियोजना है, जिसका लक्ष्य अंतरग्रहीय अंतरिक्ष मिशनों के लिए आवश्यक डिजाइन, नियोजन, प्रबंधन तथा क्रियान्वयन का विकास करना है। ऑर्बिटर अपने उपकरणों के साथ कम-से-कम 6 माह तक कक्षा में दीर्घ वृत्ताकार पथ पर मंगल की परिक्रमा करता रहेगा तथा आँकड़े व तसवीरें पृथ्वी पर भेजेगा।

□

वर्ष : 2014

नरेंद्र मोदी प्रधानमंत्री बने

नरेंद्र दामोदरदास मोदी को भारत के राष्ट्रपति प्रणव मुकर्जी ने 26 मई, 2014 को भारत के प्रधानमंत्री पद की शपथ दिलाई। वे स्वतंत्र भारत के 15वें प्रधानमंत्री तथा इस पद पर आसीन होनेवाले स्वतंत्र भारत में जनमे प्रथम व्यक्ति हैं। मोदी के नेतृत्व में भारत की प्रमुख विपक्षी भारतीय जनता पार्टी ने वर्ष 2014 का लोकसभा चुनाव लड़ा और 282 सीटें जीतकर इस चुनाव में अभूतपूर्व सफलता प्राप्त की। अब कांग्रेस व अन्य उनकी विपक्षी पार्टियाँ हैं।

उन्होंने उत्तर प्रदेश के बनारस एवं अपने गृहराज्य गुजरात के वड़ोदरा संसदीय क्षेत्र से चुनाव लड़ा और दोनों जगह से जीत दर्ज की। इससे पूर्व वे गुजरात के 14वें मुख्यमत्री रहे। गुजरात की जनता ने लगातार 4 बार (2001 से 2014 तक) उन्हें बतौर मुख्यमंत्री चुना। नरेंद्र मोदी गुजरात में अपने मुख्यमंत्री काल के दौरान विकास पुरुष कहलाते रहे और गूगल सर्च पर सबसे ज्यादा खोजे गए भारतीय नेता हैं।

माइक्रो-ब्लॉगिंग साइट ट्विटर पर भी वे सबसे ज्यादा फॉलोअरवाले भारतीय नेता हैं। 'टाइम पत्रिका' ने मोदी को 'पर्सन ऑफ द ईयर 2013' के 42 उम्मीदवारों की सूची में शामिल किया। वाक्पटु और प्रखर वक्ता नरेंद्र मोदी राजनेता के साथ एक अच्छे कवि और लेखक भी हैं। वे गुजराती भाषा के अलावा हिंदी में भी लिखते हैं।

नरेंद्र मोदी का जन्म हीराबेन मोदी और दामोदरदास मूलचंद मोदी के यहाँ गुजरात के महेसाणा जिले के वडनगर ग्राम में एक मध्यमवर्गीय परिवार में 17 सितंबर, 1950 को हुआ। छात्र-जीवन में वाद-विवाद और नाटक-प्रतियोगिताओं में उनकी बेहद रुचि थी। युवावस्था में वे 'छात्र संगठन अखिल भारतीय विद्यार्थी

परिषद्' में शामिल हुए, साथ-ही-साथ भ्रष्टाचार विरोधी नव-निर्माण आंदोलन में हिस्सा लिया।

किशोरावस्था में चाय की दुकान में अपने पिता का हाथ बँटा चुके मोदी ने अपनी स्कूली शिक्षा वडनगर में पूरी की। आरएसएस के प्रचारक रहते हुए उन्होंने 1980 में गुजरात विश्वविद्यालय से राजनीति विज्ञान में स्नातकोत्तर डिग्री प्राप्त की।

17 वर्ष की आयु में नरेंद्र का जसोदाबेन के साथ विवाह हुआ, परंतु वे दोनों एक साथ कभी नहीं रहे। शादी के कुछ बरसों बाद नरेंद्र मोदी ने घर त्याग दिया और एक प्रकार से उनका वैवाहिक जीवन लगभग समाप्त सा ही हो गया। उनके मुताबिक एक शादीशुदा के मुकाबले अविवाहित व्यक्ति भ्रष्टाचार के खिलाफ जोरदार तरीके से लड़ सकता है, क्योंकि उसे अपनी पत्नी, परिवार व बाल-बच्चों की कोई चिंता नहीं रहती।

नरेंद्र मोदी राजनीतिक हलकों में अपनी विशिष्ट जीवन शैली के लिए जाने जाते हैं। उनके व्यक्तिगत स्टाफ में कोई भारी-भरकम अमला नहीं होता, केवल तीन ही लोग रहते हैं। कर्मयोगी की तरह जीवन जीनेवाले मोदी के स्वभाव से सभी परिचित हैं, इस नाते उन्हें अपने कामकाज को अमली जामा पहनाने में कोई दिक्कत पेश नहीं आती। मोदी के कुछ विचार—

आतंकवाद युद्ध से भी बदतर है। एक आतंकवादी के कोई नियम नहीं होते। एक आतंकवादी तय करता है कि कब, कैसे, कहाँ और किसको मारना है। भारत ने युद्धों की तुलना में आतंकी हमलों में अधिक लोगों को खोया है।

कड़ी मेहनत कभी थकान नहीं लाती, वह संतोष लाती है।

काम करने का कोई अवसर मिलना मेरे लिए सौभाग्य की बात है; मैं उसमें अपनी आत्मा डाल देता हूँ। ऐसा हर एक अवसर अगले का द्वार खोल देता है।

काम को ही महत्त्वाकांक्षा बन जाने दीजिए।

केवल वे जो निरंतर चलते रहते हैं, बदले में मीठा फल पाते हैं। सूरज की अटलता को देखो, गतिशील और लगातार चलनेवाला, कभी ठहरनेवाला नहीं, इसलिए बढ़ते रहो।

मेरे लिए धर्म काम के प्रति निष्ठा है और निष्ठापूर्वक काम करना धार्मिक होना है।

□

धूमकेतु अरविंद केजरीवाल

अन्ना आंदोलन की उपज अरविंद केजरीवाल एक भारतीय राजनीतिज्ञ, आम आदमी पार्टी के राष्ट्रीय संयोजक और दिल्ली के मुख्यमंत्री हैं। अपने पहले कार्यकाल के दौरान वे 28 दिसंबर, 2013 से 14 फरवरी, 2014 तक इस पद पर रहे। 49 दिन की अल्पमत सरकार चलाने के बाद उन्होंने त्यागपत्र दे दिया। उन्होंने पदत्याग की वजह जनलोकपाल बिल विधानसभा में पारित नहीं करवा पाना बताया। साल भर के राष्ट्रपति शासन के बाद फरवरी 2015 के चुनावों में उनकी पार्टी ने ऐतिहासिक बहुमत—70 में 67 सीटें हासिल की तथा 14 फरवरी, 2015 को वे दोबारा दिल्ली के मुख्यमंत्री बनाए गए।

इससे पहले वे एक सामाजिक कार्यकर्ता रहे हैं और सरकारी कामकाज में अधिक पारदर्शिता लाने के लिए संघर्ष करते रहे। भारत में सूचना के अधिकार कानून को जमीनी स्तर पर सक्रिय बनाने, सरकार को जनता के प्रति जवाबदेह बनाने और सबसे गरीब नागरिकों को भ्रष्टाचार से लड़ने के लिए सशक्त बनाने हेतु उन्हें वर्ष 2006 में रेमन मैग्सेसे पुरस्कार से सम्मानित किया गया। उन्होंने 'आम आदमी पार्टी' के नाम से एक नए राजनीतिक दल की स्थापना की।

अरविंद केजरीवाल का जन्म 16 अगस्त, 1968 को हरियाणा के हिसार शहर में हुआ। उन्होंने 1989 में आईआईटी खड़गपुर से यांत्रिक अभियांत्रिकी में स्नातक की उपाधि प्राप्त की। बाद में, 1992 में वे भारतीय नागरिक सेवा (आईसीएस) के एक भाग, भारतीय राजस्व सेवा (आईआरएस) में आ गए और उन्हें दिल्ली में आयकर आयुक्त कार्यालय में नियुक्त किया गया। शीघ्र ही उन्होंने महसूस किया कि सरकार में बहुप्रचलित भ्रष्टाचार के कारण प्रक्रिया में पारदर्शिता की कमी है। अपनी आधिकारिक स्थिति पर रहते हुए ही उन्होंने भ्रष्टाचार विरोधी मुहिम शुरू

कर दी। प्रारंभ में उन्होंने आयकर कार्यालय में पारदर्शिता बढ़ाने के लिए कई परिवर्तन लाने में महत्त्वपूर्ण भूमिका निभाई।

जनवरी 2000 में उन्होंने नौकरी से अवकाश ले लिया और दिल्ली आधारित एक नागरिक आंदोलन 'परिवर्तन' की स्थापना की, जो एक पारदर्शी और जवाबदेह प्रशासन को सुनिश्चित करने के लिए काम करता है। इसके बाद फरवरी 2006 में उन्होंने नौकरी से इस्तीफा दे दिया और पूरे समय के लिए सिर्फ 'परिवर्तन' में ही काम करने लगे।

कई सहयोगियों के साथ मिलकर, उन्होंने सूचना के अधिकार अधिनियम के लिए अभियान शुरू किया, जो जल्दी ही एक मूक सामाजिक आंदोलन बन गया। दिल्ली में सूचना के अधिकार अधिनियम को 2001 में पारित किया गया और अंत में राष्ट्रीय स्तर पर भारतीय संसद् ने 2005 में सूचना के अधिकार अधिनियम (आरटीआई) को पारित कर दिया।

इसके बाद जुलाई 2006 में उन्होंने पूरे भारत में आरटीआई के बारे में जागरूकता फैलाने के लिए एक अभियान शुरू किया। दूसरों को प्रेरित करने के लिए अरविंद ने अब अपने संस्थान के माध्यम से एक आरटीआई पुरस्कार की शुरुआत की है।

2 अक्तूबर, 2012 को अरविंद केजरीवाल ने अपने राजनीतिक सफर की औपचारिक शुरुआत की। उन्होंने टोपी पहनी और उसपर 'मैं आम आदमी हूँ' लिखवाया। 'आम आदमी पार्टी' के गठन की आधिकारिक घोषणा अरविंद केजरीवाल द्वारा 26 नवंबर, 2012 को भारतीय संविधान अधिनियम की 63वीं वर्षगाँठ के अवसर पर दिल्ली स्थित 'जंतर मंतर' पर की गई।

2013 के दिल्ली विधानसभा चुनावों में अरविंद केजरीवाल ने नई दिल्ली सीट से दिल्ली की मुख्यमंत्री शीला दीक्षित को हराया। पहली बार 'आम आदमी पार्टी' ने 70 सदस्यीय दिल्ली विधानसभा चुनाव में 28 सीटें जीतकर और फरवरी 2015 के चुनावों में 70 में से रिकॉर्ड 67 सीटें जीतकर तहलका मचा दिया। 14 फरवरी, 2015 को वे दोबारा दिल्ली के मुख्यमंत्री पद पर आसीन हुए।

□□□